KB138075

_____ 드림

잘되는 가게
안되는 가게

잘되는 가게
안되는 가게

초판 1쇄 인쇄 2016년 2월 18일
초판 1쇄 발행 2016년 2월 25일

지은이 김갑용 · 박민구

발행인 장상진
발행처 경향미디어
등록번호 제313-2002-477호
등록일자 2002년 1월 31일

주소 서울시 영등포구 양평동 2가 37-1번지 동아프라임밸리 507-508호
전화 1644-5613 | **팩스** 02) 304-5613

ⓒ 김갑용 · 박민구

ISBN 978-89-6518-171-2 03320

⟨잘되는 가게 안되는 가게⟩

40~50대 실패하지 않는 창업 노하우

김갑용·박민구 지음

경향미디어

창업 시장은 누구에게나 열려 있다. 아무나 들어갈 수 있다. 그러나 성공하는 사람은 그리 많지 않다. 창업하지 않아도 되는 사람, 하지 말아야 할 사람들까지 창업을 하기 때문에 현실은 더욱 심각하다. 이런 과잉 공급이 창업에 필요한 비용을 상승시키는 역할을 하는 것이 현실이다. 아무도 실패를 전제로 창업하지는 않는다. 성공하기 위해서는 사전에 최소한의 기본적인 내용들은 숙지하고 도전해야 한다.

창업의 사전적인 의미는 '나라나 왕조 따위를 처음으로 세움', '사업 따위를 처음으로 이루어 시작함'이다. 여기서 중요한 것은 바로 처음과 시작이다. 이는 바로 충분한 준비와 처음 시작하려는 동기가 중요하다는 것이다. 돈을 많이 버는 방법으로 해석하는 경우는 어디에도 없다.

결국 창업은 자신의 일자리를 자신이 만드는 것이다. 그런데 대부분의 창업자는 자신의 일자리를 만든다는 생각보다는 돈을 쉽게 빨리 벌 수 있을 것이라는 생각으로 창업에 접근한다. 물론 성공적인 창업의 결과는 돈으로, 그것도 지속적인 수익 구조를 만드는 것으로 평가되기 때문에 돈을 벌기 위해서 창업을 한다는 생각이 틀리다고는 할 수 없다. 하지만 단순히 돈을 벌기 위한 창업은 자칫 창업에 대한 본질의 왜곡으로 원하지 않는 결과를 얻을 수 있는 위험이 크다는 사실을 기억해야 한다.

창업을 취업과 같은 맥락에서 보면, 기존에 존재하는 일자리에 들어가는 것이다. 취업은 그 결정권을 내가 아니라 일자리를 만든 사람이 가지고 있고 언젠가는 일을 그만두어야 한다는 것을 전제로 하는 것이며, 창업은 내 일자리를 내가 만드는 것이다. 일자리를 만들려면 돈도 들고 경험도 필요하고 경우에 따라서는 기술도 필요하다. 그러나 창업은 스스로 폐업을 결정하기 전까지 자신의 일자리를 유지할 수 있다는 것이 가장 큰 장점이다. 간혹 창업을 여러 번 아이템을 바꿔 가면서 하는 경우도 있는데, 이는 결코 바람직하지 않다.

취업이 자기 자본을 들이지 않고 자신이 일한 대가를 받기 때문에 자신의 의지에 따라 그만두는 시기를 정할 수만 있다면 이보다 좋은 것은 없다. 하지만 이것은 현실적으로 불가능하다. 창업은 취업이 가지는 가장 큰 맹점인, 하고 싶을 때까지 할 수 없다는 부분과 정반대로 그만두는 시기를 자신이 정할 수 있다는 점이 가장 큰 장점이다. 결국 일을 오래 하는 것이 가장 성공적인 창업이라 할 수 있다.

창업을 통해 돈도 벌고 삶의 질도 향상시킬 것이라는 희망을 현실로 만들기 위해서는 수없이 많은 일을 반복, 반복, 반복해야 한다. 그런 과정을 통해서 자기 나름대로의 방식을 찾는 과정이 창업이다. 그런데 대부분의 창업자는 이런 생각을 하지 않는다. 그저 어떻게 하면 실패하지 않고 큰 어려움 없이 기대 이상의 수익을 올릴 수 있을까에 대한 관심뿐이다.

이것이 창업 시장의 현실이다. 그래서 창업 시장은 늘 전쟁 같다. 황폐

하고, 답답하고, 불안하고 절망적이다. 이런 상황에서 벗어나기 위해서는 왜 창업을 하는가에 대한 분명한 답을 찾아야 한다. 창업은 일을 스스로 만드는 것이다. 그 일이 어떤 목적을 이루기 위한 도구가 되어서는 안 된다. 그런데 대부분의 창업자는 도구로만 사용한다. 내가 하고자 하는 일을 만들거나 결정을 하려면 그 일에 대해 무한한 애정이 있어야 한다. 그 일을 즐기고 그 일을 통해 많은 사람에게 일의 즐거움을 전해 줄 수 있을 때 창업은 비로소 하나의 의미로 완성된다.

자본주의 사회에서 돈은 중요한 도구임에 틀림없다. 더 많은 돈을 내 것으로 만들기 위해 귀중한 돈을 사용한다. 귀중한 내 돈에 대해 특별한 담보가 없는 것이 바로 창업이다. 단순히 더 많이 내 것으로 만들기 위해서 하는 창업이라면 차라리 하지 않는 것이 낫다.

나는 소상공인들이 즐거운 모습으로 일을 했으면 하는 바람을 가지고 있다. 창업자들이 이런 생각에 동의해 주기를 바라는 마음으로 열심히 강의를 한다. 수년간 강의하면서 이 생각은 더욱더 강해지고 있다. 즐겁게 일하기 위해서는 왜 창업을 하고, 왜 이 일을 업으로 하는가에 대한 질문을 해야 하고 그 답을 찾기 위해 진지하게 고민해야 한다.

남들이 보기에는 보잘 것 없는 일일지라도 스스로 일을 하는 분명한 이유가 있다면 그 일은 가치 있는 일이 된다. 그렇지 않으면 창업으로 얻을 수 있는 것은 그리 많지 않다. 왜 창업을 하려고 하는지, 무슨 이유로 창업을 할 것인지에 대한 답을 찾는 것이 창업의 시작이다.

창업에서 중요한 또 한 가지는 성공에 대한 개념을 제대로 이해하는 것이다. 성공에 대한 일반적인 해석은 원하는 것을 이루는 것이다. 성공은 무엇인가? 창업자는 무엇을 원하고 이루려고 하는 것인가? 일반적으로 돈을 많이 버는 것을 성공으로 인지하며, 창업자는 오직 그것을 위해 매진한다. 돈을 많이 버는 것도 중요하지만 더 중요한 것은 바로 돈을 오래 버는 것이다.

돈을 오래 벌기 위해서는 돈을 벌 수 있는 아이템인지, 내가 하려는 창업이 그런 구조를 가지고 있는지를 시장 조사를 통해 검증받아야 한다. 그리고 내가 정한 아이템으로 시장에서 생존하기 위해 무엇을 준비해야 하는지에 대해서도 파악하고 철저히 준비해야 한다. 이런 과정을 극복하기.위해서는 창업자에게 성공에 대한 막연한 꿈이 아니라 일에 대한 열정이 있어야 한다.

이것이 성공 창업의 위험한 착각을 현실로 반전시키는 유일한 방법이다. 특히 창업에 대한 경험이 부족하고 창업에 필요한 생각이나 행동의 제약을 많이 받는 시니어 세대의 창업에서는 더욱더 중요한 요소가 된다. 성공 창업은 돈을 많이 버는 것이 아니라 오래 버는 것이라는 개념만 가지고 있어도 이미 반은 성공했다고 할 수 있다. 그렇지 않으면 성공 창업은 아주 위험한 착각일 뿐이다.

사회 구조적으로 창업을 하지 않아도 자신이 일을 할 수 있는 여건이 충족된다면 창업을 적극적으로 검토하지 않아도 된다. 그런데 현실은 그렇지 않다. 아무리 좋은 직장에 취업하더라도 일정 기간이 지나면 일을 그만둘 수밖에 없는 상황에 처하게 된다.

이러한 상황에 대해 청년층은 사회의 일원으로 진입할 당시부터 고민하고 연구하므로 미리 준비하고 대비할 수 있는 시간이 있다. 그러나 이른바 베이비부머 세대라고 하는 시니어 세대는 20~30년 전 입사 당시에는 평생직장이라는 생각으로 자신의 모든 에너지를 일터해서 소진해 왔다. 그들에게는 다른 일을 해야 한다는 생각이 그리 절실하지 않았다. 그러나 지금 현실은 그렇지 못하다. 인간의 수명은 늘어나고 퇴직 후에도 또 다시 20~30년을 살아야 하는 현실적인 문제에 직면하게 되었다.

최근에는 창업을 단순히 취직하기 어려운 사람이 선택하는 생존 수단이 아니라 어쩔 수 없이 해야 하는 필수 과정으로 인식하고 있다. 10여 년 전만 해도 은퇴 준비의 중요한 요소로 은퇴 후 생활 자금을 꼽았다. 돈만 있으면 노후를 아름답게 살 수 있다고 했다. 그렇게 강조하던 이들도 이제는 입장을 바꿔 "돈보다 중요한 것은 일을 하는 것이다."라고 말한다.

일은 단순히 돈이 되고 안되고의 문제가 아니다. 일을 할 수 있는 여건이 되느냐 안되느냐의 문제이다. 물론 자신의 틀을 깨고 할 수 있는 일을 찾는 경우도 있지만 그 일도 일정 기간이 지나면 더 이상 할 수 없다. 그래서 '스스로 포기하지 않으면 지속적으로 할 수 있는 나만의 일자리 만들기', 바로 창업이 필요한 이유이다.

누구나 창업에 대해 고민하고 연구, 준비해야 하는 시대를 살아가고 있다. 창업을 한다는 것은 자신이 일을 할 수 있는 일정한 시간과 공간을 준비한다는 의미이다. 일을 할 수 있다는 것은 단순히 돈의 문제보다 삶의 보람이나 성취감 등 긍정의 에너지를 지속적으로 보충시킬 수 있다는 것이다.

젊은 시절부터 양복 재단사 일을 수십 년 해 오던 70대 김 모씨는 기성복의 등장으로 한때 일자리가 없어 방황했다. 하지만 수년 전부터 온라인 쇼핑몰 사업의 활성화로 의류 수선업이 다시 부활하면서 지금은 아주 즐겁게 자신이 하던 일을 하고 있다. 돈을 많이 벌지는 못하지만 일을 할 수 있다는 사실에 만족해한다. 남을 위해서 무엇이라도 할 수 있다는 사실 자체가 중요한 것이다. 이것이 창업을 생각해야 하는 이유이다. 인생의 황혼기를 돈을 쓰면서 맞이할 것인가, 아니면 돈을 쓰는 시간을 줄이면서 맞이할 것인가를 결정하는 중요한 기준이 바로 창업이다.

창업은 현장에서 답을 찾아야 한다. 현장은 체험과 경험이다. 그것이 실패의 경험이라 할지라도 경험은 성공으로 가는 소중한 자산이다. 그래서 창업은 머리로 시작하는 것보다 가슴으로 시작하는 것이 올바른 선택이다.

누구나 성공할 수 있는 기회를 만들 수 있다. 그러기 위해서는 내 일을 찾아야 한다. 내가 주인공이 되는 일, 그 일을 찾는 방법 그리고 찾은 일을 실행에 옮기고 일을 하면서 삶의 목표를 완성시켜 나가는 과정과 그 과정을 슬기롭게 극복하기 위한 에너지가 무엇인지 등을 이해해야 한다.

지난 17년간 현장에서 창업 관련 교육과 컨설팅 그리고 상담 등의 업무를 하면서 직간접적으로 경험한 내용을 정리해서 창업을 준비하고 있거나 현재 사업을 운영 중인 분들에게 현실적으로 도움이 되었으면 하는 바람으로 책을 내게 되었다. 부디 독자들에게 이 책의 조언이 도움이 되기를, 그래서 자신이 좋아하고 잘할 수 있는 일을 찾아 창업 시장에서 성공하기를 바란다.

김갑용·박민구

CONTENTS

CHAPTER 1 창업가 정신 편
잘되는 가게 VS 안되는 가게

CHAPTER 2 **아이템 편**
잘되는 가게 VS 안되는 가게

CHAPTER 3 　**창업 방법 편**
잘되는 가게 VS 안되는 가게

CHAPTER 4 **창업 계획 편**

잘되는 가게 VS 안되는 가게

CHAPTER 5 점포 찾는 요령 편
잘되는 가게 VS 안되는 가게

CHAPTER 6 **경영 전략 편**
잘되는 가게 VS 안되는 가게

창업하기 전에

창업은 오케스트라의 연주와 같다. 모든 악기가 제 시간에 제 소리를 내야 아름다운 하모니를 이루듯이 창업도 모든 조건이 딱 맞아 떨어져야 성공할 수 있다. 성공한 창업은 그 어떤 선율보다 아름답다.

그동안 창업 컨설팅과 프랜차이즈 회사에서 실전 경험을 쌓으면서 다양한 창업자를 만났다. 그들은 저마다 나름대로의 이유로 창업을 희망했다. 창업이 무엇인지도 모르고 뛰어든 경우도 있고 치밀한 준비 끝에 창업을 하는 경우도 있었다. 시작이야 어찌 됐든 결과는 그들에게 엄청난 변화를 요구했다. IMF를 맞이하면서 언론에서는 창업이 유일한 대안인 것처럼 앞장서서 사회 분위기를 만들었다. 그러면서 창업에 필요한 가장 기본적인, 즉 사전 준비의 중요성보다는 그저 창업을 위한 방법 만들기에 주력해 온 것이 우리나라 창업 시장의 부끄러운 역사이다.

필자는 창업은 방법보다 창업자의 마인드 제고가 먼저라는 생각을 하고 있다. 성공하는 창업보다는 실패하지 않는 창업, 2~3년마다 주인이 바뀌는 것이 아니라 10년, 20년 주인의 손때가 묻어나는 그런 창업이 바람직하다고 믿고 있다. 그러기 위해서는 창업이 무엇이며, 어떻게 준비하고 어떻게 진행되는지에 대한 가장 기초적인 내용 정도는 알고 창업을 하라고 권하고 싶다.

창업에는 여러 가지 형태가 있다. 아이디어 상품을 개발해서 판매하는 제조업, 벤처 창업, 오피스 창업 등은 일반적으로 사업이라고 한다. 요즘은 창업이라고 하면 통상적으로 소자본 창업을 말한다. 따라서 여기서도 소자본 창업을 중심으로 다루기로 한다.

소자본 창업은 말 그대로 적은 자본으로 창업을 하는 것이다. 적은 자본으로 내가 하고 싶은 일, 내가 자신 있게 할 수 있는 일을 하면서 수익을 발생시키고 그것을 통해 내 삶의 궁극적인 목표를 이룰 수 있다는 것이 가장 큰 매력이다. 그러므로 단순히 호구지책이나 먹고사는 방편으로 창업이 시작되어서는 안 된다. 창업은 쉽다. 누구나 할 수 있다. 그러나 성공하기란 쉽지 않다. 소자본 창업자는 종업원과 경영자의 역할을 동시에 요구하기 때문에 한 분야의 전문가보다는 다방면에서 지식과 상식이 풍부한 것이 훨씬 유리하다.

성공의 기회는 누구에게나 열려 있고, 노력 여하에 따라서는 엄청난 부를 쌓을 수도 있다. 그러나 무엇보다도 창업은 조직으로부터 받는 스트레스가 없다는 것과, 고생을 하더라도 그 대가는 바로 내 것이라는 것이 가장 큰 매력이다. 창업으로 인해 받는 스트레스도 있지만 이는 스스로 해결할 수 있는 것이고, 상황 변화에 능동적으로 대처할 수 있다는 것도 장점이다.

창업 꼭 해야 하나?

창업은 '좋은 거 있으면 한번 해 보지 뭐.'라는 식의 소극적인 접근 방식은 곤란하다. 흔히 쉽게 창업을 생각하고, 하면 무조건 성공할 수 있을 것이라고 착각한다. 그러나 실상은 그렇지 않다. 일단 창업을 하기로 결심을 했으면, 아주 좋은 조건의 취업 제안도 과감히 고사한다는 각오로 해야 한다. 그런 각오 없이는 계획을 실천으로 옮기기가 쉽지 않다. 특히 초보자는 더 그렇다.

창업에서 선행되어야 할 조건 중에 하나가 '꼭 창업을 해야 하나.'에 대한 확신이다. '하면 되지 뭐.'가 아니라 '해야 한다.'이다. 가족이 있는 경우에는 가족의 동의도 얻어야 한다. 꼭 하겠다는 결심이 중요하다. 결심했으면 실행에 옮겨야 한다. 무엇을 할 것인가는 다음 문제이다. 결심이 부족하면 준비만 하다가 시간을 허비하게 된다.

창업은 새로운 시작을 의미한다. 시작은 완벽한 준비와 대비를 전제로 해야 한다. 그런데 창업을 꿈꾸는 대부분의 예비 창업자는 창업을 돈 버는 방법 정도로만 생각한다. 문제는 여기서부터 시작된다. 돈을 무시할 수는 없지만 돈이 창업의 기준이 되어서는 안 된다. 지금까지 창업에 관여한 많은 사람이 돈을 많이 벌 수 있다는 것으로 고객을 유인했으며, 돈만 벌면 된다는 식의 창업 관행을 만들면서 창업 붐이 일었지만 역기능도 만만치 않다.

창업을 해서 대박의 꿈을 이룬 몇몇 사람의 얘기가 매스컴을 통해 전달되면서 창업을 하면 무조건 돈을 벌 수 있다는 낙관론이 지배적이다. 하지만 실상은 그렇지 않다. 창업해서 성공한 사람보다 실패한 사람이 더 많다. 창업은 내 일자리를 내가 마련한다는 것에서 출발해야 한다. 그러려면 당연히 내가 하고 싶은 일을 하는 것이 맞고 내게 맞는 아이템이나 업종으로 해야 한다. 창업은 철저히 나를 중심으로 이해되고 분석되고 판단되어야 한다는 사실을 명심해야 한다.

연령대별 창업 전략

창업은 기본적으로 돈을 많이 버는 것이 아니라 오래 버는 것이다. 그런데 실패 없이 성공하기란 매우 힘이 든다. 이러한 사실에 근거하면 창업자의 연령대별로 창업에 대한 접근 방식이 달라야 한다.

미국 캘리포니아주 실리콘밸리에서는 한 벤처 기업인이 평균 2.8회 창업한다. 사업에 실패한 뒤 평균 1.8회 더 창업을 시도한다는 것이다. 반면 우리나라에서는 재도전하는 횟수가 0.8회(금융위원회 · 중소기업청 2013년 조사)에 불과하다. 실패하면 다시 도전하기가 그만큼 어렵다.

단 한 번의 실패로 '낙오자'가 돼 버리는 사례는 우리 주위에 널려 있다. 부도기업인재기협회에 따르면 부도 기업인의 60%가 행상이나 일용직 노동자로 생계를 유지하고 있다. 폐인이나 노숙자가 되는 비율도 20%나 됐다. 재기를 준비하는 사람은 19%이지만, 이들도 대부분 타인

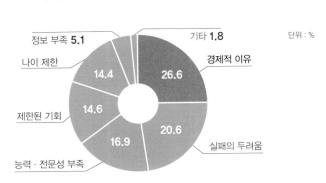

수도권 거주 성인 남녀 900명 대상 모바일 조사

단위 : %

정보 부족 **5.1**
나이 제한
14.4
제한된 기회
14.6
능력 · 전문성 부족
16.9
기타 **1.8**
경제적 이유
26.6
20.6
실패의 두려움

자료 : 경기개발연구원, '2014 행복과 성장의 전제조건, 패자부활' 보고서
재기하는 데 가장 큰 제약 요소

명의로 사업자등록을 한 뒤 재기를 시도하고 있다.

창업에 실패하면 다시는 창업하지 않는 경우와 반드시 재도전하는 경우가 있다. 재도전하지 않는 경우는 처음부터 창업과 맞지 않는 경우이다. 창업으로 성공이라는 성과를 만들어 낸 경우에는 반드시 재도전의 경험이 있다. 일본 텐포스 그룹 모리시타 회장의 경우는 25세에 창업을 시작해 12번 실패하고 13번째에 성공한 사례로 유명하다.

이런 관점에서 보면 청년 창업은 안정적인 것보다 도전적인 자세로 접근해야 한다. 성공 창업이 뭔가를 이루는 것이 아니라 그것을 지속적으로 유지하는 것이라면, 청년 창업은 평생 즐겁게 열정을 쏟을 수 있는 것을 찾는 과정이기 때문에 가슴을 뛰게 하는 것으로 도전하는 것이 바람직하다.

여기서 주의해야 할 부분은 가슴을 뛰게 하는 요체가 일에 대한 열정이나 성취가 아니라 돈이 되면 성공을 하더라도 나락으로 떨어질 가능성이 크다는 점이다. 연륜이 짧은 청년의 경우에는 진정 자신이 원하는 것이 무엇인지를 파악하기 어렵기 때문에 경험을 통해서 그것을 찾는 것이 최선의 방법이다. 청년 창업의 경우에는 단기간에 성과를 내야 한다는 압박감에서 벗어나 아주 자유롭게 창업을 생각하는 것이 바람직하다.

문제는 40대와 50대의 창업이다. 40대 창업은 대부분 직장인으로 있으면서 미래 준비를 위해 창업을 고민하거나 직장이 없어 어쩔 수 없이 창업을 하는 경우이다. 이런 경우는 본인이 잘할 수 있거나 하고 싶은 것을 동시에 검토해야 한다. 그러나 현실적으로 40대에는 경제적인 문제로 단기간에 수익 창출이 필요하다. 이런 이유로 돈이 되는 방향으로 창업을 시도할 경우 더 큰 실패를 경험할 수도 있다는 사실을 명심해야 한다. 40대 창업자의 경우 50대와 달리 주변의 시선에서 다소 자유로울 수 있다. 그렇기 때문에 사전에 충분한 준비를 하는 자세가 우선되어야 한다.

50대 창업자를 시니어 창업 세대라고 한다. 이 세대의 창업이 가장 어렵다. 상황에 따라 다르겠지만 대체로 40대보다는 경제적인 문제의 압박은 덜한 편이다. 하지만 자신을 창업가로 변환시키는 힘이 부족한 것이 가장 큰 문제이다.

시니어 세대의 창업 전략

오늘날 사람들의 평균 수명이 늘어나면서 살아가는 데 또 다른 문제에 봉착했다. 경제 활동이 가능한 연령임에도 불구하고 사회 구조적인 문제로 인해 경제 활동에 제약을 받는 인구가 늘고 있다. 특히 베이비부머 세대, 즉 1955년에서부터 1963년에 태어난 인구는 무려 712만 명으로 우리나라 전체 인구의 14.6%를 차지한다. 2011년을 기준으로 보면 48~56세에 해당된다. 이 세대를 시니어 세대라 하며, 향후 10년간 150만 명이 일자리를 잃게 될 것으로 정부는 예측하고 있다.

이들은 앞으로 최소 30년에서 길게는 40년을 살아야 한다. 결코 행복하다고만 할 수 없는 일이다. 우리나라 근대화의 일꾼으로 오직 일에 매진한 세대라 일을 하지 않고 살아가는 방법이나 준비가 부족하다. 특히 이들은 53세를 전후해서 퇴직을 하기 때문에 재취업을 한다는 것도 현실적으로 어려움이 많다.

이런 이유로 최근 창업 시장에서는 시니어 창업이 관심사이다. 재취업을 통한 일자리 마련이 여의치 않고 설사 일자리를 마련한다 하더라도 문제 해결이 아니라 문제의 연장이라는 측면이 강하기 때문에 자연스럽게 창업에 관심을 가질 수밖에 없다. 창업 시장도 만만치 않다. 문제 해결에 도움을 주기 위해 정부 차원에서 창업 교육이나 컨설팅 등 다양한 지원책을 마련하여 시행하고 있다.

시니어 창업은 기존의 창업 방식으로 접근하면 실패 확률이 높다. 실패를 줄이기 위해서는 새로운 방식으로의 접근이 필요하다. 시니어 창업이 가시적인 성과를 내기 위해서는 먼저 시니어의 마인드 개선이 선행되어야 한다.

창업에 대한 생각을 바꾼다

흔히 돈을 벌기 위해 창업한다고 한다. 틀린 말은 아니다. 그러나 창업을 해서 돈을 벌 수 있지만 그렇지 못한 경우가 더 많다. 돈은 일을 하는 대가로 얻어지는 것이지 단지 돈을 벌기 위해서 일하는 것은 아니다. 누구나 알고 있는 이야기이다. 그런데 보통 창업을 고려하는 사람들은 창업 계획을 세우는 순간부터 돈을 버는 방법에만 집중한다. 시니어 창업에서는 이런 자세를 고집해서는 안 된다.

시니어 창업은 자신의 일자리를 자신이 만든다는 생각으로 접근할 필요가 있다. 쉽지 않은 일이다. 그러나 그렇게 해야 한다. 그러기 위해서는 자신이 하고 싶은 것을 찾아야 한다. 오랫동안 직장 생활을 한 퇴직자가 자신에게 맞는 아이템을 찾기란 쉽지 않다. 그러나 시간이 걸리더라도 꼭 찾아야 한다.

청년 창업의 경우에는 도전과 실패를 거듭하면서 찾을 수 있지만 시니어 창업에서는 그럴 만한 시간이 없다. 그러므로 창업을 실행하기 전에 반드시 자신에게 맞는 것을 찾아야 한다. 찾지 못하면 창업을 하지 말아야 한다. 그리고 연습을 통해 그 아이템을 즐겁게 실행할 수 있는 수준에 도달해야 한다.

'나는 바보다'라는 생각을 잊지 않는다

냉정하게 이야기하면 직장 생활에서 배운 지식이나 노하우는 창업에 도움이 되지 않는다. 결국 모든 것을 배움을 통해 수용하는 자세가 필요하다. 시니어에게 쉽지 않은 일이다. 자신의 정체성을 파괴한다는 생각에 가지고 있는 것을 놓으려 하지 않는다. 그러나 놓아야 한다. 그래야 창업에 맞는 인간형으로 바뀔 수가 있다.

내려놓아야 할 것이 많은 시니어일수록 창업에서 성공하기가 어렵다. 체면과 위신 그리고 남의 시선을 의식하다 보면 가지 말아야 할 길을 가는 경우가 허다하다. 그 길을 고집하면 돈이 많이 든다. 돈보다 일을 생각하고 내가 진정으로 하고 싶은 일이라면 체면 따위는 문제가 되지 않는다. 진정한 배우는 관객이 없다고 무대에서 쉽게 내려오지 않는 것과 같은 이치이다. 이 부분이 시니어 창업자에게 가장 힘들고 고통스러운 일일 수 있다. 그러나 성공을 얻기 위해 지불해야 할 대가라고 생각하면 결론은 쉽다.

생활의 규모를 줄인다

간혹 퇴직하면서 받은 퇴직금과 그동안 모아 놓은 돈으로 마치 직장 생활을 하면서 하지 못한 것을 해 보자는 생각으로 돈을 쓰는 이들이 있다. 앞으로 30년 혹은 40년을 더 살아야 하고 수입의 규모도 줄어든다. 그러면 당연히 지출도 줄여야 한다. 지출의 규모는 줄이지 않고 그 비용을 창업을 통해 해결하려는 생각은 아주 위험하다. 개개인의 상황에 따라 규모는 다르겠지만 아무튼 줄여야 한다는 사실은 분명하다.

올인하지 않는다

올인은 주로 도박장에서 마지막에 쓰는 승부수이다. 창업을 도박처럼 생각해서는 안 된다. 주로 올인을 하는 경우를 보면 한 번에 크게 돈을 벌 수 있다는 자기 확신 때문이다. 세상에 쉽게 큰돈을 벌 수 있는 방법은 없다. 있다고 하더라도 나에게 그런 기회가 왔다는 것은 이미 인구의 반은 알고 있는 정보라고 생각해야 한다. 시니어 창업자는 자신의 퇴직금을 노리는 눈이 많다는 사실을 명심하고, 돈으로부터의 유혹을 이겨 내야 한다.

실패를 감당할 수 있는 선에서 창업한다

첫 창업은 실패할 가능성이 더 크다. 그러므로 실패를 하면 다시 도전하기 위해 자금을 계획적으로 사용해야 한다. 그런데 근거 없는 자기 확신이 이를 방해한다. 남들은 실패하더라도 자신은 꼭 성공할 것 같은 생각이 너무 강하다. 창업 전에 반드시 자신의 창업 계획을 전문가에게 검증해 보는 것이 필요하다. 좋은 직장 그리고 높은 직급에 있던 시니어일

수록 자기 생각만으로 창업을 하는 경우가 많다.

성공 창업은 열정을 요구한다

열정은 몰입을 해야 생기고 몰입은 관심을 가져야 가능하다. 결국 열정은 관심에서부터 시작한다. 관심이 없는 아이템을 단순히 돈을 벌겠다는 생각으로 접근하면 열정의 에너지를 생산하지 못하고 금방 식어 버린다. 열정의 에너지를 생산하려면 관심이 있는 것에 몰입해야 한다. 아이템은 어떤 것이든 일정 수준을 요구한다. 그 수준에 도달하기 위해서는 연습을 해야 한다. 필요한 기술 혹은 노하우를 쌓기 위해서는 지속적인 실행과 반복이 최선의 방법이다. 이는 창업 전에 반드시 거쳐야 할 관문이다.

시니어 세대는 연령이나 창업에 대한 준비 기간, 경험 등의 여건을 고려하면 창업에 불리한 요소가 많다. 그러나 위에서 언급한 내용을 이해한다면 단점을 장점으로 승화시킬 수 있다. 철저한 자기 분석과, '쉽게 빨리보다 어렵게 천천히', '창업은 돈을 버는 것이 아니라 내 일자리를 내가 만드는 것이다.'라는 생각으로 접근하는 자세가 필요하다.

시니어 창업 시 고려해야 할 사항

고려 사항	핵심 내용
창업에 대한 올바른 이해	창업은 내 일을 내가 만드는 것이다.
나를 버려라	나를 창업형 인간으로 변화시켜야 한다.
가족의 동의를 얻어라	가족은 객관적으로 나를 잘 아는 유일한 존재이다.
내게 맞는 아이템을 선정하라	돈을 벌기 위해 소화하기 어려운 것을 선택하지 마라.
살던 곳에서 하라	남의 눈을 의식해서 창업 장소를 옮기지 말아야 한다.
영업 시간을 확인하라	아이템에 따라 영업 시간이 다르다.
나의 장점을 최대한 살려라	자신의 장점을 활용할 수 있는 것으로 해야 한다.
작은 규모로 시작하라	생활 자금과 사업 자금을 명확하게 구분하라.
모르면 배워라	무엇이든 배우는 자세가 중요하다.
충분히 준비하라	최소 2년 이상 준비하라. 부족한 경험을 채워야 한다.
젊은 사람과의 경쟁을 피하라	같은 연령층이나 높은 연령층과 경쟁하는 것이 유리하다.
서두르지 마라	성급하면 위험한 선택을 할 수 있다.
큰돈을 생각하지 마라	시니어 창업자가 큰돈을 벌 수 있다는 생각 자체가 위험이다.
일을 즐겨라	즐길 수 있으면 무조건 성공한다.
직접 확인하고 확인해라	자신이 직접 확인하는 습관이 중요하다.
오래 하는 구조를 만들어라	일을 오래 하는 것이 진정한 성공이다.

CHAPTER 1

잘되는 가게 VS 안되는 가게

-창업가 정신 편-

⬆ 성공 사례

㈜향천에서 제조하는 누룽지 가공식품은 쉽게 말해 숭늉차이다. 뜨거운 물을 붓고 간편하게 먹을 수 있도록 눌은밥을 낱알 형태로 스틱형 포장지에 담아 낸다. 한국 고유의 식재료를 사용해 현대 감각에 맞게 재해석해 낸 새로운 형태의 한국 차라 그 의미가 남다르다.

김영만 대표가 사업 아이템으로 누룽지를 생각한 것은 1990년대 중순이었다.

"친환경 관련 교육을 받았는데, 거기서 한 환경운동가가 말했어요. '향후 10년이 지나면 인스턴트 음식이 물러가고 전통식품이 자리를 잡을 것입니다.' 때마침 신문을 봤는데, 쌀이 남아도는 탓에 가축용 사료로 사용하며 1톤에 10만 원이라는 내용이었습니다. 당시 전라도 지역에서는 식당마다 누룽지를 서비스로 주고 있었어요. 남은 밥으로 만든 것이어서 비위생적이었지요."

그는 남아도는 쌀을 활용해 누룽지를 만들어 팔아 보자고 생각했다.

누룽지를 만드는 자동화 기계가 필요했다. 손수 연필로 기계를 그려 직접 설계하고 제조했다. 누룽지는 물론 누룽지 제조 기계도 판매했다. 연간 30억 원의 매출을 올렸을 정도로 성과가 좋았다. 김 대표는 현재 시중에 많이 나오는 누룽지를 확산시킨 장본인이기도 하다.

"당시만 해도 깔끔하게 포장해 제품으로 생산하는 누룽지 전문 업체는 아마 없었을 겁니다. 그런데 새로운 시장이라 개척하는 데 오랜 시간이 걸렸지요."

비용도 적지 않게 들어갔다. 총 10억 5,000만 원가량 투자했다. 그 중

김 대표 개인 돈은 3억 원 정도였다. 무리하게 받은 투자가 나중에는 자금 압박으로 이어졌다. 결국 5년 동안 공들여 키운 회사는 헐값에 다른 사람에게 넘어가게 됐다. 그는 신용불량자가 됐고, 고등학생 딸은 자퇴했고, 주부였던 아내는 공장에 취직했다.

어느 날 친구가 재기를 돕겠다며 찾아왔다. 2007년에 신용불량자였던 김 대표는 친구의 명의로 작은 사무실을 마련해 동업을 시작했다. 그동안 영업했던 것이 있어 큰 힘 들이지 않고 1년 동안 약 30억 원의 돈을 벌었다. 그런데 이번에는 친구가 배신을 했다.

"돈을 벌자 친구가 저 몰래 회사를 팔아 버리고 도망갔습니다. 그 일로 소송까지 진행됐어요. 친구는 자신의 돈이라고 주장했습니다. 명의를 빌린 것 자체가 불법이었기 때문에 눈앞에서 고스란히 뺏길 수밖에 없었습니다."

2008년에 누룽지 관련 서류를 챙겨 회사를 나왔다. 택배를 보낸 고객 리스트는 훗날 재기하는 데 큰 도움이 됐다. 이후 4년 동안 거의 폐인처럼 살았다. 삶이 의미가 없어 수면제를 잔뜩 먹었지만 죽지 않고 살아났다. 절망적인 삶이 바뀐 것은 재기중소기업개발원의 힐링캠프에 다녀온 후였다.

"인터넷에서 중소기업청 힐링캠프에 대한 내용을 보게 됐습니다. 나를 위한 맞춤형 프로그램이라고 생각했습니다. 그런 사람이 나밖에 없는 줄 알았습니다. 당장 전화를 걸어 신청했지요."

캠프에 다녀온 후 180도 바뀌었다. 사고부터가 예전과 달라졌다.

"모든 게 나에게서 출발한다는 것을 깨달았습니다. 그러자 주변 사람들이 바뀌더라고요. 예전에는 저를 힘들게 하는 사람이 많았는데, 지금은 도와주는 사람이 많아졌습니다. 제 마음가짐이 변화한 것이지요."

특히 모든 것에 감사하게 됐다. 다시 할 수 있다는 힘을 얻고 2012년 말에 다시 사업자등록을 했다.

사업 개시 후 가장 먼저 한 일은 상표 디자인에 대한 특허 출원이었다. 내 것을 법적으로 보호받기 위해서였다. 2013년 6월 우수중소기업 디자인 지원 사업에 선정돼 1,800만 원을 지원받아 BI와 CI를 제작했다. 또 대구 달성군 농업기술센터의 포장재지원사업에 선정돼 1,000만 원을 지원받아 포장지를 만들었다. 그 다음은 시스템을 만드는 것에 주력했다.

중소기업진흥공단으로부터 벤처 기업 인증을 받고, 식품안전경영 시스템 요구 사항인 ISO22000을 획득했으며, 농업기술실용화재단에서 주최한 2013 농·식품 아이디어 경진대회에서 농촌진흥청장상을 수상했다.

매출은 2013년 4월부터 일어나기 시작해 9개월간 약 3억 원의 매출을 올렸다. 2015년 매출은 6억 원을 달성했다.

"현재 가라앉지 않는 누룽지차를 연구 중에 있습니다. 누룽지를 이용한 다양한 시도는 계속할 생각입니다. 시장을 넓히는 시도를 하는 것이 이 사업을 장기적으로 유지할 수 있는 최선의 방법이라는 생각을 하고 있습니다. 누룽지 피자, 숭늉커피 등. 그러다 보면 누룽지가 세계적인 식품이 될 수도 있지 않겠습니까?"

수많은 고난과 역경을 딛고 처음 시작한 누룽지로 다시 시작해서 성과를 만들어 낸 김영만 대표는 창업가 정신이 무엇인지 말해 주는 대표적인 사례이다.

⬇ 실패 사례

6년간의 직장 생활을 그만두고 여대 앞에서 커피 전문점을 개업한 30대 초반의 조 모씨. 직장 생활에 염증을 느끼고 있던 터라 명예퇴직 초창기에 퇴직금은 물론 명퇴 위로금까지 받고 회사를 나왔고 그 돈을 밑천으로 커피 전문점을 차렸다. 30대 초반의 남성이 여대 앞에서 커피 전문점을 선택한 것은 창업자의 연령이나 입지 아이템에서는 문제가 없었다.

문제는 넥타이와 출퇴근 시간에서 해방된 조씨가 점포를 아르바이트생에 맡기는 시간이 많아지면서 발생하기 시작했다. 아르바이트생이 대부분 인근 대학생들이다 보니 아르바이트생 친구들의 아지트가 되어버린 것이다. 아르바이트생들은 자기 사업이 아니니 친구들에게 돈을 받을 리 만무했다. 이렇게 조금씩 조금씩 분위기가 흐트러지면서 매출은 떨어졌고 조씨가 이를 감지했을 때는 이미 돌이킬 수 없는 지경에 이르고 난 후였다.

대형 레스토랑이 아닌 경우에는 점주와 점원이 하는 일이 크게 다르지 않기 때문에 점원에게 카운터와 주방을 맡기는 경우가 많다. 그러나 종업원은 종업원일 따름이다. 아무리 신뢰하는 종업원을 고용하더라도 가급적이면 점주가 점포를 지키는 것이 필요하다.

창업은 창업자 스스로가 일을 많이 하고 오래 해야 한다는 가장 기본적인 생각을 갖지 못한 것이 실패의 원인이었다. 창업에서 점포를 만드는 것은 시작에 불과하다. 성과를 내기 위해서는 창업자의 끊임없는 노력이 뒷받침되어야 한다. 이것을 창업가 정신이라 하는데, 이 부분에 대한 공부가 부족했던 것이 실패의 가장 큰 원인이라 할 수 있다.

창업가 정신이란?

앙트레프래너(entrepreneur)라는 단어는 도전적이고 모험적인 사업가를 의미한다. 즉 창업은 도전적이고 모험적이라는 뜻이다. 그런데 앙트레프래너십은 창업가 정신이 아니라 기업가 정신으로 해석한다. 기업가 정신은 '기업가 고유의 가치관 내지는 기업가적 태도'로 풀이하며, 기업가 정신에 대한 사전적 의미는 '기업의 본질인 이윤 추구와 사회적 책임의 수행을 위해 기업가가 마땅히 갖추어야 할 자세나 정신'으로 설명한다.

피터 드러커는 기업가 정신을 "과학도 아니고 기예(art)도 아닌 하나의 실천이다."라고 정의한다. 안철수 대표는 기업가 정신을 "현상 유지 경영이 아니라 새로운 가치 또는 일자리를 창출하는 사람"이라고 정의한다. 정리하면 기업가 정신은 새로운 가치를 창출하기 위해 실천하는 사람의 정신이라 할 수 있다.

기업과 창업의 차이를 알아보자. 기업은 '이윤 획득을 목적으로 운용되는 자본의 조직 단위'이며, 창업은 '사업을 처음으로 이루어 시작하는 것'을 말한다. 정리하면 새로운 사업을 만들어 내는 것은 창업이고, 창업을 통해 이윤 창출을 위한 조직을 구성하는 것은 기업이라고 할 수 있다.

결국 기업의 시작은 창업이다. 이는 올바른 기업가 정신을 함양하기 위해서는 창업할 당시의 창업가 정신이 무엇보다 중요하다는 것을 의미한다. 다시 말해 창업가 정신이 바로 서면 제대로 된 기업가 정신을 기대할 수 있다는 것이다. 창업과 창업을 통한 기업 운영이 같다고는 할 수 없지만 올바른 창업가 정신이 훌륭한 기업가 정신으로 이어질 확률이 높다.

기업가 정신 하면 대부분 어느 정도 규모가 있는 회사를 생각하지만 어느 회사든 시작은 작은 규모인 경우가 많다.

30년 동안 김밥집을 운영하던 할머니가 평생 모은 전 재산을 사회에 쾌척하는 것이야말로 존경받을 만한 기업가 정신을 실현한 것이라고 할 수 있다. 무슨 일을 하든지 간에 시작할 때 어떤 마음으로 하느냐에 따라 그 결과는 엄청나게 다르게 나타난다. 이런 관점에서 보면 기업가 정신도 중요하지만 창업가 정신에 더 많은 관심을 가질 필요가 있다. 비록 작은 점포로 창업을 하지만 돈을 벌어서 좋은 일에 쓰겠다는 아주 소박한 마음이라도 가지고 시작하는 것이 바람직한 창업가 정신이 아닐까?

창업을 준비하는 모든 사람이, 큰 회사를 수십 년 운영하는 기업가도 훌륭하지만 작은 가게를 수십 년 운영하는 것도 그에 못지않게 중요하다는 사실을 기억했으면 한다. 성공은 성공의 크기보다 실천이 더 중요하다.

창업가 정신이 필요한 이유

창업으로 성공한 사람이, 공통적인 특성이 있다. 그것은 바로 시작은 돈을 벌기 위해서였지만 어느 순간 일에 대한 중요성을 인식하면서부터는 돈보다 일을 더 중시한다는 것이다. 일을 중시한다는 것은 자신의 상품을 구매해 주는 고객을 생각한다는 얘기이다.

예를 들어 보자. 김밥 장사로 돈을 번 50대 부부가 김밥 장사를 정리하고 좋은 상권에서 점포를 키워서 막창 전문점을 창업했다. 누구나 하는 김밥집보다는 목 좋은 곳에서 비교적 규모가 있는 막창 전문점을 운영하는 것이 모양새가 좋다고 판단했기 때문이다. 그러나 결과는 원하는 대로 되지 않고 실패라는 현실에 직면하게 되었다. 하던 일에서 돈을 벌면 더 큰 규모로 확장하려는 욕심이 나게 되는데, 자칫하다가는 또 다른 시련이 될 수 있다는 것을 알아야 한다.

김밥을 팔아서 성공했다고 해서 무엇이든 하면 성공할 수 있을 것이라는 착각은 창업가 정신이 부족하기 때문이다. 창업으로 성공한다는 것은 매우 어렵고 창업자 입장에서 고마운 일이다. 이를 알면 자신을 성공으로 만들어 준 그 아이템에 애정을 가질 수밖에 없다. 이런 사실을 인지하지 못하면 더 멋있게, 더 크게 돈을 벌기 위해서 변신을 시도하는데, 그 결과는 장담하기 어렵다. 창업을 통해 실패한 경험이 있는 창업자의 경우에는 자신에게 성공을 만들어 준 아이템을 절대로 버리지 않는다.

여러 번의 실패를 경험한 후에 작은 초밥집으로 성공한 김윤생 사장은 사업을 확장하자는 고객의 제의를 고민 끝에 거절하고 현재 하는 일에 더욱더 집중하면서 안정적인 매출을 꾸준히 유지하고 있다. 크게 많이 벌 수 있는 기회를 마다하기란 쉽지 않다. 그러나 현재의 안정과, 더 크고 화려한 모습이지만 불확실한 미래 중 어느 것을 선택할 것인지를 결정하기란 매우 어려운 일이다.

창업가 정신이 필요한 이유는 여기에 있다. 사업의 성패를 결정지을 수 있는 선택을 할 때 자신의 더 큰 욕심을 통제할 수 있느냐 없느냐가 바로 창업가 정신에서 비롯하기 때문이다. 창업을 제대로 이해하고 있거나 아니면 실패를 경험한 창업자의 경우에는 자신의 부질없는 욕망을 제어할 수 있는 용기가 있다. 그렇지 않은 경우에는 더 큰 손실을 초래하는 결정을 하게 된다. 성공 후에 더 큰 성공을 위한 선택으로 어렵게 이룬 성공을 하루아침에 잃어버리는 경우를 많이 본다.

창업가 정신은 자신이 선택한 일에 대한 애정을 쌓아 가면서 자신에게 성공을 만들어 준 고객에게 감사하는 마음을 가지고, 고객을 생각하고 배려하며, 현재 자신이 하는 일에 더욱더 감사하는 자세라고 할 수 있다. 돈이 창업의 목적일 때에는 돈을 벌면 그 돈으로 또 다른 돈을 벌려고 하다가 벌어 놓은 돈마저 잃게 되는 경우가 많다. 창업가 정신은 성공을 지속적으로 유지하느냐 단절하느냐를 결정하는 요소라는 사실을 명심해야 한다.

나만의 성공 공식 만들기

진리는 변하지 않는 것이고 누구나 인정하는 것이다. 공식도 마찬가지이다. 복잡하고 어려운 수학 문제도 반드시 해답은 있기 마련이다. 그러나 창업은 다르다. 성공한 창업자가 자신의 성공 비결을 알려 줄 때 그것이 진리이고 공식이라면 그대로 하면 성공을 해야 한다. 그러나 현실은 그렇지 않다.

그런 면에서 창업은 재미있는 것이다. 만약에 성공 창업이 학문적, 이론적으로 정답을 찾을 수 있다면 머리 좋고 공부를 많이 하면 무조건 성공할 수 있어야 한다. 하지만 창업 시장에서는 그 논리가 성립하지 않는다. 다시 말하면 창업은 생물체와 같기 때문에 각기 다른 형태, 다른 방식의 성공 방식이 있다.

누구나 도전을 하는 이유도 여기에 있다. 어쩌면 이것이 창업의 함정인지도 모른다. 오직 성공만 생각하고 창업에 도전한다. 그러나 성공을 하기 위한 준비는 부족한 것이 현실이다. 특히 저비용, 소자본으로 접근이 가능한 자영업 시장에서 이런 현상은 더 심하다. 그래서 성공 확률이 낮을 수밖에 없다.

창업은 상대가 있는 게임이다. 상대를 설득시키지 못하면 실패한다. 그 형태에 따라 설득 방법, 시간, 정도가 다르고 상대에 따라서도 다르다. 결론적으로 말하면 셀 수도 없을 정도의 변수가 존재한다는 것이다. 이런 사실을 알면 창업의 접근이 수월해진다.

창업에서 성공하려면 변수를 줄이면 된다. 변수를 줄이는 방법은 상품과 서비스, 고객을 한정시켜야 한다. 판매자의 상황보다는 구매자의 상황이나 여건에 따라 구매 행위나 만족도가 달라지기 때문에 변수를 줄이려면 고객을 한정하고 내 상품이나 서비스가 없으면 고객이 고통스러울 정도로 만족시키는 것이 최선의 방법이다.

자영업 시장에서 성공한 창업자의 조건이 까다롭다면 쉽게 창업을 생각하지 않을 것이다. 아무런 제약 조건이 없기 때문에 누구나 창업을 생각한다. 그러나 누구나 성공하지는 못한다. 그 이유는 실패를 생각하지 않고 단지 성공만 생각하기 때문이다. 그것도 자기 나름의 생각대로. 만약 그 방식으로 성공을 했다면 그것은 자기의 성공 방식이다. 그것도 그 아이템, 그 고객, 그곳에서 그 서비스로 말이다. 그러므로 이것이 어느 곳에서나 누구에게나 성공할 수 있다는 생각은 위험하다.

성공 창업은 수많은 실패의 합작품이다. 실패하지 않고 성공하려는 생각 자체가 이미 실패인 것이다. 성공 방식은 창업자마다 다 다르다. 그것은 오직 검증을 통해서만 말할 수 있다. 이는 현장에서 얻은 경험과 지식이야말로 가치가 있다는 말이다. 창업은 직접 해 보는 것이 가장 확실한 방법이다. 그곳에는 수많은 난관과 좌절이 있기 마련인데, 그것을 이기고 나와야 한다. 그렇지 않은 성공은 얘기할 수 없다. 이 과정을 거치지 않고 성공할 수 있는 방법은 없다. 그 과정을 비교적 쉽게, 그리고 단시간에 건너기 위해서는 준비와 연습을 통해 자기만의 성공 방식을 찾아내야 한다. 그래서 창업은 지속적인 실천을 성공의 발판으로 요구하는지도 모른다.

성공하는 창업가 정신

창업은 창업자가 모든 것을 선택하고 결정하고 실행하는 것이다. 그래서 창업에서 가장 중요한 것은 바로 창업자이다. 창업자의 마인드를 창업가 정신이라 정의할 수 있다. 창업가 정신에서 빼놓을 수 없는 것이 바로 도전이다. 창업으로 성공하는 방법을 묻는다면 대답은 간단하다. 성공할 때까지 하는 것이다. 결국 지속적인 도전을 통해 목표로 하는 것을 이루어 내는 것을 창업가 정신이라 할 수 있다.

진정한 창업가 정신은 단순히 성공을 위해 달려가는 것이 아니라 실패를 하더라도 다시 도전할 수 있는 에너지를 갖는 것이다. 성공하기 위해서는 실패를 경험해야 한다. 실패 없이 성공하는 것은 현실적으로 매우 어려운 일이며, 만약 실패 없이 성공한다면 그 다음은 실패라는 사실에 주목해야 한다. 창업가 정신은 수많은 실패를 경험하면서도 포기하지 않고 도전하는 것이다.

창업가 정신의 요체는 바로 열정이라 할 수 있다. 열정은 몰입에서 나오고 몰입은 관심을 갖는 데서부터 시작한다. 창업이 자신이 하고 싶거나 잘할 수 있는 일을 하는 것이라고 보면, 자신이 선택한 일에 대해 관심을 가지고 몰입하면서 열정을 만들어 내는 것이 바로 창업가 정신의 시작이라 할 수 있다.

창업은 모든 것을 본인이 선택하고 결정해야 하기 때문에 자기 자신을 스스로 경영해야 한다. 그러므로 창업은 자기 경영이다. 자기 경영을 잘하기 위해서는 자신에게 엄격하고 자신이 정한 원칙을 준수해야 한다. 창업가 정신을 성공적으로 만들려면 창업가가 하는 모든 생각과 행위를 창업에 플러스가 되게 해야 한다. 즉 창업가는 1.01의 생각과 행동을 해야 한다. 1.01은 곱할수록 숫자가 커지기 때문에 이런 생각과 행동은 하면 할수록 도움이 된다. 반대로 0.99의 생각과 행동은 창업가 정신에 위배되는 것이다. 0.99는 곱하면 곱할수록 작아져 마이너스 효과가 나기 때문에 성공하는 창업가 정신에 어긋난다.

성공할 때까지 포기하지 않고 도전하려면 실패할 수 있다는 생각을 해야 한다. 대부분의 창업자는 창업을 계획할 때 실패할 수 있다는 생각은 하지 않고 성공한다는 근거 없는 확신만 가지고 있다. 이런 생각으로 실패를 준비하지 않으면 작은 난관에도 포기하게 된다. 성공을 가로막는 수많은 실패 유발 요인을 뚫고 나가려면 창업가의 포기하지 않는 열정이 반드시 필요하다. 이 열정은 자신이 선택한 일에서 나온다는 사실을 명심해야 한다.

올바른 창업가 정신이란?

가수 싸이의 강남스타일이 폭풍적인 인기를 얻었다. 이로 인해 전 세계적으로 우리나라가 얻는 긍정적인 에너지는 상상을 초월했다. 강남스타일의 성공 요인을 전문가들은 여러 가지로 분석했다. 노래가 가지는 특성, 뮤직 비디오의 개성, 여기에 IT 기술이 접목되면서 자연 발생적으로 확산되었다. 그건 아마도 쉽고, 신나고, 재미있고, 따라 하고 싶다는 느낌이 강남스타일을 지배했기 때문일 것이다.

이 강남스타일을 통해 소상공인 창업자들의 창업 스타일에 대해서 얘기하고자 한다. 강남스타일이 성공한 것은 싸이의 강남스타일이기 때문이다. 즉 가장 싸이다운 것이기 때문이고, 싸이가 가진 장점과 특징을 가장 잘 표현했기 때문이다.

수많은 가수가 자기 나름의 방식으로 노래를 한다. 그런데 오랫동안 대중의 사랑을 받는 가수, 자기만의 색깔이 분명한 가수는 시간이 걸리더라도 반드시 자기만의 영역을 만들어 간다. 시대 흐름에 영합하고 그를 통해 인기를 얻으려는 속셈으로 만들어진 것은 그리 오래가지 못한다.

결국 자기 방식이 있어야 한다는 것이다.

창업도 마찬가지이다. 특히 창업자의 열정과 에너지가 성패의 중요한 요소가 되는 소상공인의 경우는 더욱 그렇다. 노래하는 자신이 가장 즐거운 가수, 일하는 창업자가 가장 즐겁고 신이 나는 창업, 이것이 소상공인의 창업 스타일이다. 그러기 위해서는 무엇으로 돈을 벌 것인가보다는 무엇으로 즐길 것인가부터 창업의 고민이 시작되어야 한다. 충분히 즐길 것을 찾아야 한다는 것이다.

그러나 우리나라 창업 시장에서는 이것보다 우선되는 것이 바로 돈이다. 충분히 돈을 벌 수 있는 것을 찾는다. 충분히 일을 할 수 있어야 충분히 돈을 벌 수 있다는 사실을 알고 있지만 이를 지키지 않기 때문에 자신에게 맞는지 아니면 자신이 충분히 소화할 수 있는지에 대해서는 고민하지 않고 창업을 하는 관행이 자영업 시장의 경쟁력을 약화시키고 소상공인들의 현실을 답답하게 한다.

싸이의 강남스타일 뮤직 비디오를 보면, 가수의 열정적인 에너지를 느낄 수 있다. 이것이 보는 이들의 마음을 움직이는 것이다. 창업도 마찬가지이다. 자기가 하는 일에 대한 애정과 열정을 통해 고객들의 마음을 움직여야 매출도 오르고 안정적인 수익 창출을 통한 사업의 영속성을 담보할 수 있다. 그러기 위해서는 미치도록 재미있고 즐길 수 있는 일을 찾아야 한다.

지금도 많은 창업자가 쉽게, 빨리, 많이 벌 수 있는 것을 찾는다. 그런 것은 찾을 수 있는 것이 아니다. 창업자가 스스로 만들어 가는 것이다. 시간이 걸리더라도 포기하지 않고 만들어 가는 것이다. 이것이 소상공인의 창업 스타일이라야 한다. 그래야 실패하지 않을 수 있다.

　자연스럽게 저절로 되는 것이 정말 크게 되는 것이다. 이보다 더 확실한 것은 없다. 30년 동안 꾸준하게 운영하는 음식점을 들여다보면 자의적으로 자신의 점포나 상품을 알리려고 노력한 흔적은 크게 보이지 않는다. 저절로 된 경우가 대부분이다. 운영자는 자신의 스타일을 묵묵히 유지하고 실천했을 뿐이다. 이것이 소상공인의 창업 스타일이다.

　이런 관점에서 보면 싸이의 강남스타일과 크게 다를 것이 없다. 이제 소상공인 창업도 소상공인 창업 스타일을 만들어 가야 할 때가 되었다. 자기가 하고 싶은 음악을 성공하기 위해서가 아니라 자기가 하고 싶은 스타일로 한 가수 싸이처럼 창업자가 하고 싶은 방식으로 끝까지 하는 것이 올바른 창업가 정신이다.

성공한 사업가들이 말하는 성공 요인

　창업을 한 사람들에게 묻는다.
　"왜 창업을 했습니까?"
　대부분 비슷한 답을 한다.
　"돈을 벌기 위해서 했습니다."
　다시 묻는다.
　"그래서 돈을 벌었습니까?"
　쉽게 그렇다고 대답하지 못한다. 돈을 잃기 위해서 창업을 하지는 않는다. 모두가 돈을 벌기 위해서 창업을 한다. 다시 묻는다.

"돈을 벌기 위해서는 어떻게 해야 합니까?"

이 질문에도 명확하게 대답하지 못한다. 이유는 간단하다. 창업을 하면 돈을 벌 수 있을 것이라는 막연한 기대감으로 창업을 했기 때문이다.

창업을 해서 돈을 벌려면 창업자가 일을 많이 해야 한다. 그리고 오랫동안 해야 한다. 이런 원리로 접근하면, 창업은 결국 창업자가 일을 많이 하고 오래 할 수 있을 때 하는 것이다.

약간 다른 관점에서 보면, 창업은 결혼과 같다. 사랑하는 사람을 만나서 그 사랑을 오랫동안 지키기 위해서 결혼을 한다. 그게 부담되면 계속 연애를 하면 된다. 연애는 결혼과 다르다. 언제든지 그만둘 수 있다. 그러나 연애의 성과가 결혼이고, 결혼에는 또 다른 권리와 의무가 동반된다. 오랫동안 사귀다가 결혼을 하는 이유는 대부분 이 사람과 평생을 같이 할 수 있는 것이라는 확신, 이 사람과 결혼을 하지 않으면 후회할 것이라는 생각이 들기 때문이다. 그래서 사람에 대한 진실 외에 다른 이유나 목적으로 하는 결혼은 결과가 아름답지 않다. 결혼하지 않으면 미칠 것 같은 마음으로 결혼을 하지만 그 결정을 평생 지켜 가는 과정에서 수많은 고비가 생긴다. 그러나 대부분은 극복을 하면서 또 다른 에너지를 얻는다.

창업도 마찬가지이다. 무엇으로 시작할 것인가를 정하고 이것으로 시작을 하면 내 인생이 행복해질 수 있을 것이라는 확신이 있는 창업을 하면, 창업 후 겪게 되는 수많은 고난과 역경을 견디어 내면서 나만의 튼튼한 일자리를 완성하게 된다. 그렇지 않고 단순히 돈을 벌기 위해서 한 창업이라면 돈이 생각보다 벌리지 않으면 그만두게 된다. 그래서 창업 시장에서는 성공하기 직전에 그만두는 경우가 많다는 속설이 있다. 성공할 때까지 계속하기 위해서는 창업을 하지 않으면 평생 후회할 것 같은 생각이 들 때 하는 것이 진정한 창업이다.

미국의 한 대학에서 성공한 사업가들을 대상으로 성공한 요인에 대한 조사를 한 적이 있다. 이 조사에서 가장 많이 언급된 단어가 바로 인내이다. 단순히 참는 것이 아니라 사업 진행 과정에서 겪게 되는 어려움을 참고 이겨 내는 것을 말한다.

사업의 규모가 크든 작든 간에 인내하지 않고 성공할 수 있는 방법은 없다. 인내한다는 것은 자기가 하고 있는 사업에 대한 확신에서 비롯한다. 확신 없이 봉착하게 되는 고난을 극복하는 것도 어려운 일이다. 결국 창업은 첫 단추를 잘 끼워야 한다. 즉 어떠한 어려움이 닥치더라도 견디어 극복할 수 있는 용기를 가질 수 있어야 하는데, 이 역시 자신의 선택에 대한 확신이 중요하다.

비교적 가벼운 마음으로 시작하는 소상공인들의 창업 행태를 보면서 인내의 중요성을 다시 한 번 느낀다. 밴쿠버 동계올림픽 여자 피겨스케이팅에서 우승한 김연아의 프리스케이팅 경기를 중계하던 미국의 NBC 해설자가 말했다.

"노력하지 않고 멀리 갈 수 있는 방법은 없다."

쉽게 돈을 벌 수 있다고 생각하는 것, '나는 성공할 수 있다.'고 생각하는 막연한 자신감, 성공하기 위해 버리면서 인내해야 할 것들에 대한 진지한 고민 없이 창업을 하면 그 결과는 뻔하다. 실패이다.

무엇을 인내할 것인가에 대한 생각, 어떻게 인내할 것인가에 대한 생각, 인내할 수 있는 용기가 있는가에 대한 질문에 스스로 명확한 답을 찾아야 한다. 이것이 창업하기 전에 곰곰이 생각해야 할 중요한 과제이다. 성공을 한다는 것은 해당 분야에서 최고가 되는 것이다. 최고가 되려면 수많은 경쟁자를 이겨야 한다. 이기기 위해서는 스스로의 확신이 필요하다. 그 확신은 인내할 수 있는 용기를 만들어 주는 것이어야 한다.

창업은 사람이 하는 것이고, 창업을 성공으로 이끌어 주는 것 역시 사람이다. 다시 말하면 창업은 창업자가 성공과 실패의 열쇠를 가지고 있다는 것이다. 실패한 사람들은 실패 원인을 대부분 다른 곳에 둔다. 아이템이 문제였다, 상권이 문제였다, 자본이 부족했다 등 이유도 많고 그럴듯하다. 실패의 원인이 자기 자신이라는 사실을 인지하지 못하면 결코 성공하기 어렵다. 왜냐하면 인내할 수 없기 때문이다.

창업은 모든 여건이 완벽히 구비된 상황에서 이루어지는 것은 아니다. 창업이라는 말 자체에 도전과 혁신이라는 의미가 내포되어 있다. 부족한 부분은 스스로 보완하고 평범한 부분은 혁신을 통해 발전시켜야 경쟁에서 이길 수 있다. 이는 창업자가 해야 할 가장 기본적인 요소이다.

인내하지 않고 이루어지는 것은 아무것도 없으며, 혹시 있다고 해도 그것은 요행이고 운이다. 운을 기대하면서 창업을 하는 어리석은 바보가 되지 말아야 한다. 특히 모든 것이 부족할 수밖에 없는 자영업 창업에서는 말이다. 단, 창업자의 조건과 무관하게 자기 자신에 대한 확신과 용기는 반드시 가져야 한다. 그래야 인내할 수 있다.

많이 버는 것보다 오래 버는 창업

창업은 창업자가 고객에게 상품이나 서비스를 제공해 주는 대가로 돈을 받는다. 이런 공식을 전제로 보면, 고객에게 주는 그 무엇이 고객을 만족시키고 감동시키고 나아가서는 중독시켜야 한다. 그것이 고객의 지속적인 구매를 유발해서 안정적인 매출을 올리는 것이다.

결국 창업의 성공은 창업자가 돈을 벌게 하는 것이 아니라 고객이 돈을 벌어 주는 것이다. 그러나 대부분의 창업자는 이런 논리에 대한 접근이 부족하다. 창업을 해서 기대 이상의 수익을 올린 경우, 자기가 잘해서 그렇다고 생각한다. 물론 자기가 잘해야 하는 것은 기본이다.

돈을 버는 것이 아니라 돈이 벌리도록 해야 한다. 이런 마음가짐은 자신의 상품이나 서비스의 우열을 고객이 결정한다는 생각으로 이어져 모든 판매 행위가 고객에게 맞춰지는 긍정적인 결과를 초래한다. 여기서 반드시 기억해야 할 부분은 내가 판매하려는 상품이나 서비스가 고객에게 이로운 것이라야 한다는 것이다. 이것이 창업자가 가져야 하는 첫 번째 조건이라 할 수 있다.

고객에게 이롭지 않은 것은 한 순간 고객들에게 호응을 끌어낼 수 있을지는 몰라도 장기적으로 보면 고객들에게 철저히 외면당하기 마련이다. 단기간에 큰돈을 버는 것보다는 적게 벌더라도 길게 오래도록 벌 수 있는 구조를 만들어야 하는 것이 창업의 가장 바람직한 형태라 할 수 있다.

창업은 이타(利他)적인 행위이다. 즉 남을 이롭게 하는 것이다. 고객이 원하는 그 무엇, 고객이 필요로 하는 그 무엇을 제공하는 것이 창업이다.

그러나 그 무엇이 고객을 해롭게 하는 것은 결코 성공하기 어렵다. 당연한 소리를 어렵게 하느냐고 할 수도 있겠지만, 간혹 창업 시장에서는 당연한 것을 간과하고 지키지 못하는 경우를 많이 본다.

이타의 마음을 끝까지 견지하면서 자신의 생각을 실천으로 옮기는 창업자들은 시작은 힘들고 성과를 내지 못하지만 그 과정을 견디고 극복하면 그 결과는 아주 만족스럽게 나타난다. 성공한 창업자들의 성공 요인을 이 하나로 정리할 수 있다. 남을 이롭게 하려는 생각이 없으면 창업을 하지 않는 것이 낫다.

단기간에 고객을 중독시키는 방법도 있다. 중독된 고객은 지속적으로 구매를 한다. 큰돈을 번다. 그러나 그 끝은 비참하다. 고객을 중독시킨 그것이 고객을 해치는 것이기 때문이다. 고객을 해롭게 하면 그 대가는 수만 배로 내게 돌아오는 것이 세상을 사는 이치이다. 창업을 준비하는 사람들이나 점포를 운영하는 사람들은 지금 자신이 하고자 하는 것 혹은 하고 있는 일이 고객을 이롭게 하는 이타인지 고객을 해롭게 하는 해타(害他)인지를 다시 한 번 곰곰이 생각해 보아야 한다.

성공 창업은 돈을 많이 버는 것이라는 생각이 지배적이다. 소자본 창업의 경우에는 제한된 시장과 자원으로 단기간에 돈을 많이 버는 것이 이론적으로 불가능하다. 그리고 어떤 아이템으로 창업을 하더라도 한계 매출이 존재하기 때문에 폭발적인 수익을 발생시키는 것도 현실적으로 불가능하다. 이런 관점에서 보면 성공 창업은 돈을 많이 버는 것이 아니라 오래 버는 것이어야 한다.

돈을 많이 벌려면 적은 수익이 모여서 큰 수익이 되어야 한다. 그러기 위해서는 창업자는 일을 많이 해야 하고 또 오래 해야 한다. 결국 오랜 기간 일을 할 수 있는 구조를 만드는 것이 진정한 성공 창업이다.

창업으로 성공한 경우를 살펴보면 공통적인 요소가 바로 장기 운영이다. 단기 운영을 통해 성공한 경우도 없지는 않지만 그 성공이 지속적으로 유지되는 경우는 드물다. 결국 오래 버는 창업이 진정한 성공이라는 사실을 인식해야 한다.

많이 벌려는 생각으로 하는 창업은 지속성보다는 수익성에 초점을 맞추기 때문에 상대적으로 위험 요소가 많다. 돈을 생각하다 보면 잘못된 판단이나 선택을 할 가능성도 크고 자신의 판단 기준이 흐려질 수도 있기 때문에 조심해야 한다. 이런 문제를 해결할 수 있는 방법은 바로 오래 버는 창업으로 접근하는 것이다. 오래 벌기 위해서는 일을 많이 해야 하고 그러기 위해서는 즐겁게 할 수 있는 일을 선택해야 한다. 그래야 창업 후 발생하는 여러 고난과 역경을 극복할 수 있는 마음도 생기게 된다.

창업은 누구의 강요나 요구에 의해서 이루어지는 것이 아니라 스스로 결정하는 것이기 때문에 창업에 관련된 요소들에 대해서 어떤 생각을 갖느냐가 매우 중요하다. 돈을 벌기 위해서는 버는 것보다 덜 써야 한다. 그러기 위해서는 일을 많이 해서 돈을 쓸 수 있는 시간을 줄여야 한다. 일이 즐거우면 이 문제는 저절로 해결이 된다. 일이 재미있고 즐거운 창업, 그것이 바로 오래 버는 창업의 시작이다.

창업의 계단 이론

높은 곳으로 올라가기 위한 도구로 흔히 쓰이는 것 중에 엘리베이터와 에스컬레이터가 있다. 에스컬레이터는 비교적 낮은 층을 올라갈 때 사용하고, 높은 층을 올라갈 때는 주로 엘리베이터를 이용하는데, 엘리베이터가 있는 빌딩에는 반드시 계단이 있다. 이유는 엘리베이터가 고장 나거나 비상시에 사용하기 위해서이다.

계단이 창업과 무슨 연관이 있냐고 하겠지만 창업에서 계단은 아주 중요한 교훈을 준다. 계단은 오르는 사람의 역량이나 준비에 따라 빨리 오를 수도 있고, 아니면 오르지 못할 수도 있다. 성공 창업이 창업자의 목표라면 그 목표를 달성하기 위해서는 준비를 철저히 해야 한다.

계단 대신 엘리베이터를 이용하면 빨리 갈 수 있지 않는가?

목표로 가는 것이 목적이라면 계단 대신 엘리베이터를 이용하면 된다. 그런데 창업으로 성공하는 방법은 그리 쉽지 않고, 쉽게 성공할 수 있는 방법은 그만큼 위험이 크다. 현실적으로 엘리베이터처럼 성공하는 방법은 존재하지도 않고, 설사 존재한다고 하더라도 많은 사람이 몰리게 되므로 성공으로 가는 엘리베이터를 타기 힘들 뿐만 아니라 결국 출발하지 못할 수도 있다. 이 점을 창업자는 반드시 명심해야 한다.

계단은 창업자가 포기하지 않으면 언젠가는 성공이라는 목표에 도달할 수 있다. 가다가 힘이 들면 쉬어 갈 수도 있고 더 많이 준비하고 계획하면 더 빨리 갈 수도 있다. 이는 창업자가 바로 성공을 결정하는 열쇠를

쥐고 있다는 말로 이해할 수 있다. 그러나 많은 사람이 어렵고 힘든 계단보다는 쉽게 빨리 갈 수 있는 엘리베이터를 선호한다. 그곳에 수많은 함정이 도사리고 있다는 사실을 모른 채 말이다.

성공의 계단을 오르려면 어떤 준비를 하나?

우선 어떤 계단을 오를 것인가를 정해야 한다. 이는 무엇으로 창업할 것인가를 정하는 것과 같다. 이때 자신이 오를 수 있는 계단을 선택하는 것이 중요하다. 다음은 목표를 정하고 오를 계획을 수립해야 한다. 현재 우리나라 소상공인들은 대부분 목표나 계획을 수립하지 않고 창업을 한다. 이런 창업은 성공을 보장하기 어렵다. 확실하게 목표를 정하고 그 목표를 달성하기 위해 반드시 계획을 수립해야 한다.

성공의 계단이 100계단이라면 매일 10계단씩 10일을 오르면 된다는 계획이 나온다. 그 계획을 실천하기 위해서는 어떤 준비를 할 것인가에 대한 연구도 해야 한다. 계단을 오르는 속도는 오르는 사람의 능력에 따라, 계단의 크기가 어느 정도인가에 따라 다르므로 목표와 계획은 철저히 나를 중심으로 정하고 수립해야 한다.

예를 들어, 김밥을 하루에 500줄씩 20년간 팔면 20억 원을 벌 수 있다고 하자. 이러면 머리 좋은 창업자는 어떻게 20년씩이나 지루하게 파느냐? 하루에 1,000줄을 팔면 10년, 2,000줄을 팔면 5년, 4,000줄을 팔면 2.5년이면 20억 원을 벌 수 있다는 계산을 한다. 그런데 500줄은 자신이 직접 만들어 팔 수 있지만, 4,000줄은 혼자서 만들어 팔기 어렵다. 그러면 직원을 다수 고용하든가 공장을 설립해야 한다. 그러면 수익 구조가 줄어들어 같은 금액을 버는 데 결국 20년이 걸린다. 어떤 방식을 선택하느냐는 창업자가 결정하지만 지름길은 없다.

계단은 포기하지만 않으면 언젠가는 목표에 도달할 수 있다

창업에서는 창업자의 의지와 열정이 성공의 중요한 에너지가 된다. 대부분의 창업자는 성공 직전에 포기하는 경우가 많다. 남들이 피하는 계단이라도 확실한 의지를 가지고 도전하면 성공할 수 있다. 또 준비를 어떻게 하느냐에 따라 오르는 속도나, 오르는 데 드는 힘이나, 오르는 과정에서 겪게 되는 난관을 극복하는 자세나 방법 등이 달라질 수 있다.

아무리 철저히 준비하고 열심히 해도 성공할 수 없는 경우도 있다. 빨리 가는 방법으로 엘리베이터를 선택했다 하더라도 엘리베이터가 없으면 만들어야 하고 남이 만들어 놓은 것이라면 그것을 이용하는 데 엄청난 비용이 든다. 결국 소상공인들은 스스로 이런 문제를 해결해 가야 하는 것이 운명이다. 그렇지 않으면 아주 작은 위험에도 좌절하거나 실패할 수밖에 없다. 이 점을 반드시 명심해야 한다.

기존 창업자에게도 계단 이론은 적용된다

기존 창업자의 경우 대부분 영업을 시작하면서 1차 목표를 손익분기점 달성으로 둔다. 그런데 목표가 달성되면 곧바로 목표를 상향 조정한다. 이런 식으로 하다 보니 매출이 들쑥날쑥하게 된다.

여기에 계단 이론을 적용해 보자. 계단은 오르기 위한 경사가 있고 다음 계단을 오르기 위한 발판이 있다. 만약 이것이 없다면 계단이 아니라 암벽이다. 암벽은 잘못하면 순식간에 바닥으로 떨어진다. 1차 목표 매출이 달성되면 그것을 유지하는 시간이 필요하다. 이 유지 기간에 다음 목표 매출을 달성하기 위한 준비를 해야 한다. 이런 방식으로 점포의 매출 전략을 수립한다면 한순간에 매출이 곤두박질치는 일은 발생하지 않는다. 그래서 점포를 운영하는 사업자도 계단의 원리를 적용한 창업의 계단 이론을 이해할 필요가 있다.

창업은 단계적으로 준비, 계획하고 스스로 실행해야 한다

자영업 창업은 스스로 준비하고 실천해야 하는 것이 기본이다. 다른 사람의 아이디어나 성공 방식을 빌려서 성공하기란 쉽지도 않고 설사 그렇게 하더라도 많은 비용을 대가로 지불해야 한다.

창업을 하려는 이들은 창업에 필요한 모든 준비를 스스로 자신의 역량에 맞는 범위 안에서 한 계단 한 계단 준비해야 한다. 점포를 운영하는 경우에는 매출을 한 단계 늘리려면 반드시 그에 필요한 준비를 해야 한다. 신상품을 개발한다거나 상품의 품질을 향상시킨다거나 서비스를 강화한다거나 점포 환경을 개선한다거나 하는 노력이 필요하다. 이런 과정 없이 오직 많이 벌기에만 신경을 쓰는 것은 아무런 준비나 도구 없이 가파른 절벽을 오르는 것과 같다는 사실을 기억해야 한다.

창업가의 자부심이 필요하다

창업가의 자부심은 성공 창업으로 가는 가장 기본적인 요건이다. 창업자가 자신이 선택한 일에 대해 자부심을 가지기 위해서는 우선 자신이 선택한 일에 대해 완벽하게 이해해야 한다. 구체적으로 이야기하면, 판매업이라면 판매하는 상품에 대한 해박한 지식이 있어야 하고, 외식업이라면 메뉴를 만들 수 있는 준비가 완벽해야 한다.

그렇게 준비했다 하더라도 창업자의 준비된 상황을 고객이 어떻게 평가하느냐가 중요하다. 자부심이 있는지 없는지를 평가하는 가장 기본적인 요소는 복장 착용 여부이다. 병원에 가면 의사는 가운을 착용한다. 약국의 약사도 마찬가지이다. 이들이 복장을 착용하는 이유는 자부심을 드러내는 행위이다. 의사나 약사라도 가운을 입지 않으면 전문가로서 인정받기 쉽지 않다. 자격증이 있기 때문에 의사 가운을 입지 않는다 해도 의사가 맞고 약사가 맞지만, 왠지 가운을 입지 않은 의사에게 진료받을 때나 가운을 입지 않은 약사에게 약을 살 때는 마음이 편치 않다.

의사나 약사의 경우 자격증을 취득하기 위해 많은 시간과 노력을 투자했고 필요한 관문도 통과했기 때문에 자신의 일에 자부심을 갖는 것이 그리 어렵지 않다. 그런데 자영업자도 그에 못지않은 자부심을 갖고 복장을 착용해야 한다. 자격이나 특별한 조건이 필요하지 않은 일반 창업의 경우에 창업자가 자기 스스로 자신이 선택한 일에 대한 자부심을 표현하는 효과적인 방법은 그 일에 맞는 복장을 착용하는 것이다. 옷을 입는 것이 뭐 그리 어려운 일이냐고 할지 모르지만 실제로는 엄청난 용기가 필요하다.

창업자의 복장 착용은 고객에게 신뢰를 줄 수 있다. 그리고 창업자 자신에게도 일에 대한 열정을 만들어 낼 수 있다. 이 차이는 창업의 성공과 실패를 결정하는 중요한 이유가 되기도 한다.

석봉토스트란 브랜드로 성공한 김석봉 사장의 경우 작은 토스트 가게를 시작하면서부터 조리사 복장을 하고 토스트를 구웠다. 고객의 눈에 쉽게 띄는 복장을 입고 토스트를 만들면 자신이 만드는 토스트에 관심을 가지게 되고, 관심을 가지다 보면 토스트 만드는 일에 애정을 가질 수밖에 없다. 그 애정은 자신이 만든 토스트를 먹는 고객에 대한 애정으로 발전한다. 이런 과정에서 김 사장은 '설탕 대신 토스트의 단맛을 낼 수 있는 방법이 없을까?'를 고민하게 되고 결국 과일과 야채를 갈아서 만든 소스를 개발했다. 이 소스는 작은 토스트 가게가 석봉토스트라는 브랜드의 프랜차이즈 사업으로 발전하고 아주 큰 성공을 하게 된 계기가 되었다. 그 시작점은 자신이 하는 일을 스스로 인정하는 복장 착용이었다.

아주 작은 변화가 엄청난 결과를 초래한다. 판매자는 자신의 상품이 우수해서 판매가 되는 것으로 착각하는데, 고객에게는 상품의 품질도 중요하지만 파는 사람의 자세도 구매를 결정하는 요소로 작용한다. 자신이 선택한 일에 대한 애정이 없는 창업자는 성공하기 어렵다. 자신이 선택한 일에 대한 애정과 열정 그리고 자부심을 고객들에게 표현하는 자세가 무엇보다 중요하다. 이런 창업가의 자부심은 창업 과정에서 겪게 되는 수많은 역경과 시련을 이겨 낼 수 있는 중요한 자원이 된다.

성공은 실패의 합작품이다

실패를 두려워하면 성공하기 어렵다. 그렇다고 실패를 대수롭지 않게 생각하라는 것은 아니다. 실패도 하나의 과정으로 생각하라는 것이다. 실패를 두려워하고 그에 대한 대비를 하지 않으면 실패에 직면했을 때 극복할 수 있는 용기가 없어 결국 실패하고 만다.

돈이든 성공이든 쉽고 빠르게 얻기를 원하는 사람은 바보이다. 그들에게 지루함은 최대의 적이다. 창업자도 대부분 이런 마음을 가지고 있다. 창업을 하기만 하면 금방 돈을 벌 수 있을 것이라는 생각만 한다. 인생은 단판 승부가 아니다. 천천히 길게 벌 수 있는 방법을 찾아야 한다. 어차피 성공은 실패의 합작품이기 때문이다.

대부분의 창업자는 실패하지 않고 단번에 성공하고 싶어 하고 그것을 꿈꾼다. 그것이 불가능하다는 것을 잘 알고 있지만 자신만은 예외라고 믿는다. 아니 예외이기를 희망한다. 예외이고 싶으면 훈련과 고난의 시간을 견디는 연습을 충분히 해야 한다는 가장 기본적인 원칙을 무시한 채 말이다.

성공은 수많은 실패를 넘어야 만날 수 있는 것이라면 그 실패를 일찍 자주 그리고 아주 적은 비용으로 경험하는 것이 현명한 방법이다. 이것이 현명한 자의 선택이고 성공한 사람의 길이다. 실패가 두려우면 창업을 하지 말아야 한다. 성공하기 위해서는 실패를 두려워하지 않아야 한다. 실패하지 않기 위해서는 상대보다 오래 견딤으로써 이기는 방법을 익혀야 한다. 여기서 상대는 경쟁자일 수도 있고 고객일 수도 있다. 견디는 방법을 익히지 못하면 성공하기 어렵다.

점포 창업을 하는 이들은 초보자, 재창업자 할 것 없이 마음이 급하다. 손님이 들어오면 평상심을 찾는데, 손님이 오지 않으면 불안해한다. 이런 심리 상태는 바로 지루함을 못 견디는 바보와 같다.

7년 장사 경험이 있는 후배가 식당을 열었다. 아이템이나 상권, 점포 환경, 창업 비용 등 모든 면에서 최적의 상태로 시작했다. 시작 전에 필자는 3개월은 손해 본다고 생각을 하라고 주문했고, 후배는 그렇게 하겠다고 했다.

가게를 연 1주일 후부터 전화가 3일에 1번꼴로 왔다. 점심장사는 잘되는데, 저녁에 손님이 없다는 것이다. 요리 메뉴가 중자·대자로 구성되어 있는데, 일행이 2명인 경우 소자를 찾으니 소자를 만들자는 의견, 아이를 데리고 오는 손님이 아이들이 먹을 것이 없다고 하니 어린이 메뉴를 넣자는 등의 얘기를 했다. 화가 났다. 한 달도 안 된 상황에서 기본을 흔들자는 얘기였다. 이미 본점에서 7년간 동일한 메뉴로 장사를 하면서 초반에 수없는 시행착오를 경험한 내용들이었다.

후배가 이러는 이유는 간단했다. 손해 보기 싫고 실패가 두렵기 때문이다. 운영자의 마음이 이런 상태가 되면 아주 위험해진다. 다행히 장사를 해 본 경험이 있는 터라 결국에는 기본에 충실하기로 했지만 컨설턴트로서는 그런 모습을 지켜보며 속이 상했다.

새롭게 시작을 하면 자리를 잡을 때까지는 시간이 걸리기 마련이다. 한번 방문한 고객이 재방문을 하고 음식도 맛있다고 하고 거의 남기지 않는 상황이라면 견디기만 하면 된다. 오지 않는 손님을 끌어들이는 작업도 해야 하지만 우선은 방문한 고객에게 최선을 다하고 그 고객이 또 다른 사람들과 함께 재방문하도록 하는 것이 더 중요하다.

창업하기 전에도 앞으로 벌어질 수 있는 수만 가지 상황에서 자신이 취해야 할 행동이나 처신에 대해서 고민해 봐야 하지만, 더욱 중요한 것은 실전에서 가져야 할 마음가짐이다. 성공으로 가기 위한 지름길은 없다. 정해진 길을 충실히 가도록 노력하는 것이 최선의 방법이다. 성공은 크고 작은 실패 속에서 얻는 것이라는 사실을 잊어서는 안 된다.

어차피 실패를 경험해야 성공할 수 있다면, 그 경험은 일찍 하는 것이 좋다. 그리고 한 번에 모든 것을 거는 무모한 창업은 하지 말아야 한다. 창업은 정해진 시간에 승부가 나는 스포츠 게임이 아니다. 스스로 포기할 때까지 해야 하는 길고 긴 여정이다.

실패하기 위해서 창업하라는 말이 아니다. 열심히 준비해서 창업하더라도 실패할 수 있다는 상황에 대해서 이해해야 한다는 것이다. 그것을 알고 있어야 실패가 약이 된다. 그리고 그 약은 또 다른 도전의 중요한 에너지가 된다.

창업의 4가지 기본 요소

창업에는 4가지 기본 요소가 있다. 창업자, 아이템, 창업 자금, 상권이다. 이 4
가지 요소는 서로 유기적으로 작용하기 때문에 각 요소의 필요충분조건이 맞는
창업이 바람직하다. 즉 창업자에게 맞는 아이템, 아이템에 맞는 상권 그리고 그
상권에 입점이 가능한 창업 자금이 있어야 한다. 이중에서 가장 중요한 것은 바
로 창업자이다. 나머지 요소가 완벽하더라고 창업자의 역량이 부족하면 성공하
기 어렵다. 반대로 창업자가 확실하면 나머지 요소가 다소 부족하더라도 극복이
가능하다.

창업자 - 자신을 알면 반은 성공이다

창업은 누구나 할 수 있다. 그러나 창업자가 누구인가에 따라 성공할 수도 실
패할 수도 있다. 같은 장소에서 같은 업종으로 창업을 하더라도 누가 운영하느냐
에 따라 그 결과는 다르게 나타난다. 창업자는 쉽게 말해 점포를 직접 운영하는
당사자를 말한다. 창업에서 가장 중요함에도 불구하고 대부분의 창업자는 대수
롭지 않게 여긴다. 다시 말해, 자기 자신에 대한 반성이나 성찰이 부족하다.

대부분 '하면 되지 뭐.', '돈 버는 일인데, 왜 못해?'라는 식으로 생각한다. 틀린
이야기는 아니다. 하지만 시간과 돈이 문제이다. 먼저 창업자는 '내가 창업을 해
도 될까?', '무엇을 해야 할까?'에 대해 분석해야 한다. 남이 하니까 나도 한다는
식의 창업은 실패 확률이 높다.

프랜차이즈 창업을 해서 본사에서 충분한 교육을 받았지만 실제로 영업 시작
1개월 만에 점포 운영을 포기한 사례도 있다. 창업자 자신에 대한 분석이 부족한

데서 오는 현상이다. 창업은 돈만 있다고 되는 것도 아니고 좋은 아이템이 있다고 성공하는 것도 아니다. 창업자 자신이 창업을 할 수 있는 마음의 준비가 되어 있는지를 점검해야 하고 창업에 맞는 인간형으로 변화할 준비를 해야 한다.

아이템 - 내 몸에 맞아야 한다

아이템은 창업에서 중요한 요소 중 하나이다. 무엇을 팔 것인가를 결정하는 것으로, 흔히 말하는 업종이다. 이는 창업의 성패를 결정짓는 관건이다. 보통 아이템을 결정할 때는 장사가 잘되는 것을 기준으로 한다. 그러나 장사가 잘되는 것도 중요하지만 그보다 먼저 고려해야 하는 것이 바로 창업자와의 적합성이다. 기본적으로는 본인이 감당할 만한 아이템을 선정한다고 하지만 대부분은 창업하는 시점에 잘되는 업종에 올인한다.

실제로 창업 아이템을 선정하게 된 동기를 조사해 보면 친구나 지인의 소개로 정한 경우가 언론 매체나 인터넷을 통한 결정보다 훨씬 높다. 이는 자신의 적성이나 능력 등을 고려하기보다 그저 '남이 하는데 잘된다.'고 하니까 '나도 하면 되겠지.'라는 식으로 업종을 선정하는 경우가 많다는 말이다. 창업자가 오랫동안 즐겁게 할 수 있는 업종을 선택해야 한다. 이것이 바로 나의 유망 아이템이다.

상권 - 합리적인 분석이 필요하다

'상권이 반이다.'라고 할 만큼 점포 창업에서 상권은 중요하다. 그래서 모든 창업자가 A급 상권에서 시작하려 한다. 그러나 A급 상권의 점포는 임대료도 비싸고 권리금도 엄청나다. 이런 상권에는 권리금만 해도 1억 원이 넘는 곳이 많다. 창업 자금이 부족하면 자기가 희망하는 상권에서 장사하기가 쉽지 않다.

일반적으로 상권은 역세권, 대학가 상권, 오피스 상권, 아파트 상권, 주거 밀집 상권, 복합 상권 등으로 나뉜다. 상권이 좋다고 해서 어떤 상품이나 판매해도 잘 되는 것은 아니다. 상권에서도 입지 즉 점포의 위치에 따라 등급이 매겨지고, 입지에 맞는 업종이 다 다르다. 이것을 찾는 것이 내게 맞는 상권을 고르고 점포를 선택하는 것이다. A급 상권이라 해서 다 잘되는 것도 아니고, C급 상권이라 해서 다 망하는 것도 아니다. 각 상권마다 점포 위치, 크기, 업종 그리고 투자 자금 등의 요소를 따져서 가장 효율적인 것을 선택하는 합리적인 분석이 필요하다.

창업 자금 - 투자비의 70%는 자기 자본이어야 한다

창업에는 반드시 돈이 든다. 또 들어야 한다. 그런데 부당하게 지불한다거나 쓸데없는 곳에 낭비하는 것을 어떻게 줄이느냐가 중요하고 이것을 판단할 줄 알아야 한다. 창업 자금은 총투자비용의 70%가 자기 자본이어야 한다. 자기 자본이라 함은 그 돈이 없어도 당장 사는 데 지장이 없는 것을 의미한다. 다시 말하면, 이자가 발생하지 않는 자금을 의미한다.

자금 없이는 창업이 불가능하다. 창업을 준비한다면 자금 계획부터 세워야 한다. 자금이 부족하면 선택한 업종을 바꾸는 것이 아니라 상권, 점포 크기, 브랜드 선택 등으로 창업의 규모를 줄이는 것이 바람직하다. 부족한 자금을 무리하게 빌려서 시작하는 것은 좋은 방법이 아니다. 1억 원이 창업 자금이면, 최소 7천 만 원은 자기 자본이어야 한다. 그리고 이 자금에는 반드시 예비비가 포함되어야 한다. 그렇지 않으면 견디기가 어려워 성공 직전에 그만두는 경우가 많다.

CHAPTER 2

잘되는 가게 VS 안되는 가게

- 아이템 편 -

⬆ 성공 사례

춘천에서 '시루향기(www.gukbap.com)'라는 콩나물국밥 전문점을 운영하는 김문순 사장은 그 전에 김밥 전문점과 편의점 창업으로 나름 좋은 성과를 냈다. 그는 자신의 건물 1층 66㎡(20평) 점포에 50대 주부들이 가장 선호하는 아이템인 브런치 카페 창업을 결심했다. 자기 시간을 즐기면서 쉽게 운영이 가능하다고 생각했기 때문이다.

그런데 필자의 강의를 들은 후 계획에 변동이 생겼다. 김 사장의 요청으로 현장을 방문했다. 점포의 위치는 춘천에서 홍천으로 연결되는 외곽의 한적한 주거 상권으로 입지적인 여건이 브런치 카페로는 부적합했는데, 더 큰 문제는 브런치 카페와 창업자의 적합성 여부였다. 브런치 카페의 경우 50대 여성 창업자가 실제로 관여해야 하는 정도가 그리 높지 않기 때문에 시간의 여유를 즐길 수 있는 성향을 지닌 창업자에게 유리하다. 하지만 김 사장의 성향은 적극적이고 열성적이었다.

그래서 창업자 관여도가 높은 아이템 중에서 비교적 운영이 용이한 국밥, 그 중에서도 원가 비중이 낮은 콩나물국밥을 추천했다. 콩나물국밥 조리 기술을 배우고 익혀서 직접 창업을 할 수도 있지만 이미 검증된 브랜드를 선택하는 것이 리스크를 줄이는 최선의 방법이라고 생각해서 프랜차이즈 가맹점 창업을 추천했다.

오픈한 지 2년이 지났는데, 지금은 상당수의 고정 고객을 확보하여 춘천의 명물로 자리매김하며, 월 600만 원의 수익을 올리고 있다. 김 사장의 적극적이고 성실한 성격과 50대 주부가 소화하기에 무리가 없는 아이템의 특성이 맞아 떨어지면서 성공한 사례이다. 김 사장은 자칫 2번의 성공 경험으로 인해 무엇이든 성공할 수 있다는 자기중심적인 생각으로 실패할 수 있었는데, 전문가의 도움으로 안정적이고 지속적인 수익 창출이 가능한 아이템을 선택했다는 것에 감사해하고 있다.

⬇ 실패 사례

잘나가는 생맥주 전문점을 2억 원이 넘게 들여 오픈한 이 모씨는 3개월 만에 영업을 포기했다. 생맥주 전문점은 우선 보기에는 쉬워 보이지만 주로 밤 시간에 영업을 해야 하는 부담이 있었고, 가족의 동의를 얻지 못한 것이 화근이었다.

미혼이었던 이 씨는 주부인 언니와 어머니가 도와주면 문제가 없을 것으로 생각했다. 하지만 나중에 이 사실을 안 아버지의 반대와, 주야가 바뀐 생활 패턴에 적응하지 못하고 영업에 자신감을 잃으면서 결국 점포 운영을 포기하게 되었다. 이 씨는 평소에 생맥주를 좋아해서 동네 맥주집을 자주 방문했는데, 그곳이 장사가 잘되어서 자신도 충분히 할 수 있다는 생각에 창업을 결심했다. 그런데 현실은 생각대로 되지 않았던 것이다.

프랜차이즈 본사에서 창업과 운영에 필요한 모든 것을 제공해 준다 하더라도 점포 운영은 본인 몫이다. 남이 하니까 쉬워 보이지만 적성에 맞지 않을 경우에는 매출과 상관없이 운영하기 쉽지 않은 것이 점포 영업이다. 아무리 장사가 잘되더라도 아이템이 가진 특성을 이해하지 못하거나 그 아이템을 소화하기 어려우면 지속적으로 운영하기가 쉽지 않다.

아이템에 대한 이해

창업에서 아이템은 매우 중요하다. 성공을 결정짓는 요소이기도 하다. 그러나 아이템을 선택하고 결정하는 과정에서 발생하는 오류로 인해 창업이 힘들어지는 경우가 많다. 대부분의 창업자는 아이템을 결정할 때 아이템 자체가 성공을 결정하지 않는다는 사실을 깨닫지 못한다. 좋은 아이템만 선택하면 바로 성공한다고 생각한다. 더 중요한 것은 그 아이템을 어떻게 활용하느냐이다.

산에 가면 수많은 식물이 있다. 산마다 사는 식물의 종류와 수는 다르다. 기온이나 토양이 양호할수록 많은 종류의 식물이 살며, 척박한 토양에서는 생존하는 식물의 수가 많지 않다. 이런 자연의 섭리를 가만히 들여다보면 창업 시장과 흡사하다. 시장이 활성화되면 수많은 아이템이 존재하고, 그렇지 않으면 생존하는 아이템의 수도 줄어들기 때문이다.

토양의 조건을 무시하고 생존한 식물들은 자신을 지키기 위해서 자기만의 색과 향을 가진다. 이것이 그들의 생존 전략일 것이다. 겨울철 산은 대부분 비슷한 색을 지닌다. 그래서 그렇게 많은 식물이 존재하는지를 잘 알지 못한다. 그러나 겨울이 지나고 봄이 되면 식물들은 각기 다른 색으로 자신의 존재를 증명한다.

창업자에게 맞는 자기만의 색을 만들어야 한다

창업 아이템도 마찬가지이다. 같은 아이템을 가지고 창업하더라도 창업자에게 맞는 자기만의 색을 만들어야 한다. 그래야 수많은 아이템 중에서 고객의 시선을 잡을 수 있다. 이런 기본적인 원리에 관심을 가지고 나만의 색을 어떻게 만들어 낼 것인가에 대한 연구와 고민이 필요하다.

진달래는 이른 봄부터 자신의 존재를 알리기 위해 꽃망울을 만든다. 시간이 지나고 계절이 바뀌면 그저 자연스럽게 붉은 꽃을 피우는 것으로 알고 있지만, 그 꽃을 피우기 위해 진달래는 겨우내 추위와 고통을 견디는 인내의 시간을 보내면서 싹을 틔우고 꽃망울을 터트릴 준비를 한다. 혼자서 조용히, 영원하지도 않은데 그저 몇 개월 만이라도 이 세상에 자신의 존재를 확인시키기 위해서, 다른 생명체로부터 외면받지 않기 위해서 말이다.

창업도 마찬가지이다. 자신의 아이템이 다른 사람들에게 외면받으면 실패하는 것이다. 성공하기 위해서는 자기만의 색과 향이 있어야 한다. 그것은 어디서 살 수 있는 것도 아니고 누구한테 배울 수 있는 것도 아니다. 겨우내 깊은 산골짜기 이름 모를 곳에서 진달래가 인내했던 것처럼 창업자 스스로 만들어야 한다.

그런데 대부분의 창업자가 그런 고통과 외로움의 시간을 두려워한다. 그리고 생략하려 한다. 이것이 창업에서 실패하는 가장 큰 원인이다. 창업은 생존의 문제이다. 창업자들은 "실패하면 죽는다."고 말한다. 죽지 않으려면 생존하는 방법을 터득하면 된다. 그 방법은 오직 나만의 색을 만드는 것이다. 그것이 성공으로 가는 길이다. 그런데 창업자들은 생존을 위한 방법을 선택하려 하지 않는다. 이것이 창업의 현실이다.

주변 환경과 어울려야 생존할 수 있다

생존하기 위해 필요한 준비를 했다면 생존을 보장받기 위한 준비를 해야 한다. 그것은 바로 주변 환경과의 어울림이다. 산에서 살아가는 식물역시 주어진 환경에 철저히 적응한다. 그래야 생존할 수 있기 때문이다. 아이템은 소비 시장과 흐름을 같이 해야 한다. 즉 아이템이 트렌드를 반영하는지에 대한 검토가 필요하다는 말이다. 사업 방식이나 트렌드의 변화 주기 등을 잘 살펴 본 후에 결정을 하는 지혜가 필요하다. 소비자는 디지털 시대를 살아가는데, 창업자는 아날로그 방식으로 생각하고 운영하고 결정하는 경우가 허다하다.

대중적인 음식점 아이템으로 창업을 하더라도 소비 트렌드를 고려한다면 실패율을 줄일 수 있다. 양보다 질을 중시하고, 맛이 좋으면 가격을 따지지 않는 소비 형태의 경우에는 가격 대비 만족도가 높으면 장소는 문제되지 않는다. 대접받고 싶어 하고 내 집처럼 편안함을 느끼고 싶어 하는 고객의 눈높이를 생각하지 않는 창업은 성공을 보장받기 어렵다.

아이템을 정할 때는 창업자 스스로 소화할 수 있고 즐겁게 할 수 있는 것이어야 한다. 그래야 시간이 지날수록 노하우가 축적되고 자기만의 핵심 요소를 만들어 낼 수 있다. 생존을 위한 자기만의 무기가 반드시 있어야 하는데, 이것이 바로 성공하는 아이템을 만드는 방법이라는 사실을 명심해야 한다.

아이템과 창업자 관여도

창업자 관여도는 창업자가 선택한 아이템을 가지고 사업을 운영할 때 관여하는 부분이 어느 정도인가를 나타낸 것이다. 관여도의 정도에 따라 아이템의 선택이나 창업자의 창업 전략이 달라진다. 아이템에 따라 창업자 관여도는 큰 차이가 있는데, 이런 점을 이해해야 올바른 창업이 가능하다. 창업자 관여도를 알아야 하는 이유는 업종에 대한 특성 등을 파악하는 것이 매우 중요하고, 업종 자체의 특성보다는 향후 점포 운영상의 특성을 파악하고 결정을 해야 하기 때문이다.

창업자 관여도가 높은 업종은 대부분 기술이나 노하우가 필요한 것으로 상품이나 서비스를 창업자가 직접 생산하는 업종을 말한다. 창업자가 직접 점포를 운영하는 대부분의 소자본 창업, 특히 독립 창업 업종이 여기에 속한다. 주변에서 흔히 볼 수 있는 국밥집, 백반집 등의 음식점을 예로 들 수 있다. 관여도가 중간 정도인 업종은 프랜차이즈 창업 형태 중에서 판매업이나 서비스 업종으로 음식점이라 하더라도 프랜차이즈 본부에서 일정 노하우를 전수받는다든가 원자재 공급이 이루어지는 형태가 여기에 속한다. 일반적으로 대부분의 판매 업종이 여기에 해당된다. 관여도가 낮은 업종은 창업주가 점포 운영에 관여하지 않아도 되는 아이템이다. 독서실, 당구장, 노래방과 같은 시설 장치 업종이 대표적이다.

창업자 관여도에 따라 창업 전략이나 창업자의 마음가짐, 창업 자금, 상권, 운영 전략 등에서 큰 차이가 있다. 먼저 관여도가 높은 업종의 경우, 창업자는 확실한 자기만의 기술이나 노하우를 가지고 있어야 한다.

특성상 창업자의 역량에 따라 상품의 질이 달라지기 때문이다. 입지나 상권, 기타 요소보다는 상품 자체가 경쟁력이 되기 때문에 1억 원 미만의 소자본으로도 창업이 가능하고 상권과 입지 선정도 용이하다.

창업자 관여도가 중간인 업종의 경우는 창업자가 상품의 품질을 좌우하기보다는 판매 기술에 따라 성과가 달라지는 업종을 말한다. 편의점, 의류 판매점, 프랜차이즈 제과점 등이 대표적이다. 창업 비용은 2억 원 이상이며, 상대적으로 입지가 매우 중요하다. 창업자는 운영에 역량을 집중해야 성공할 수 있다. 다시 말하면, 고객 응대나 고객 서비스에 대한 노하우가 성패를 좌우한다고 할 수 있다.

창업자 관여도가 낮은 업종은 점포 운영에서 창업자의 역할이 거의 없거나 아주 미미한 경우를 말한다. 이 경우는 입지가 매우 중요하기 때문에 창업 비용은 최소 3억 원 이상이라야 한다. 이런 창업은 대부분 경제적인 여유가 있고, 직접 노동력을 제공하면서 운영하기를 싫어하는 창업자에게 맞는 업종으로 아이스크림 전문점이 대표적이다. 창업주가 운영을 하면 매출이 떨어지는 업종은 모두 여기에 속한다. 창업자의 역량보다는 시설이나 장치의 수준이나 형태에 따라 성패가 결정되는 시설 장치 업종 대부분도 창업자 관여도가 낮은 업종에 속한다. 창업자 관여도가 낮은 업종은 점포 운영 기간이 길어지면 점포 가치가 하락하는 특징이 있기 때문에 창업자는 이런 특성을 이해하는 것이 중요하다.

창업은 돈을 벌기 위해서 한다고 생각하겠지만 돈을 버는 동시에 일을 하고 싶어서 창업하는 사람도 많고, 자신의 아이디어를 현실화시키기 위해서 창업하는 경우도 있다. 일을 하고 싶은데 창업자 관여도가 낮은 업종을 선택하면 창업 후에 자신이 할 일이 없어지면서 또 다른 상실감에 빠질 수도 있다. 이런 경우에는 수익과 상관없이 바람직한 창업이라 할 수가 없다.

힘은 들지만 사업을 키워 가기 위해서는 창업자 관여도가 높은 업종이 유리하다. 관여도가 높은 업종은 준비에서부터 상품의 생산·유지·관리·운영 등 모든 것이 창업자에 의해 좌우되기 때문에 위험 부담도 있지만, 성공하면 크게 성공할 수 있다는 장점이 있으며 사업을 확장시킬 수도 있다. 소자본 창업의 경우에는 창업자 관여도가 높은 업종으로 창업하는 것이 현명한 방법이다.

반대로 창업자 관여도가 낮은 업종은 아무리 장사가 잘되고 돈을 많이 벌더라도 자기 사업으로 사업을 확장시키는 것이 불가능하다. 오히려 자신의 의지와 상관없이 실패할 수 있는 위험을 안고 있다.

창업자 관여도가 중간 정도의 업종은 창업자의 역량이나 환경에 따라 관여도를 조절할 수도 있고, 유사시에 관여도를 높여서 위험에 대응할 수도 있다. 운영 전반에 유연성을 가질 수 있다는 것이 가장 큰 특징이다. 대부분의 프랜차이즈 창업이 여기에 해당된다.

초보 창업자의 경우는 관여도가 중간 정도의 업종을 선택하면 유리하다. 초보 창업자의 경우는 관여도가 높은 업종은 자기만의 기술이나 노하우를 습득하기가 현실적으로 어렵고, 관여도가 낮은 업종은 비용이 많이 들고 자기 역할이 없기 때문에 비용도 적당하고 자기 역할도 있는 이 형태가 유리하다.

업종의 특성과 특징을 충분히 분석한 후에 자신의 창업 환경이나 여건에 맞는 규모나 방법으로 창업을 하는 것이 가장 합리적인 창업이라 할 수 있다. 무엇보다 중요한 것은 자신의 역량에 맞는 선택이다.

현재 운영하는 업종이 창업자 관여도가 높은 업종일 경우 운영하는 사람이 운영에 어느 정도 관여하는지를 점검해 볼 필요가 있다. 반대로 관여하지 말아야 하는 업종인데 관여를 너무 많이 하지는 않는지도 판단해 볼 필요가 있다.

업종의 이해와 접근 방법

창업의 업종은 다양하다. 일반적으로 개인 창업자가 한정된 자금으로 접근이 가능한 업종은 크게 외식업, 판매업, 서비스업 3가지로 구분할 수 있다.

외식업

외식업은 먹고 마시는 모든 아이템을 말한다. 음식점, 주점 그리고 외식 판매업으로 나눌 수 있다. 초보자가 가장 많이 창업을 시도하고, 성공과 실패의 차이도 크다. 창업자들이 관심을 많이 갖는 이유는 시장이 넓고 접근이 용이하다고 생각하기 때문이다. 그러나 사전에 완벽한 준비를 하지 않고 창업할 경우 실패할 확률도 크다.

외식업의 대표적인 아이템인 음식점의 경우 한식, 중식, 일식 그리고 분식을 비롯해서, 최근에는 글로벌의 영향으로 세계 각국의 음식들이 새로운 아이템으로 등장하고 있다. 음식점 창업을 할 경우 가장 중요한 것은 무엇을 팔 것인가를 정하는 것이다. 파는 메뉴를 한두 가지로 한정시킨 것은 전문점이라고 하고 다양한 메뉴를 취급하는 형태는 일반음식점이라고 한다.

주력 메뉴를 정했으면 그 메뉴를 완벽하게 소화할 수 있도록 사전에 충분히 준비하는 것이 중요하다. 예를 들어 김밥 전문점으로 아이템을 정했다면, 창업하기 전에 김밥 만드는 연습을 해야 한다. 내용물의 변화를 통한 제품의 차별화와 경쟁력도 중요하지만 무엇보다도 김밥을 완벽하고 신속하게 만들어 낼 수 있는 연습을 해야 한다. 그 다음에는 현장에서 실제로 매장 운영을 경험한 후에 자신의 창업 역량에 맞게 창업을 하는 것이 좋다.

음식점은 품질에 따라 고객의 구매가 결정되기 때문에 고객의 니즈를 충족시키지 못하면 성공하기 어렵다. 아이템을 완벽하게 소화시킬 수 있을 만큼의 준비를 하려면 상당한 시간과 노력이 필요하다. 그런데 대부분의 창업자는 이런 과정을 생략하려는 경향이 있다. 이것이 성공하기 어려운 이유이다.

경기도 분당 구미동에서 일식 우동 전문점 '야마다야'를 운영하는 대표는 일본 본점에서 5년 동안 수학하면서 우동 만드는 법에서부터 매장을 운영하는 노하우와 운영자의 마인드 등을 익히고 창업했다. 그는 월매출 1억 원 이상의 성공 점포를 수년째 운영하고 있다. 이런 자세를 갖추지 않고 음식점으로 성공하는 것은 불가능하다. 품질의 수준을 높이는 것보다 중요한 것은 고객에게 검증받은 맛을 지속적으로 유지하는, 즉 항등미(恒等味)를 갖추는 것이다. 성공한 음식점의 경우에는 언제 어느 때 가더라도 맛이 늘 같다. 같은 맛을 유지하기 위해서는 사용하는 재료에 대한 고집과 조리 방식에 대한 원칙 등을 지켜 나가는 자세가 변함없어야 한다.

아이템을 정하고 그 아이템을 완벽하게 소화시킬 수 있는 준비가 되었다면 이제 누구에게 팔 것인가를 정해야 한다. 누구에게 팔 것인가를 정하는 것은 향후 진행되는 창업 과정의 방향이나 전략 등을 결정짓는 중요한 요소이다. 이 부분을 신경 쓰지 않으면 많은 시간과 비용을 허비할 수도 있다. 예를 들어 삼계탕 전문점으로 창업을 결정하고 주 고객을 20~30대 여성으로 정했다면, 우선 입지를 20~30대 여성의 이동이 많은 상권으로 잡아야 한다. 그리고 제품의 품질이나 양, 가격, 기타 점포 환경이나 서비스 등 모든 것을 주 고객을 대상으로 결정해야 한다.

그런데 대부분의 초보 창업자는 이런 부분을 무시하는 경우가 많다. 그냥 맛만 좋으면 성공할 수 있다는 생각만 하기 때문이다. 음식점 창업을 고려한다면 성공보다 실패하는 음식점 창업자가 늘어나는 점과 그 이유를 주지해야 한다.

판매업

판매업은 이미 완성된 제품을 판매하는 것이다. 판매하는 상품의 종류에 따라 업종이 구분된다. 창업자의 역량에 따라 제품의 품질이 달라지는 것이 아니기 때문에 어디서 파느냐가 중요하다. 즉 판매업은 상권과 입지 선정이 무엇보다 중요한 성공 요소이다. 접근성이나 편의성이 경쟁력으로 작용한다는 것이다. 제품을 만들어 내야 하는 부담이 없기 때문에 음식점에 비해 창업은 용이하다. 그러나 창업 비용이 상대적으로 부담된다.

판매업 창업자라면 판매하기로 결정한 상품에 대한 충분한 이해와 관련 상품에 대한 지식이 있어야 한다. 판매하는 상품에 대한 공부를 해야 한다는 말이다. 그래야 판매가 용이하다. 창업자가 이해하지 못하고 관심이 가지 않는 상품을 판매하는 것은 성공을 보장받기 어렵다.

예를 들어 수입 병맥주 할인점으로 성공을 한 경우를 보자. 창업자는 인천 용현동에서 2층 (66㎡(20평)) 규모에서 장사를 시작해서 프랜차이즈 브랜드로 성장했다. 세계 맥주에 대한 공부를 한 후에 고객들에게 맥주에 얽힌 스토리를 들려주었다. 차츰 이곳이 단순히 맥주를 파는 곳이 아니라 맥주 콘텐츠를 파는 곳으로 소문이 나고, 창업자가 맥주 박사로 고객들에게 알려지면서 성공을 하게 되었다. 그만큼 자신이 선택한 상품에 대한 공부가 중요하다고 할 수 있다.

판매 업종의 분포를 분석해 보면 동일한 상권에서 동일한 품질의 상품을 판매하는 점포가 밀집해 있는 특성이 있다. 결국 같은 상품을 판매하는 점포와의 경쟁이 성패의 관건이다. 경쟁 점포와의 경쟁에서 우위를 확보하기 위해서는 서비스 마인드가 중요하다. 서비스는 그리 어렵지 않다. 거창하게 생각하지 않아도 된다. 서비스는 영업을 위한 완벽한 준비와 웃으면서 반갑게 고객을 맞이하는 자세에서 시작된다. 이는 상품의 품질이 아니라 판매하는 방법이나 형태에 따라 구매가 결정되는 판매업에서 더욱 중요하다.

어떤 아이템을 선택할 것인가도 중요하다. 초보 창업자의 경우 판매가 용이한 아이템, 즉 생활 편의 용품이나 구매 빈도가 잦은 상품을 선택하는 것이 유리하다. 같은 판매업이라 할지라도 상품의 진열, 점포 환경 그리고 운영자의 서비스 마인드가 경쟁력을 확보하는 중요한 방법이다. 판매하는 상품에 대한 사전 지식을 확보하는 방법은 위에서도 언급한 바 있지만 지식의 깊이보다는 넓이가 중요하다.

다음은 가격이다. 동일한 제품은 유사한 입지에서 판매할 경우 점포 환경이나 서비스 상태가 비슷할 때 가격이 중요한 구매 수단이 된다. 그렇다고 가격이 싸기만 하면 어떻게 팔아도 된다는 생각은 버려야 한다. 물론 고가 제품의 경우는 현저한 가격의 차이가 있다면 다르겠지만 이는 현실적으로 불가능하다. 결국 가격은 유사한 상황에서의 구매 결정 요소로 작용한다고 생각해야 한다. 가격이 저렴하다는 것은 수익률이 낮다는 것을 의미한다. 돈을 들이지 않고 할 수 있는 점포 환경이나 운영자의 서비스 마인드를 바로잡고 가격을 정상적으로 혹은 약간 비싸게 파는 것이 오히려 낫다. 동네 구멍가게보다 편의점이 더 비싸지만 고객은 편의점을 선호한다. 그 이유를 알아야 한다.

서비스업

서비스업은 크게 지식·기술 서비스업, 시설·장치 서비스업 2가지로 나뉜다. 지식·기술 서비스업의 경우 상품의 가치가 될 만한 지식이나 기술이 있어야 가능하다. 이런 조건을 구비한 경우라면 아주 적은 비용으로 창업이 가능하다. 수선, 세탁, 네일아트, 안경 판매, 자동차 수리, 미용, 컨설팅, 전문강사, 상담, 코칭, 각종 수리, 전기, 방수 등과 같은 업종이 여기에 속한다.

업종에 따라 자격증이 필요한 경우도 있지만, 그렇지 않은 경우는 현장 경험을 통해 터득한 노하우가 바로 창업의 중요한 요건이 된다. 예를 들면 간단한 수리나 수선이 필요한 경우, 즉 콘센트 교체, 형광등의 안정기 교체, 수도꼭지 등의 문제를 해결해 주는 기술 서비스업의 경우는 기술을 보유하고 있다면 아주 적은 비용으로 창업할 수 있다. 하지만 단기간에 기술을 습득해서 창업을 하기에는 무리가 있다. 상당한 시간과 경험을 통한 노하우 습득이 전제되어야 가능한 아이템이다.

지식·기술 서비스업은 크게 돈을 벌기보다는 적지만 오래 돈을 벌 수 있는 것이 장점이다. 한때 맞춤 양복점에서 재단사로 일하던 사람이 기성복의 성장으로 일자리를 잃은 후 최근에는 오히려 기성복으로 인해 옷 수선으로 제2의 인생을 살고 있기도 하다. 구두 수선도 마찬가지이다.

시설·장치 서비스업의 경우는 창업자의 지식이나 노하우보다는 시설이나 장치의 상태가 고객의 선택 요건이 된다. 이런 업종은 초기 창업 비용이 많이 들고 시간이 지날수록 부가 가치가 쌓이는 것이 아니라 오히려 감가상각으로 인한 리스크가 발생한다는 것이 가장 큰 특징이다. 당구장, 노래방, 독서실, 사우나, PC방 등과 같은 업종이 여기에 속한다. 이런 업종은 나중에 창업할수록 유리하다. 그리고 양도가 가능하면 창업 시기와 상관없이 양도하는 것이 효과적이다.

아이템 선택의 기본 요소

대부분의 창업자는 아이템을 선택할 때 내가 재미있게 할 수 있는 일인지에 대한 검증보다는 돈이 되는 것을 우선시한다. 돈이 되는 아이템을 선정하지 말라는 것이 아니라 내가 소화할 수 있는 일인지를 먼저 따져 보아야 한다. 그래서 아이템을 선택할 때는 적합성 즉 아이템이 내게 맞는가와, 영속성 즉 장기간 운영이 가능한가를 검토하고, 마지막으로 수익성 즉 돈이 되는지를 확인해야 한다.

적합성

아무리 좋은 아이템이라 할지라도 내게 맞지 않으면 그 일을 하기에는 무리가 따른다. 그런데 대부분의 창업자는 이 점을 중요시하지 않는다. 이유는 창업 자체를 너무 쉽게 생각하거나 돈만 된다면 무엇이든 할 수 있다는 자기중심적인 판단 때문이다.

적합성이 아이템 선정의 첫째 기준이 되어야 하는 데는 분명한 이유가 있다. 창업은 기본적으로 고객에게 상품이나 서비스를 제공해 주고 그 대가를 받는 구조로 되어 있다. 상품이나 서비스의 형태나 종류에 따라 업종과 아이템이 결정된다. 상품과 서비스를 한두 번 제공하면 끝이 나는 것이라면 아이템 선정을 쉽게 해도 문제가 없다. 그러나 창업은 고객에게 상품이나 서비스를 제공해 주는 행위를 아주 많이 오래 반복해야 한다. 결국 창업자에게 적합하지 않는 경우에는 성과를 내기 힘들다.

예를 들면 세탁편의점과 같은 생활 서비스 업종의 경우, 하루 10시간

동안 좁은 공간에서 고객을 맞이해야 한다. 혼자 운영하기 때문에 스스로 이 시간을 아주 협소한 공간에서 견딜 수 있어야 한다. 그것도 5년 길게는 10년, 지극히 단순한 업무의 반복과 연속이다. 성격적으로 인내심이 강하고 비활동적인 성격의 여성 창업자에게 적합한 아이템이다. 활동적인 성향의 창업자가 이 업종을 운영하다가 점포 입구에 '잠시 외출 중'이라는 안내문이 자주 걸리고 소비자들의 불편을 야기하면서 결국 문을 닫거나 점포의 주인이 바뀌는 것을 목격한 적이 있다.

주점의 경우에는 영업시간이 오후부터 새벽 2시까지이다. 이 업종은 아침형 인간보다는 저녁형 인간이 창업하면 유리하다. 영업시간이 수면시간을 방해하기 때문에 체력적인 부분도 고려해야 한다. 그렇지 않으면 창업 후 1년쯤 지나 점포가 자리를 잡아 갈 때쯤 창업자가 지쳐 결국 영업을 중단하는 사태가 발생한다. 이렇듯 적합성은 아이템 선택에서 가장 중요한 요소이다.

영속성

아무리 좋은 아이템이고 창업자의 적성에 맞는다 할지라도 아이템 자체가 가지는 영속성을 고려하지 않으면 곤란하다. 트렌드가 짧은 아이템의 경우가 여기에 속한다. 대표적인 외식 아이템인 치킨의 경우 소비량도 지속적으로 증가하고 폭넓은 고객층을 형성하고 있기 때문에 조리 방식이나 판매 방식의 변화를 주면서 지속적으로 성장하고 있다.

이와 반대로 유행에 민감하거나 외부적인 영향에 직접적인 타격을 받는 아이템은 장기 운영이 불가능하다. 2002년 한·일 월드컵이 열리기 전만 하더라도 일본의 대표 아이템인 이자카야, 일본라멘 전문점과 같은 아이템은 국내 출시 후 1년을 버티기 어려울 정도였지만 지금은 국내 창업 시장에서 단단히 버티고 있는 것을 보면 이해가 될 것이다. 이는 아이템 자체의 문제라기보다는 일본에 대한 소비자들의 감정 때문이다.

상품의 공급이나 원재료의 안정적인 공급이 불가능해 영속성을 보장받지 못하는 경우도 있다. 외국의 상품을 수입하는 경우는 환율이나 수입업자의 사업 철학이나 재정 상태 등을 통해 상품의 안정적 공급이 가능한지를 확인하는 것이 중요하고 상품이나 원재료의 재고 수준을 반드시 확인해야 한다.

초보 창업자의 경우는 퓨전이나 유행에 민감한 아이템보다는 전통적이고 대중적인 아이템을 선택하는 것이 영속성을 고려할 때 유리하다. 법이나 제도 혹은 사회 문화나 풍속에 제약을 받는 아이템도 영속성을 담보하기 어렵다.

단기간 운영을 통해 부를 축적한 경우는 없다. 성공한 창업자들의 공통적인 성공 요인 중 하나는 바로 장기 운영이다. 영속성을 강조하는 이유는 운영의 잘못으로 장기 운영이 어려운 경우는 몰라도 아이템이 가지는 문제로 인해 장기 운영이 곤란한 경우는 피해야 하기 때문이다.

수익성

적합성과 영속성을 담보하더라도 수익성에 문제가 있는 아이템은 피하는 것이 좋다. 창업 시 아이템의 수익성은 매출 대비 원가율을 따져야 한다. 적정 이윤을 보장하지 못하는 아이템의 경우는 아무리 장사가 잘되더라도 성과를 내기 어렵다. 매출에서 원가를 제하면 영업 이익이 남는다. 이 영업 이익에서 비용, 즉 점포 임차료, 인건비, 기타 관리비를 제하고 남는 것이 바로 수익이다. 비용은 창업 후 점포 운영 과정에서 창업자의 노력과 역량에 따라 조정이 가능하다. 그러나 원가를 획기적으로 줄이는 것은 쉽지 않다. 그렇기 때문에 아이템을 선정할 때 같은 아이템일 경우에는 원가 비중이 낮은 것이 유리하다. 일반적으로 원가 비중이 외식업의 경우에는 40%, 판매업의 경우에는 70%, 서비스업의 경우에는 10%라고 이해하면 된다.

예를 들어 외식업에서 콩나물국밥 전문점의 경우 원가가 35% 선이다. 이것을 아이템으로 정했다면, 그 다음으로 브랜드를 선정할 때는 원가 비중이 낮은 것을 선택해야 한다는 것이다. 콩나물국밥 전문 브랜드인 시루향기의 경우 2014년 매출을 기준으로 분석해 본 결과 평균 원가율이 30% 선이었다. 브랜드 이미지나 기타 조건에서 큰 문제가 없다면 당연히 원가율이 낮은 브랜드를 선정해야 한다.

한때 창업 시장을 주도하던 삼겹살 브랜드가 있다. 이른바 저가형 삼겹살이다. 저가형의 경우 수익 구조가 약하기 때문에 일정 수준 이상의 매출이 유지되지 않으면 합리적인 수익 창출이 불가능하다. 그러나 이 브랜드 본사는 돈을 많이 벌었다. 원재료 공급으로 발생되는 이익은 점포 매출이 좋을수록 커지기 때문이다.

수익성은 좋은데 영속성이 불안하고, 둘 다 양호한데 내게는 맞지 않는 아이템이 흔히 있다. 이런 경우는 신중하게 선택해야 한다. 정답은 시간이 걸리더라도 3가지 조건을 동시에 충족시킬 수 있는 아이템을 찾는 것이다. 이중에서 가장 중요한 것은 적합성이라는 사실을 명심해야 한다. 영속성과 수익성은 운영자의 역량으로 확인하거나 객관적인 자료를 통해 검증이 가능한데, 적합성은 창업자 스스로 판단하기 때문에 수익성에 현혹되어 극히 주관적인 기준으로 적합하다고 인정하는 경우가 많다. 특히 초보 창업자의 경우는 이런 실수를 범하기가 쉽다.

업종 선택 시 고려 사항

업종 선정은 창업의 성패를 좌우하는 창업에서 가장 중요한 요소 중 하나이다. 창업자 자신을 기준으로 아이템을 선정해야 한다는 사실을 주목하면서 다음 내용을 참고할 필요가 있다.

시대 흐름에 맞는 업종이 좋다

선택한 업종이 시대 흐름에 맞지 않을 경우, 시대 흐름에 맞게 변화를 줄 수 있으면 괜찮지만 그것이 어려우면 곤란하다. 시대 흐름에 맞는지는 소비자의 소비 트렌드나 성향 등을 통해 판단할 수 있다. 간혹 소비자들의 소비 성향보다 약간 앞선 콘셉트로 창업을 했다가 실패하는 경우가 있다. 최근에 삼겹살 초벌구이 콘셉트가 시장에 안착하고 있는데, 사실 이 콘셉트는 3초 삼겹살이라는 아이템으로 수년 전에 출시되었으나 그때는 안착하지 못했다. 당시에는 소비자들이 그것을 받아들일 수 있는 상황이 아니었다. 삼겹살은 직접 구워서 먹어야 제 맛이라는 생각이 강하게 작용했기 때문이다. 그러나 지금은 먹는 것에서도 편리성을 강조하는 소비자들이 늘어나면서 기존의 삼겹살 시장에서 초벌구이 콘셉트가 당당히 자리를 잡아가고 있다.

수익성 · 안정성 · 성장성을 동시에 따져야 한다

같은 조건이라면 당연히 수익성이 높은 업종이 유리하다. 그러나 수익성은 좋은데 성장성과 안정성 측면에서 기준점을 통과하지 못하면 최종 선택을 유보해야 한다. 성장성의 경우 아이템의 대중성과 역사성 등을 통해 우리나라 창업 시장에서 안정적으로 운영이 가능한지를 검토해 보면 답을 얻을 수 있다. 안정성은 원재료 공급이나 상품 공급 면에서 안정적인 여건을 갖추고 있는지를 확인해야 한다. 안정성과 성장성을 동시에 만족시키지만 수익성이 약한 아이템은 곤란하다.

한때 프랜차이즈 브랜드로 인기를 끌던 굴국밥 전문점의 경우에 굴을 좋아하는 다수의 소비층을 확보해 성장성도 문제가 없고 굴양식 사업이 활발히 전개되고 있어 안정성에도 문제가 없었다. 하지만 프랜차이즈 본사에서 굴을 공급하는 단계가 복잡해서 원가 상승에 대한 부담 때문에 수익성 문제가 발생했고, 실제 점포를 운영하는 사업자가 직접 굴을 공급받는 시스템으로 변화를 주지 못한 점포는 대부분 문을 닫았다. 자연산 골뱅이 전문점의 경우에도 자연산 골뱅이의 안정적인 공급만 가능하다면 성장성과 수익성은 매우 양호하기 때문에 창업 아이템으로 손색이 없다. 물론 사업의 규모를 확장하는 데는 한계가 있지만 안정적인 수익을 창출하면서 영속적으로 운영하는 데는 문제가 없다.

자신의 성격에 맞는 업종이 유리하다

업종의 특성상 운영에 적합한 운영자의 성격이 있다. 이를 무시한 업종 선정은 성공하기가 쉽지 않다. 그런데 대부분의 창업자는 이를 알면서도 실천하지 않는다. 이유는 창업 자체를 쉽게 생각하고 자신을 높게 평가하는 경향이 있기 때문이다. 창업자의 성격과 업종의 연관성을 무시하면 성공을 하더라도 엄청난 시련과 고통을 대가로 지불해야 한다. 앞에서 언급한 '아이템과 창업자 관여도'와 같은 맥락으로 해석하면 된다.

창업자의 경험과 지식을 활용하는 업종이 좋다

창업의 성공을 결정짓는 중요한 요소 중 하나는 바로 경험이다. 실제로 식당에서 종업원으로 성실하게 근무한 경험이 있는 창업자는 동일한 업종으로 창업할 경우 성공 확률이 높다. 필자는 창업자의 관련 업종 종사자의 경험을 가장 큰 무기로 생각한다.

수년 전에 50대 부부의 창업 상담을 했다. 대기업에 근무하는 남편이 아내가 창업을 하겠다고 하자 무조건 반대를 하다가 아내의 의지를 꺾지 못하자 상담을 통해 아내의 창업 계획을 무산시키려는 의도인 것 같았다. 아내가 하려는 아이템은 중고 명품 숍이었다. 관련 아이템의 경험이 있는지 확인해 본 결과 해당 업소에서 3년간 종업원으로 일한 경험이 있다고 했다. 필자는 창업을 적극 추천했다. 3년 후 우연한 기회에 다시 상담자를 만났다. 성공적이라고 했다. 이렇듯 창업은 자신의 경험과 노하우를 활용할 수 있는 업종이 최선이다. 그렇지 못할 경우에는 창업 전에 반드시 자신이 선택한 업종으로 충분한 경험을 쌓는 것이 가장 좋은 방법이다.

자금 조달이 가능한 범위 내의 업종이어야 한다

아무리 좋은 아이템이라 할지라도 창업자가 가진 창업 자금으로 가능해야 한다. 만약 선택한 아이템으로 창업할 경우 창업 자금이 부족하다면 자금에 맞는 형태로 규모를 조절해야지 돈을 빌려서 창업하는 것은 성공을 보장받기 어렵다. 그런데 일반적으로는 아이템을 먼저 정하는 것이 아니라 자금에 맞는 아이템을 찾는다. 이는 아주 잘못된 관행이다.

예를 들면 피자를 창업 아이템으로 선정하고 창업 소요 자금을 산출해보니 3억 원이 필요하다. 그러나 창업자의 가용 자금은 1억 원이다. 이럴 경우 매장형 피자 전문점을 2억 원의 빚을 내어 창업하기보다는 1억 원으로 가능한 피자 전문점으로 계획해야 한다. 배달형 혹은 테이크아웃 피자 전문점으로 창업 형태의 변화를 주는 것이 효과적이다.

도입기나 성장기 업종이 유리하다

업종도 사이클이 있다. 초보 창업자는 대부분 성숙기 업종을 선호한다. 안정적이라 생각하기 때문이다. 그러나 창업 준비를 착실히 하고 접근 방식에 대한 준비가 제대로 이루어지면 도입기나 성장기에 있는 업종을 선택하는 것이 좋다. 이는 프랜차이즈 창업의 경우에도 적용된다. 예를 들면 치킨 브랜드의 경우 전국적으로 확산된 브랜드는 출점 가능한 상권이 거의 없다. 이런 경우에는 기존 점포를 인수하거나 다소 약한 상권으로 입점해야 한다. 그렇다면 그보다는 브랜드 파워가 다소 약하더라도 시장의 검증을 거친 브랜드를 선택하는 것을 생각해 볼 필요가 있다.

유행 아이템과 유망 아이템

유행 아이템은 시대의 트렌드를 반영하는 장점이 있지만 장기적으로 운영이 가능한지에 대한 부분은 검토가 필요하다. 해마다 유행처럼 등장하는 브랜드가 있다. 그러나 이듬해에는 기세가 꺾이는 경우를 많이 본다. 이런 아이템의 경우 초보 창업자는 신중할 필요가 있다. 한 해는 돈을 벌지만 그 다음해부터 심각한 경영 문제로 골치 아플 확률이 높기 때문이다.

유망 아이템은 따로 없다. 남들이 다 포기한 아이템이라도 창업자 본인이 즐겁게 할 수 있는 아이템이라면 그것이 바로 창업자에게 유망한 아이템이다. 결국 유망 아이템은 창업자 개인적인 특성과 연관하여 판단해야 한다.

최근에 TV 프로그램을 장악하는 셰프라는 직업도 따지고 보면 일반적으로 선호하는 아이템은 아니었다. 하지만 당사자들은 본인이 하고 싶은 것을 했기 때문에 지금의 성공을 이룰 수 있었다. 본인에게 가장 유망한 아이템은 바로 셰프라는 직업이었다. 이를 단순하게 생각하고 너도나도 셰프가 되겠다고 한다면 결코 성공하기 어려울 것이다.

창업에서 아이템 선정은 매우 중요하다. 하지만 그 기준은 철저하게 창업자 자신을 중심으로 이루어져야 한다는 사실에 주목해야 한다. 창업자 스스로 그 아이템의 주인공이 되는 것이 올바른 아이템 선정 원칙이다.

창업자 연령에 어울리는 적합 아이템

아이템을 선정할 때는 창업자의 연령과 주 고객층의 연령을 고려하는 것이 좋다. 창업자의 연령과 주 고객층의 연령이 다를 경우에는 창업자뿐만 아니라 고객도 불편하다. 일반적으로 창업자의 연령과 비슷하거나 약간 높은 연령층을 주 고객층으로 하는 것이 유리하다.

20대 창업자가 60대를 주 고객으로 하는 아이템으로 창업을 할 경우에는 운영자와 고객 간의 생각 차이가 커서 상호 접점의 서비스 만족점을 찾기 어렵다. 이럴 경우 운영자보다는 오히려 고객이 불편을 느끼는 경우가 많다. 통상적으로 창업자가 젊은 층일 경우에 수용 가능한 연령층이 넓지만, 집중되는 고객층을 창업자와 비슷한 연령층으로 형성하지 못하면 장기적으로 운영하기에는 무리가 따른다.

일반적으로 트렌드가 빠른 아이템은 적응력이 높은 젊은 층에게 유리하고, 속도가 느린 아이템은 중·장년층에게 적합하다. 20~30대 창업자가 운영하는 고깃집에는 고객이 대부분 20~30대이다. 반대로 같은 고깃집이라도 창업자가 50대일 경우에는 고객이 주로 40~50대로 형성된다.

원두커피 전문점의 경우 40~50대가 창업을 하더라도 실질적인 매장 운영은 젊은 종업원 중심으로 운영되는 것만 보아도 알 수 있다. 아이스크림 전문점의 경우도 주 고객이 10~20대인데 창업자가 50대 중반이라면 매장 운영에 무리가 따른다. 창업을 하려면 이런 점도 감안해야 한다. 자신의 일자리를 만드는 것이 창업의 진정한 목적이라면 창업을 했지만 자신의 일자리가 없는 형태의 창업은 또 다른 문제가 발생하기 때문에 이에 대한 대안을 마련하는 것이 필요하다.

일반적으로 창업 시장에서 연령 문제는 중·장년층의 경우가 대부분이다. 청년 창업의 경우에는 실패하더라도 재도전할 수 있는 기회가 충분하고, 경험이 부족하기 때문에 창업을 하는 과정에서 자기에게 맞는 아이템을 찾아갈 수 있다. 그러나 중·장년층의 경우는 시간적으로나 현실적인 면에서 창업을 통해 적합한 아이템을 찾아갈 수 있는 여건이 만만치 않다. 그래서 자기 연령으로 소화가 가능한 아이템을 선정하는 것이 무엇보다 중요하다.

중·장년층이 창업자 관여도가 낮은 업종을 선호하는 이유도 여기에 있다. 독서실이나 당구장과 같은 시설·장치 서비스업의 경우 창업자 관여도가 그리 높지 않고 초보자도 운영이 용이하기 때문에 접근하는 데는 무리가 없으며, 편의점과 같은 단순 판매업의 경우도 관여도가 중간 정도여서 무리가 없다.

그러나 상대적으로 이런 업종을 젊은 층이 할 경우에는 업종의 성격상 단순하고 역동적이지 않기 때문에 장사가 잘되면 창업자가 더 큰 것을 위해 무리한 계획을 할 가능성이 많고, 그렇지 않으면 장기 운영이 곤란하기 때문에 상대적으로 피하는 것이 좋다. 젊은 층의 경우에는 창업자 관여도가 높은 업종, 즉 자신이 직접 상품이나 서비스를 창출할 수 있는 업종으로 접근하는 것이 실패를 경험하더라도 궁극적으로 자신의 부가 가치를 높일 수 있는 기회가 되기 때문에 도전해 볼 만하다.

30대 청년의 창업 상담을 한 적이 있다. 3억 원을 들여 소고기 전문점을 하겠다고 했다. 지금까지 경험한 내용을 물어 보니 이자카야 주점에서 3년간 종업원으로 근무한 적이 있다고 했다. 그래서 소고기 전문점은 나중에도 충분히 할 수 있는데, 지금 무리하게 사전 경험과 지식도 없이 시작하는 것은 옳지 않다고 설명하면서 이전 경험을 활용해서 꼬치 전문점으로 창업하는 것이 효과적이겠다는 의견을 전했다. 그리고 창업 자금도 1억 원 선이면 충분하다고 조언했다. 그는 결국 꼬치 전문점으로 창업을 했고, 지금도 성공적으로 운영하고 있다.

이렇듯 아이템을 선정할 때는 반드시 창업자의 연령을 고려해야 한다. 중·장년층은 가능하면 젊은 층과 경쟁하는 아이템을 피해야 승산이 있다. 창업 시장에서 연령이 많다는 것은 확실히 장점보다는 단점이 많다는 사실을 알아야 한다.

기존 아이템을 새롭게 하라

해마다 창업 아이템이 쏟아지고 있다. 프랜차이즈가 활성화되기 시작하던 2000년 초반에는 새로운 아이템들이 속속 등장하면서 예비 창업자들의 관심을 끌었다. 그 중에는 살아남은 아이템도 있지만 흔적 없이 사라진 아이템도 많다.

지금은 사정이 좀 다르다. 새로운 아이템보다는 기존의 아이템을 새롭게 한 아이템이 경쟁력을 가질 확률이 높다. 새로운 아이템이 시장에 자리 잡기가 쉽지 않기 때문이다. 새로운 아이템은 우선 고객들의 수용의지와 부합하는 경우도 있지만 그렇지 않은 경우도 있다. 그것에 대한 검증을 하지 않고 시장에 나오게 되는 경우 시장에서 판가름이 난다. 설사 시장에 진입하더라도 까다로운 소비자들의 요구를 충족시키려면 시간이 많이 걸린다. 이래저래 부침이 심하다. 다행히 성공하더라도 유사 아이템이 속출하면서 경쟁력도 흐려진다.

대중적인 인지도가 있으면서 소비력도 충분한 아이템을 기존 것과 다르게 혹은 새롭게 하는 것이 더욱 효과적이다. 창업자들의 이해도 빠르고 시장 진입도 용이하다는 장점이 있다. 문제는 새롭게 한 것이 정말 다르다고 느낄 수 있는가이다.

예를 들어 보자. 세계적인 햄버거 브랜드인 맥도널드의 경우 타깃 고객이 10~20대이기 때문에 외식업이지만 메뉴 개발에 한계가 있다. 이러한 상품 자체의 문제점을 판매 방식의 변화를 통해 극복해 가고 있다. 맥모닝이라는 아침 메뉴 판매, 24시간 영업 매장 확대와 배달 등의 방법으로 고객층을 넓히는 것뿐만 아니라 기존 고객층을 대상으로 판매 서비스의 질적 향상을 통해 매출을 증대시키고 있다. 이는 주 고객층의 소비 성향이나 소비 트렌드를 적극 활용한 방법이다. 40~50대가 주 고객인 경우 24시간 영업 매장 확대는 비효율적이다. 햄버거를 배달하는 것은 햄버거를 밥으로 인식하는, 즉 10~20대의 밥에 대한 개념이 바뀐 것을 잘 활용한 것이라고 볼 수 있다.

최근에 인기를 끌고 있는 프리미엄 김밥의 경우도 김밥의 모양이나 형태의 변화가 아니라 김밥의 질적 향상을 통해 고객의 욕구를 충족시킨 것이다. 치킨 시장의 변화도 자세히 들여다보면 조리 방식의 변화를 통한 새로운 시장 개척의 원리가 적용되고 있으며, 피자 아이템도 매장형에서 배달 혹은 테이크아웃으로 판매 형태의 변화를 통해 시장의 변화를 주도하고 있다. 이렇듯 세상에 없는 아이템으로 새로운 시장을 만드는 것보다 기존 아이템의 서비스 방식 변화를 통해 시장을 만들어 가는 전략적인 접근이 필요하다.

신선한 야채로 샤브샤브 시장을 개척한 브랜드인 채선당에서 업그레이드 버전의 매장으로 새로운 성장 동력을 만들어 낸 것도 같은 이치이다. 채선당은 기존의 샤브샤브 시장이 경쟁 브랜드와 아이템 자체의 한계로 인해 매출이 정체되자, 샤브샤브라는 기존 콘셉트에 샐러드바를 접목시킨 채선당 M과 채선당 PLUS를 냈다.

대부분의 창업자는 기가 막힌 아이템을 찾으려고 한다. 그러나 좋은 창업 아이템은 발명해 내는 것이 아니라 기존 아이템에서 새로운 것을 발견해 내는 것이다. 이것이 바로 혁신이고 융합이다. 창업으로 성공한 아이템을 분석해 보면 철저하게 기존의 것에 새로운 무엇을 더하거나 빼거나, 혹은 형태의 변화를 통해서 또 다른 상품이나 서비스를 만들어 낸 것이라는 사실을 분명하게 인지해야 한다.

매출보다 수익성에 집중하라

흔히 '장사가 잘된다.', '대박이다.'라는 말을 쓴다. 장사가 잘된다는 것은 사고파는 행위가 빈번히 일어나는 것을 말한다. 다른 말로는 '매출이 높다.'라고 한다. 그러나 진정한 대박과 장사가 잘되는 것은 수익이 많은 것을 의미한다. 그리고 그 수익이 장기적으로 발생하는 것이어야 한다. 간혹 장사가 잘되는 점포도 문을 닫는 경우가 있다. 이유는 한 가지이다. 아무리 장사가 잘되더라도 비용, 즉 지출이 많으면 수익이 줄고 장기적으로 운영하기 어렵다. 지출이 많다는 것은 사업 구조가 잘못되었거나 운영자의 개인적인 지출이 많은 경우이다.

요즘 자영업자들이 위기를 맞고 있다. 점포임대 표시가 늘어나고 있다. 매출이 부진해서 문을 닫는 경우도 있지만 근본적으로 분석해 보면 매출보다는 수익이 없기 때문이다. 매출이 없는데 무슨 수익을 기대하느냐고 할 수도 있다. 맞는 말이다. 매출이 일어나야 수익이 생기는 것은 당연하다. 하지만 점포의 성공과 실패를 바라보는 시각이 매출보다는 수익으로 수정되어야 한다.

비슷한 품질의 상품을 저가로 판매하면 장사는 잘되기 마련이다. 그러나 결론은 고생만 한다. 적정 이익을 확보할 수 있는 구조를 만들지 못하면 장기간 운영할수록 손해의 폭이 늘어나기 때문이다.

이런 현상은 프랜차이즈 브랜드에서도 나타난다. 본사 입장에서는 매출이 많은 것이 좋다. 이유는 간단하다. 로열티를 받든, 물류에서 수익을 가져가든 본사는 매출이 많으면 무조건 이익이다. 그러나 실제로 판매 활동을 하는 가맹점 사업자는 매출이 많다고 반드시 수익이 많은 것은 아니다. 진정한 창업은 실제로 점포를 운영하는 사업자가 가장 많이 가져가는 구조가 되어야 한다. 장사가 잘되고 하루 종일 힘들게 영업을 했는데도 월말에 정산해 보면 노력한 만큼의 대가가 발생하지 않는다면 일을 할 수 있는 에너지가 고갈되고 결국 좋지 않은 결과를 얻게 된다.

매출 대비 수익률을 결정하는 가장 중요한 것은 원가율이므로 원가율을 낮추는 것에 주목해야 한다. 다음은 비용이다. 비용 중에서는 인건비와 임차료가 핵심이다. 원가율이 상대적으로 높으면 비용을 줄여야 한다. 임차료는 개점 전에 결정되므로 이때부터 원가율을 고려해야 한다. 다음은 인건비이다. 인건비를 줄이기 위해서는 점포 운영 방식과 서비스 방식에 변화를 주어야 하고 사업자가 직접 운영에 깊이 관여해야 한다. 프랜차이즈의 경우에 본사에서 이런 부분에 대한 대안이 없다면 올바른 프랜차이즈라고 할 수가 없다. 프랜차이즈 브랜드 중에서 양도 양수가 많은 곳은 매출 대비 수익률이 사업자의 기대를 충족시키지 못하기 때문이다.

강원도 원통의 한 음식점의 경우 월매출은 500만 원이다. 그러나 점주의 만족도는 매우 높다. 임차료가 30만 원에 혼자 운영하기 때문에 인건비가 제로이다. 수익은 월 250만 원이다. 점포를 단순히 매출로 평가하는 것은 잘못이다. 매출이 아무리 높다 하더라도 수익이 적으면 더 이상 점포를 운영하기 어렵다. 최근에 인기를 끌고 있는 프리미엄 김밥 전문점의 경우도 그렇다. 인건비 비중과 원가 비중이 상대적으로 높기 때문에 장사는 잘되지만 매출 대비 수익성은 좋지 않다.

대부분의 창업자는 장사가 잘되고 매출이 많으면 당연히 수익이 많을 것이라고 생각한다. 그래서 장사가 잘되는 겉모습만 보고 창업을 결정하는 경우가 많다. 그러나 반드시 그렇지만은 않다는 사실에 주목해야 한다. 매출에 비례하는 적정 수익이 보장되는지를 세밀하게 따지고 분석해야 한다.

아무리 좋은 상권에서 좋은 아이템으로 장사를 하더라도 한계 매출은 반드시 존재하기 때문에 매출 대비 수익성이 중요하다. 일반적으로 원가 상승 요인이 발생하면 가격을 올려야 한다. 그러나 자영업자들은 이를 매우 두려워한다. 가격을 30% 인상하면 고객이 30% 줄어든다고 하더라도 매출은 가격 상승 전과 변동이 없다. 그렇다면 가격을 적정 이익을 보장받는 선으로 조정하는 것이 올바른 판단이다.

자영업 시장은 외부 환경에 특히 민감하다. 유지에 필요한 매출에 도달하지 못하면 더 이상 운영하기 어려운 구조이다. 그리고 매출을 올리기 위해 모든 에너지를 쏟는다. 매출보다는 비용을 줄이는 방향, 즉 마이너스를 마이너스하는 사고의 전환이 무엇보다 필요하다. 외부 환경의 변화를 자영업자가 해결하기는 어렵다. 하지만 자기 점포의 비용을 줄이는 일은 할 수 있다. 매출 뒤에 숨어 있는 수익 그리고 그 수익을 감소시키는 요인에 관심을 가져야 생존할 수 있다.

 **창업의 구조**

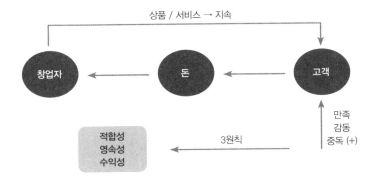

상품 / 서비스 → 지속

창업자 ← 돈 ← 고객

만족
감동
중독 (+)

적합성
영속성
수익성

3원칙

창업의 기본 구조는 고객의 욕구를 해결해 주거나 고객에게 필요한 무엇을 제공해 주면서 얻는 대가로 이루어진다. 무엇을 줄 것인가는 바로 업종이나 아이템이 된다. 고객을 만족시키고 감동을 주는 과정이 어느 정도 지속되느냐에 따라 성패가 결정된다. 한두 번 제공하는 상품이나 서비스로 고객을 완전히 이롭게 중독시킬 수 있는 방법이 있으면 무조건 성공한다. 고객을 이롭게 중독시키려면 창업자가 자신이 선택한 상품이나 서비스를 아주 오랫동안 지속적으로 반복해야 한다. 이것이 창업의 기본 구조이다. 문제는 상품이나 서비스를 지속적으로 제공하기 위해서는 창업자가 선택한 것이 자신에게 적합해야 한다. 적합하지 않으면 지속적인 제공이 불가능하고 결국 수익을 내지 못하게 된다.

적합성

내게 맞는 아이템을 찾아야 한다. 그저 돈이 되는 아이템, 잘된다고 소문난 아이템을 중심으로 창업하면 그 결과는 뻔하다. 문제는 그 아이템이 뜨는 아이템인지 아닌지가 중요한 것이 아니라 그 아이템이 나에게 적합한가 아닌가를 먼저 따져 보아야 한다. 이것이 창업자가 업종이나 아이템을 선정하는 가장 첫 번째 원칙이다. 아무리 유망하고 돈이 되는 것이라고 할지라도 내가 할 수 없고 내가 하기 힘든 것이라면 하지 말아야 한다.

영속성

일반적으로 창업자들은 빨리 돈을 벌고 싶어 하는데 이 생각을 고쳐야 한다. 쉽게 빨리 벌 수 있는 것은 없다. 하기 싫은 일은 돈을 많이 벌더라도 길게 할 수가 없다. 하고 싶은 일을 하면서 돈도 벌 수 있으면 지속적으로 운영이 가능하다. 쉽게 말해 빨리 돈을 벌고 다른 아이템으로 다시 시작하면 된다고 하지만 아무도 새로 시작하는 아이템이 성공하리라는 보장은 하지 못한다.

수익성

내게 맞는 아이템을 선택했으면 그 아이템의 수익성을 따져 보아야 한다. 수익성은 단순 수치로 따지는 것이 아니라 투자 대비 수익성이 기준이 되어야 한다. 모든 사업은 적정 수익이 있다. 적게 투자해서 많이 버는 아이템은 없다. 가능하면 초기 투자 비용을 줄이고 최선을 다해서 운영을 한 후 발생하는 수익이 투자 비용 대비할 때 어느 정도인가를 따져 보아야 한다. 많으면 좋겠지만 내게 적합한 아이템을 선택했다면 적정 수익만 되어도 충분히 진행이 가능하다. 이는 '하고 싶은 일을 하면서 돈도 버는 것'이니 이보다 더 좋을 수 없다. 적게 벌더라도 하고 싶은 일을 오래도록 하면서 행복한 것이 가장 성공적인 창업이다.

CHAPTER 3

잘되는 가게 VS 안되는 가게

-창업 방법 편-

⬆ 성공 사례

경험과 지식이 부족한 초보 창업자라면 프랜차이즈가 유리하다. 지난 해에 구미 원평동에서 불고기 전문점 '콩불(www.kongbul.com)이라는 브랜드로 매장을 오픈한 윤문희 사장은 40대 주부로 휴대폰 관련 제조회사에서 열혈 커리어우먼으로도 활동했다. 개인사정으로 회사를 그만두고 '과연 무엇을 해야 하나?'라는 고민에 쌓여 있던 중 딸의 권유로 콩불을 만나게 되었다.

평소에 가사와 직장 생활을 병행하던 터라 음식 솜씨가 있었던 것도 아니고 손님을 상대로 장사하는 요령도 몰랐기 때문에 창업을 생각했을 때 아무 준비도 되어 있지 않은 것을 알고는 절망감을 느꼈다. 그런데 별다른 기술이나 경험 없이도 충분히 자기 사업을 할 수 있다는 소식에 새로운 희망을 갖게 되었다.

지방이라 임대료 부담이 크지 않은 데다 창업 비용이 생각했던 것보다는 많이 들지 않았고 무엇보다 딸이 좋아하는 브랜드라는 것이 마음에 들었다. 게다가 대체로 젊은이들이 좋아하는 브랜드는 유행을 많이 타는 경향이 있는데 한식 느낌이 강한 불고기 전문점이라 유행도 별로 타지 않는다는 게 솔깃했다. 뿐만 아니라 한식인데도 메뉴가 많지 않아서 조리도 편하고 종업원의 업무 부담도 덜해서 주인도 종업원도 행복한 일터가 될 것이라는 믿음에 콩불을 선택하게 되었다.

하지만 주위에서 프랜차이즈 사업은 별로 남지도 않고 본사의 강제와 횡포가 많으니 잘 생각해 보라고 만류하는 소리가 많아서 최종 결정을 망설였다. 그러던 차에 본사 대표와 개설 담당자를 만나면서 그 동안 갖고 있던 프랜차이즈에 대한 불신과 의구심이 믿음과 기대로 바뀌게 되었고, 음식맛이 본인 입에도 꽤 매력적이었기에 계약을 체결하였다.

"세상 어떤 일을 하더라도 분명 좋은 점과 나쁜 점이 있을 겁니다. 저는 프랜차이즈 사업의 단점보다는 장점을 바라보려 했고 이왕 결심한 이상 최선을 다해서 프랜차이즈의 장점을 극대화시켜서 꼭 성공할 겁니다."

매사에 늘 긍정적인 윤 사장의 성격이 지금의 성공을 이루는 데 도움이 되었을 것이다. 이제 오픈한 지 5개월 정도 지났는데 기대 이상의 성적을 거두고 있고 매출도 꾸준히 오르고 있어서 윤 사장은 프랜차이즈로 창업을 한 것에 만족해하고 있다.

'이전에 다니던 직장 월급 정도만 벌면 되겠구나.' 하는 그리 크지 않은 목표로 창업을 했는데 이러한 목표가 무색할 정도로 기대 이상의 성과를 올리고 있어 윤 사장은 요즘 하루하루가 즐겁다. 일도 재미있는데 덤으로 돈도 벌 수 있으니 요즘은 매장을 찾는 고객들에게 자사 브랜드를 알리는 전도사 역할을 마다하지 않는다.

"경험도 지식도 없는 초보 창업자라면 무작정 프랜차이즈 사업이 싫다고 독립 창업을 고집할 게 아니라 자신의 사업 역량을 냉정하게 따져 본 후에 어떤 창업 방식이 자기 형편에 맞는지 결정하는 것이 바람직한 것 같습니다."

윤 사장의 프랜차이즈에 대한 확신은 자신감으로 발전해서 매장 운영에도 긍정적인 영향을 끼치고 있다.

⬇ 실패 사례

평촌에서 분식 프랜차이즈 가맹점을 운영하던 김 사장은 젊은 나이에 부모에게서 큰 재산을 물려받았다. 어떻게 하면 돈을 잘 굴려서 재산을 늘려 볼까 하는 생각에 1년 전에 어려운 결정을 하게 되었다. 마침 당시에 젊은이들에게 큰 인기를 끌고 있던 유명 분식 프랜차이즈 가맹점을 계약한 것이다. 사전에 본사로부터 충분한 설명을 들었고 다른 가맹점들이 비교적 장사가 잘되는 것을 눈으로 직접 확인한 상태라 큰 걱정을 하지 않았다.

하지만 점포를 오픈한 직후부터 어려움이 계속해서 찾아왔다. 무엇보다 음식 장사를 해 본 경험이 없던 터라 맛에 대한 자신감이 없었고 종업원을 관리하는 요령도 부족해서 늘 스트레스를 받았다. 더구나 분식은 메뉴가 많아서 주방의 목소리가 클 수밖에 없었기 때문에 항상 주방식구들의 눈치를 보면서 장사를 하는 처지에 놓였다. 이런 부분은 창업 전에는 전혀 예상치 못한 것이었다.

손님이 조금만 많아지면 여지없이 다음날 주방 식구들이 결근하는 일이 일어났고, 이를 메우기 위해서 자신이 직접 음식을 만들다 보니 손님의 불만이 돌아왔다. 프랜차이즈라서 본사가 제공한 식재료를 사용했고 정해진 레시피를 보면서 했는데도 원하는 맛이 나오지 않은 것이다.

게다가 얼마 지나지 않아서 전국을 강타한 메르스의 여파로 손님의 발길이 뚝 떨어진 상태에서 어떻게 하면 이 난국을 견딜지, 어떻게 하면 가게를 제대로 운영할 수 있을지에 대한 고민을 거듭했다. 결국 더 이상 운영할 자신이 없어서 가게문을 닫고 말았다.

대개 초보 창업자들이 독립 창업보다 프랜차이즈를 선호하는 이유는 경험과 지식이 없기 때문이다. 하지만 프랜차이즈가 모든 것을 대신해 줄 수는 없다는 것을 김 사장의 사례를 통해 배워야 한다. 프랜차이즈는 장사의 조건을 제공해 줄 뿐 장사를 대신해 주는 것은 절대 아니다. 결국 손님을 응대하고 종업원에게 보람을 주고 손님에게 감동을 주는 것은 주인의 몫이다. 모든 것을 본사가 해결해 줄 것이라는 지나친 의존은 결국 자기 자신을 나약하게 할 뿐이다.

항상 일정한 맛을 내고 표준화된 서비스를 제공하는 것도 중요하지만 장사를 하면서 일어나는 다양한 변수를 스스로 통제하고 대응하는 능력을 갖추는 것도 중요하다. 종업원을 관리하는 능력, 고객에게 최상의 서비스를 제공하는 능력, 매출 부진에 빠졌을 때 그 원인을 진단하고 해결하는 능력은 결국 창업자 스스로 단련해야 한다.

아무리 좋은 하드웨어를 장착한 프랜차이즈라고 할지라도 이를 제대로 활용할 수 있는 운영자의 능력이 따라가지 못한다면 결국 남의 장사를 하는 셈이며 그 결과는 참담할 수밖에 없다. 프랜차이즈의 장점은 살리되 점포 운영의 묘미를 스스로 느끼고 체험하면서 실력을 갖추는 일도 중요하다는 점을 절대 잊어서는 안 된다.

독립 창업의 이해와 유형

아이템을 결정했다 하더라도 창업을 앞둔 예비 창업자에게는 또 다른 고민이 있다. 프랜차이즈형 창업을 해야 할지, 아니면 독립 창업을 해야 할지를 선택해야 한다. 어떤 유형의 창업을 할 것인지는 창업자 자신이 처해 있는 환경이나 역량, 그리고 사회 분위기에 따라 달라질 수 있다.

흔히 자영업을 독립 창업으로 혼용해서 사용하는 경우가 많다. 일반적으로 자영업이란 스스로 고용되어 경영하는 방식, 사장이 직접 종업원처럼 운영하는 사업을 의미한다. 따라서 가맹점 사업이든, 독립 창업이든 엄밀히 말하자면 모두 자영업에 속한다.

독립 창업이란 가맹점 사업과 구분되는 의미로 이해하는 것이 바람직하다. 가맹본부로부터 상표를 빌려 쓰고, 상품을 공급받고, 사업 노하우를 전수받아서 본부에서 정한 규칙을 준수하면서 사업을 하는 방식이 아니라, 창업자 스스로 사업의 주체가 되어서 가게 이름도 짓고, 점포의 디자인과 시설도 스스로 정하고, 사업의 운영 방식도 타인의 힘을 빌리지 않고 직접 정하여 운영하는 사업 방식을 일컫는다.

세계 5위권에 속하는 프랜차이즈 강국인 우리나라의 경우에도 사실 가맹점 사업의 비율은 그리 높지 않다. 통계청에서 실시한 '2010년 경제총조사'에 따르면 소매업의 경우에는 전체의 5.9%, 외식업은 13.9%에 불과하다. 아직까지 프랜차이즈형 창업보다는 독립 창업의 비율이 월등히 많은 편이다.

독립 창업은 신규 창업과 인수 창업으로 구분할 수 있다. 신규 창업은 말 그대로 상호와 시설, 그리고 사업 내용을 완전히 새로운 상태에서 시작하는 개념이고, 인수 창업은 기존 사업장의 전부 혹은 일부를 승계하여 사업을 이어 가는 방식을 의미한다. 인수 창업 역시 기존 사업자의 영업 내용을 거의 모두 승계받는 완전 인수와, 시설은 유지하되 업종이나 가게 이름을 달리하는 불완전 인수로 나눌 수 있다.

독립 창업은 사업의 핵심 역량을 타인으로부터 전수받는 여부에 따라서 자율형 창업과 전수형 창업으로 구분할 수도 있다. 전수형 창업의 경우에는 기술 중심의 사업 역량만 전수받는 형태와, 간판이나 시설은 동일하게 유지하지만 타인에 의한 사업 운영의 통제는 받지 않는 공동 브랜드형 전수 창업으로 구분할 수 있다. 같은 간판을 사용하는 '나들가게'나 '새마을식당'이 대표적이다.

사실 창업 현장에서는 독립 창업이나 프랜차이즈 창업에 대해서 서로 간에 냉소적인 태도를 보이는 사람이 많다. 아마도 좋은 모습보다는 나쁜 결과가 더 크게 보이는, 이른바 각인 효과 때문일 것이다.

지난여름에 수강생 중 한 사람이 화덕피자 전문점을 창업한다고 해서 상담을 한 적이 있다. 자신은 프랜차이즈 가맹점이 마진율이 적고 본사가 통제하는 것이 싫어서 독립 창업을 하겠다고 했다. 필자는 요즘 사람들은 전기 오븐보다 화덕피자를 선호한다는 말로 용기를 주었다. 3개월이 지나서 그에게서 연락이 왔다.

자리를 잡았을 것이라는 기대와 달리 매우 고전하고 있었다. 창업할 당시에는 친구가 이탈리아에서 화덕피자 기술을 배워 온 터라 자신이 자금을 대고 함께 창업을 했는데, 사정이 생겨서 친구가 가게를 그만두고 다른 셰프를 고용하자 도무지 그 맛이 나지 않아 손님이 떨어졌다고 했다.

돌이켜 보면 자신은 제대로 된 레시피도 없었고, 화덕을 다루는 기술은 물론이거니와 고객을 상대하고 가게를 알리는 전략도 세울 수 없을 정도로 허수아비에 불과하다는 탄식을 늘어놓았다. 정작 가맹점이 싫어서 독립 창업을 했지만 독립 창업으로 살아남기 위한 준비가 너무도 부족했다는 후회를 하며 하루하루를 근근이 버티고 있다고 했다.

개개인의 체형은 서로 다르기 마련이고 결국 그 체형에 가장 잘 맞는 옷이 제격이듯 창업의 유형 역시 각자가 창업의 준비 정도, 사업 운영의 자율성에 대한 선호의 정도, 그리고 창업 이후 어려움을 극복해 나갈 수 있는 사업 역량에 따라서 스스로 결정해야 한다. 스스로는 아무런 준비도 하지 않은 채 그저 프랜차이즈 사업이 싫다고 독립 창업을 선택하는 것은 그야말로 무모한 짓이다. 치열한 창업 시장에서 살아남으려면 자기 결정에 따른 책임을 져야 한다. 독립 창업을 하기 위해서는 반드시 3가지 원칙, 즉 사업에 대한 완벽한 이해, 차별화된 콘셉트, 그리고 리스크에 대한 자기 해결 능력을 되짚어 보아야 한다.

독립 창업의 장단점

장점

창업 비용

무엇보다 창업 비용이 저렴하다. 실제로 33㎡(10평)짜리 치킨 전문점을 창업한다고 하면 점포 비용을 제외하고 시설 비용과 간판, 의자, 탁자, 주방 설비 등을 포함하여 약 3천만 원이면 창업이 가능하다. 하지만 프랜차이즈 창업은 이보다 최소한 30% 정도가 비싼 약 4천만 원 이상이라고 보면 된다. 그 이유는 이른바 가입비에 해당하는 가맹비와 교육비, 그리고 보증금의 명목을 포함하여 각종 설비 등에 본부 마진이 들어 있기 때문이다. 물론 본부 나름대로 상품을 기획하고 설비 세팅을 위해 들인 시간적·인적 노력을 고려하면 이해할 만하지만 어쨌든 독립 창업보다는 비용이 높다.

영업 마진

프랜차이즈 선진국인 미국의 경우 본부의 물류 마진을 인정하는 분위기는 거의 없다. 오히려 브랜드의 가치와 슈퍼바이징 등을 이유로 정기적인 로열티를 받는다. 이에 반해 우리나라는 로열티의 비중은 매우 낮은 반면 대부분 본부가 제공하는 상품의 물류 마진에 수익 기반을 둔다.

결국 본부의 물류 마진은 가맹점 사업자의 부담으로 작용할 수밖에 없기 때문에 매출 대비 영업 이익률은 독립 창업자가 유리할 수밖에 없다. 물론 규모의 경제 원리로 가맹본부가 저렴하게 매입해서 다수의 가맹점에 저렴하게 공급하는 것이 이론적으로는 타당하지만, 실제로 가맹점에 돌아가는 혜택은 그리 크지 않다.

점포 운영의 자율성

무엇보다 독립 창업은 창업자 자신이 생각하는 방향으로 점포의 운영이 가능하다. 가맹점은 본부가 규정한 상품, 가격, 설비, 홍보, 판촉 등 거의 모든 분야에서 통제를 받기 때문에 안정감은 있지만 상권의 특성을 반영하는 점에서는 다소 경직될 수밖에 없다. 가맹점이든 독립 창업이든 특정 지역을 기반으로 운영되기 때문에 상권의 특성을 반영하는 것이 중요하다. 독립 창업은 지역의 특성, 고객의 특성, 경쟁점과의 관계 등을 고려한 자율적인 판단과 행동을 할 수 있다는 점에서 장점이 있다.

단점

브랜드 낙수 효과의 결여

초기 단계의 프랜차이즈를 지나서 일정한 규모의 가맹점을 보유한 브랜드라면 개별 가맹점은 자신의 노력보다 브랜드의 후광 효과를 노릴 수 있다. 물론 개별 점포의 노력이 필요 없다는 의미는 아니지만 보다 높은 차원에서 브랜드의 느낌과 뉘앙스를 토대로 상품을 평가하고 구매하는 고객의 성향 때문에 개별 가맹점의 흠이 가려지는 경우도 있다.

이와는 달리 독립 창업은 그야말로 모든 일의 책임을 전적으로 떠맡아야 한다. 점포를 알리고 신규 고객을 유치하고 고객에게 좋은 평판을 얻기 위해서는 전적으로 창업자 스스로 노력해야 하고 그에 따른 책임을 감당해야 한다.

체계적인 관리의 어려움

아무래도 우수한 인적 결합체인 프랜차이즈에 비해 독립 창업자는 매입과 상품 구성, 생산, 판매, 홍보, 고객 관리에 이르는 전 과정을 체계적으로 운영, 관리하는 데 한계가 있다. POS(판매 시점 정보 관리 시스템)의 경우를 보면 쉽게 알 수 있다. 요즘은 독립 창업자도 POS를 설치하는 경우가 많지만 기껏해야 매출이나 상품 판매 정보를 확인하는 게 전부이다. 프랜차이즈는 가맹본부 차원에서 개별 가맹점과 전체 가맹점의 평균치와의 차이를 보기 위해서 POS를 통해 시간대별·고객 성향별·상품 구성별 매출액을 분석하고, ABC 분석을 통해 매출 기여도가 거의 없는 품목을 대신하여 신제품을 본사 차원에서 출시하는 전략을 구사하기 때문에 가맹점주는 손쉽게 상품 관리와 고객 관리를 할 수 있다.

독립 창업자는 고객 관리를 위해서 명함이나 응모용 이벤트를 진행하지만, 프랜차이즈는 본사 차원에서 별도의 고객 관리 프로그램을 개발하고 각 가맹점이 활용할 수 있도록 지원하기도 한다. 물론 효과성이나 설치하는 비용 면에서 독립 창업자는 불리할 수밖에 없다.

외로움

부푼 꿈을 가지고 창업을 했지만 막상 가게문을 열고 얼마 지나지 않아 실망을 느끼는 게 우리의 창업 현실이다. 그런데 개인의 노력으로 어려움을 극복하기는 쉽지 않다. 전문성이 떨어질 뿐만 아니라 자신이 취할 전략을 제대로 세우고 있는지에 대한 검증을 받기도 만만치 않기 때문이다. 하지만 프랜차이즈는 전문적인 지식과 경험을 갖춘 슈퍼바이저를 파견하여 매장을 진단하고 사안별 전략을 제시할 수 있다는 점에서 유리하다.

사실 전문성이나 전략의 효과성을 떠나서 보더라도, 사업을 하다 보면 수많은 난관 속에서 어떻게 해야 할지 몰라 망설이고 고민하는 순간이 고통일 수밖에 없다. 그렇다고 가족이나 친지, 지인에게 쉽게 속마음을 내비치기는 어렵다. 슈퍼바이저의 중요한 역할 중에 이러한 고민을 상담해 주고 조언해 주는 카운슬링이 있는데, 독립 창업자는 이러한 전문가의 도움을 받을 수 없다는 게 문제이다. 물론 정부나 지자체에서 지원 형식으로 전문가 컨설팅을 진행하지만 속 시원하게 해답을 찾아 주기에는 시간이나 비용의 한계가 있다.

신제품 개발의 한계

신제품은 고객에게 새로운 느낌을 전달하여 브랜드를 더 자주 찾거나 새롭게 찾게 하는 역할을 한다. 신제품의 개발도 나름의 원칙이 있는데, 사전에 고객의 소비 니즈를 정확히 파악하고 경쟁사의 상품 수준, 그리고 자사의 능력 등을 고려해야 원래의 목적을 달성할 수 있다.

하지만 독립 창업자는 이러한 사전 준비와 절차를 따르기에 어려움이 많다. 때문에 새로운 메뉴를 출시하더라도 원칙이 없고 고객도 외면하는 경우가 적지 않다. 신제품을 출시하는 것 자체가 나쁜 건 아니지만 자칫 매장의 정체성과 다른 제품이나 메뉴가 나오면 고객에게 오히려 혼란을 주게 되어 가게의 매력을 상실할 수도 있다.

프랜차이즈 창업에 대한 올바른 이해

우리나라에 프랜차이즈 산업이 첫발을 내디딘 지 어언 40년의 시간이 흘렀다. 짧은 역사에도 불구하고 가파른 성장세를 보여 이제는 국가 전체 GDP의 10%를 뛰어넘는 중요한 산업 분야로 자리매김하고 있다. 하지만 이러한 성장의 이면에는 쓰라린 상처 또한 적지 않다. 이른바 먹튀 논란에 휩싸인 브랜드가 여럿 있었고, 상대적 약자인 가맹점주에게 갑질하는 행태는 쉽게 고쳐지질 않는다. 정부 차원에서 제도적인 장치와 행정적인 규제를 하고 있음에도 교묘하게 법망을 피해서 창업자를 울리는 폐해가 여전히 있다.

사실 프랜차이즈는 역사적으로나 산업적으로 꽤 매력적인 비즈니스이다. 절대 군주나 교황이 지배하던 중세 시대에 피라미드처럼 얽혀 있는 봉건 체제 하에서 각 영주에게 자신이 다스릴 영토를 지배하도록 하고 중앙에 봉헌하도록 하였는데, 이때 각 자치구역에서 질서를 유지하고 세금을 부과하는 역할을 맡았던 것이 프랜처(Francher)이다. 이 제도에서 지금의 프랜차이즈라는 말이 유래했다는 견해가 있을 정도로 독립적인 지역권과 그 지역 내에서의 자율적인 권한의 행사는 현대적인 의미의 프랜차이즈와 본질이 같다고 볼 수 있다.

프랜차이즈의 어원이 유럽에서 출발했다면 본격적인 비즈니스의 출발은 미국으로 볼 수 있다. 이미 19세기 중반부터 20세기 중반까지 코카콜라나 GM과 같이 대리점 방식으로 미국 전체 유통 체인을 구축한 사례는 있었지만, 본격적인 프랜차이즈의 시작은 20세기 미국의 3대 아이콘으로 불리는 맥도날드로 보는 견해가 지배적이다. 맥도날드는 프랜차이즈의 시작이라는 측면도 중요하지만 맥도날드의 탄생 배경을 통해 프랜차이즈의 성격과 특징을 이해하는 데도 도움이 된다.

맥도널드의 창업자는 모리스와 리처드 맥도날드 형제이다. 하지만 수만 개의 맥도날드 프랜차이즈 제국을 구축한 장본인은 믹서기를 팔던 레이크록이다. 캘리포니아에 위치한 맥도날드 햄버거 가게에 들른 레이크록은 메뉴와 서비스를 줄인 대신 신속하게 음식이 제공되고, 가격도 저렴한 매장 운영 방식에 매료되었다. 그래서 맥도날드 형제에게 프랜차이즈라는 방식의 사업을 제안했고, 드디어 1955년에 시카고에 1호점을 열었다.

미국은 우리나라와 달리 브랜드 사용에 대한 대가를 지불하는 데 공감대가 형성되어 있다. 대신 물류 공급을 통한 마진은 그리 크지 않고 이에 대한 사회적 인식도 좋은 편은 아니다. 맥도날드의 경우에도 사업 초기부터 로열티에 기반한 수익 구조를 가지고 있었지만 신생 브랜드라는 한계 때문에 순탄치 않았고, 그 때문에 주로 직영점 형태로 매장을 늘리는 전략을 취했다. 하지만 직영점 방식은 막대한 자본 투자와 더불어 사업가 기질을 발휘하는 데 어려움이 있었고, 많은 매장을 본부가 일일이 관리하는 것도 쉽지 않았다. 원래 목표했던 프랜차이즈 사업을 본격적으로 전개하는 것만이 유일한 대안인데, 사업에 대한 경험과 지식이 없는 창업자에게 외식 사업을 권하는 것부터 무리였다.

결국 레이크록은 1961년에 햄버거 대학을 설립하여 창업자와 매니저를 집중적으로 육성하는 시스템을 도입하였다. 맥도날드는 프랜차이즈 사업이 단순히 상품을 제공하고 조리 방법을 전수하는 차원을 넘어서 패키지화된 시스템을 제공하고 매장에서 시스템이 제대로 작동하도록 교육시키는 비즈니스라는 점을 단적으로 보여 준다.

맥도날드가 성공한 이유는 고난이도의 기술이 아닌 분업화된 어셈블리 작업 방식과, 어느 누구도 예외일 수 없는 매뉴얼에 있다. 품질과 상품은 본부에서 담당하고 가맹점은 본부가 구축한 브랜드와 시스템을 제대로 적용하고 표준화된 상품과 서비스를 고객에게 제공해야 성공할 수 있다는 점이 프랜차이즈의 본질이다.

이런 점에서 개개인의 역량을 인정하거나 가맹점이 알아서 장사하도록 내버려 두는 브랜드는 프랜차이즈의 본질에서 이미 벗어나 있고 오래 갈 수 없다. 마찬가지로 이러한 프랜차이즈의 본질과 역할을 인정하지 않는 창업자라면 아예 프랜차이즈에 뛰어들지 말아야 한다.

혹자는 프랜차이즈를 교육 사업이라고도 하는데 결코 틀린 말이 아니다. 개개인의 역량에 기대는 사업이 아닌 시스템을 지키고 표준화를 지향하는 사업이기 때문에 어찌 보면 가맹점주가 그 수준에 도달하도록 지속적으로 교육하고 지도하는 교육 시스템이 프랜차이즈의 핵심이라고도 볼 수 있다.

법적인 측면에서 프랜차이즈는 '가맹 사업이란 가맹본부가 가맹점 사업자로 하여금 자기의 상표를 사용하여 일정한 품질 기준에 따라 상품 또는 용역을 판매하도록 함과 동시에 이에 따른 경영 및 영업 활동 등에 대한 지원 및 교육과 통제를 하며, 가맹점 사업자는 영업 표지의 사용과 경영 및 영업 활동 등에 대한 지원 및 교육의 대가로 가맹본부에게 가맹금을 지급하는 계속적 거래 관계로 규정하고 있다.[1]

---

[1] 일명 가맹사업법(가맹사업공정화에 관한 법률의 줄임말) 제2조에 규정

프랜차이즈는 본부가 구축한 상표와 상품 및 서비스를 가맹점이 일정한 기간 동안에 사용하고 이에 대한 대가로 대금을 지불하는 관계이다. 또한 프랜차이즈는 최고를 지향하는 사업이 아니라 표준화를 추구하는 사업이다. 따라서 사업의 성패 여부는 표준화된 시스템을 얼마나 잘 만들고 준수하느냐에 달려 있다. 이는 가맹점 사업자 개개인의 역량이 아닌 전체로서의 통일된 역량과, 가맹본부와 가맹점 사업자 간의 효율적이고 협조적인 관계가 더 중요하다는 의미이다.

프랜차이즈 시스템의 이해

매체를 통해서 프랜차이즈로 대박을 터트린 주인공을 종종 볼 수 있다. 심지어는 인생을 알기에는 아직 부족한 듯싶은 30대에 수백 개의 가맹점을 거느린 청년 CEO도 대수로운 일이 아니다. 밥버거나 버블티를 대중화시킨 주인공도 이제 갓 서른을 넘긴 청년이다.

이런 이유 때문일까? 요즘은 아예 직장 대신에 프랜차이즈 사업을 준비하기 위해서 관련 업체에 들어가 일을 배우는 젊은이가 적지 않고, 아예 프랜차이즈 사업을 목표로 관련 학과를 지원하는 학생도 많다. 우리나라의 프랜차이즈 미래를 위해서는 긍정적인 현상이라 할 수 있다.

하지만 명심해야 할 점이 있다. 프랜차이즈는 단순히 어느 한 분야의 강점만으로 성공을 보장할 수 없다는 것이다. 단순히 독창적인 기술이나 고유한 맛, 세련된 디자인만으로 고객을 설득시키기 어렵다는 점이다.

앞서 언급한 바와 같이 맥도날드처럼 최고의 맛이 아닌 독특한 시스템, 예를 들면 저렴한 가격과 신속한 리드타임, 그리고 분업화된 주방 시스템 등이 패키지화되어 다른 브랜드와 차별성을 갖는 것이 중요하다.

시스템이란 어떤 목적을 달성하기 위해서 조직화되고 표준화된 구성 요소의 결합을 의미한다. 인과 관계처럼 어느 하나가 다른 하나에 영향을 미쳐서 큰 틀에서 원하는 결과가 나와야 한다. 이는 투입되는 구성원이 누구더라도 반복적인 작업을 수행할 때 동일한 결과가 나오도록 체계화된 구성체 혹은 과정을 뜻한다. 이런 차원에서 프랜차이즈 시스템이란 가맹본부가 지향하는 경영 목표를 달성하기 위해서 갖추어야 하는 제반 요소들의 결합체이며, 동일한 브랜드 효과를 얻기 위해서 표준화되고 체계화된 과정과 그 결과를 의미한다.

마케팅의 7P MIX라는 용어를 통해서 정리해 보면 다음과 같다. 우선 고유한 상품(product)이 있어야 한다. 쉽게 복제할 수 있고 모방 가능한 상품은 프랜차이즈 시스템으로 매력이 없다. 전주비빔밥의 경우에도 깊은 맛과 정성은 나무랄 데 없지만 그 자체로 차별성을 강조하기에는 한계가 있다. 차라리 간장맛이 나는 교촌치킨이나 남성 전용 헤어 숍인 블루클럽은 지금까지도 명맥을 유지하는 고유한 상품으로 인정받고 있다.

브랜드만의 가격 정책(price) 역시 프랜차이즈 시스템의 구성 요소이다. 프랜차이즈는 시장 지배력이 크지 않기 때문에 가격 담합과 거리가 멀고 해당 본사가 어떤 식으로 가격을 설정하느냐가 독특한 세일즈 포인트가 되기도 한다. 4인분을 주문하면 4인분을 더 주는 숯불구이전문 브랜드 '그램그램'이나 오히려 높은 가격으로 고객의 품위를 자극하는 친환경농산물 브랜드인 '올가'가 대표적이다.

안정적인 물류 인프라와 표준화된 입지(place) 조건의 구축도 프랜차이즈 사업에서 놓쳐서는 안 될 중요한 시스템 요소이다. 직접 물류 시스템을 구축할지 아니면 아웃소싱할 것인지는 사업의 성장 단계와 본사의 사업 의지에 따라 결정하면 된다. 표준화된 입지가 특히 중요한데, 출점시키는 가맹점이 큰 편차 없이 기대하는 매출을 올리려면 점포를 개발하고 선정하는 프로세스나 매뉴얼은 필수 사항이다.

얼마 전에 꽤 유명한 중견 프랜차이즈 본부장으로부터 문의 전화를 받았다. '창업자가 점포를 얻었는데 승인을 해 주어야 할지 잘 모르겠다.'고 했다. 언뜻 사람이 하는 일이니 그럴 수 있겠다고 생각했지만, 한편으로는 한 직장에서 십수 년간 해당 업무를 맡아 온 전문가조차 입지 선정의 판단 기준이 없다는 점을 확인하게 되어 화가 났다. 적어도 본부가 가맹점을 내줄 때에는 남들이 흔히 생각하는 유동 인구나 점포의 외형만 볼 것이 아니라 브랜드 고유의 입지 조건을 설계해서 이를 토대로 판단해야 하는데 대부분의 프랜차이즈 브랜드는 그렇지 않은 것 같아서 아쉬울 따름이다.

판매 촉진 프로그램(promotion)도 역시 프랜차이즈 시스템의 핵심 요소이다. 가맹본부가 실시하는 전국 단위의 브랜드 홍보와 판촉 활동은 물론이고 개별 가맹점 단위의 판촉 활동도 포함된다. 특히 지역 특성과 해당 가맹점의 영업 성과를 분석하여 일정한 패턴에 따라서 판촉 활동을 펼치는 지역 점포 마케팅(LSM)을 가지고 있느냐가 가맹점의 업력과 더 나아가서는 브랜드 전체의 생존력을 평가하는 기준이 되기도 한다.

표준화된 프로세스(process)도 빼 놓을 수 없는 시스템 요소이다. 맥도날드처럼 고객이 직접 서서 주문하는 대신 분업화된 조리 방식을 통해서 신속하게 음식을 제공하는 것처럼 브랜드 특유의 프로세스는 차별성을 극대화시킬 수 있는 경쟁 요소이다. 중요한 점은 반드시 프로세스는 표준화를 지향해야 한다는 것이다. 물론 사업 초기에는 다소 불안정할 수도 있고 때로는 적지 않은 시행착오를 겪을 수도 있다. 하지만 시간이 지날수록 프로세스가 정교화, 표준화되어야 한다.

고객이 방문해서 자리를 안내하고 주문을 받으면 POS를 통해서 주방에 주문 내역이 전달되고 이를 토대로 음식을 만들고 세팅을 해서 고객에게 전달하고, 식사를 마치면 계산을 한 후에 고객을 배웅하는 식의 프로세스를 갖추어야 한다. 그렇다고 모든 사업이 똑같은 패턴을 가져야 한다는 말은 아니다. 수십 년의 역사를 자랑하는 설렁탕집이나 무교동 낙지집에 가면 손님이 자리에 앉자마자 음식이 나오고, 어떤 맛집은 아예 주문을 받지 않고 머릿수에 맞춰 음식이 자동으로 나오기도 한다. 언뜻 보기에는 '이런 집은 아예 시스템이라는 것을 찾아 볼 수도 없구먼.'이라고 여겨지겠지만 세심히 살펴보면 한 치의 오차도 허락하지 않는 정교한 역할 분담과 톱니바퀴처럼 돌아가는 고유한 시스템이 살아 숨쉬는 것을 알 수 있다.

차별화된 디자인(physical evidence) 역시 프랜차이즈 시스템의 핵심 요소이다. 브랜드 로고는 물론이고 인테리어와 외부 디자인, POP와 각종 소품, 유니폼, 그릇과 포장용기, 심지어는 홈페이지와 차량 외장 역시도 브랜드의 식별력을 높이는 요소들이다. 디자인으로 승부수를 띄우는 프랜차이즈가 의외로 많은데, PC 게임방이나 호프 전문점, 커피 전문점이 대표적이다. 고객은 브랜드에 대해 순간적으로 강렬한 인상을 받고 호의적인 상태에서 매장을 방문하게 된다. 하지만 디자인은 이용자 수가 늘어날수록 식상해지고 모방이 쉽다는 점에서 안심할 수는 없다.

마지막으로 브랜드를 만들어 가는 직원과 이를 이용하는 독특한 고객(people) 역시 프랜차이즈 시스템의 중요한 요소이다. 프랜차이즈는 누구든지 브랜드를 선택만 하면 동일한 사업 환경에서 사업을 할 권리가 있으며, 본부는 이러한 사업 환경을 유지시키고 교육시킬 책임이 있다. 프랜차이즈는 '상품을 파는 사업이 아니라 상품을 제대로 팔도록 교육시키는 사업'이라는 점을 다시 한 번 기억할 필요가 있다.

그 밖에도 챙겨야 할 많은 시스템 요소가 있지만 대체로 이러한 7가지 요소를 유기적으로 결합시키는 능력이 필요하다. 무엇보다도 표준화라는 절대적인 목표를 향해서 브랜드 전략을 계획하고 실천하는 브랜드만이 성공할 수 있다는 것을 잊지 말아야 한다.

가맹점 사업자 역시 프랜차이즈 시스템을 준수하고 실천하는 마음가짐을 가져야 한다. 자신의 개인 성향이나 가맹본부와의 갈등 요소로 인해서 자기 마음대로 상품을 취급하고 가격을 정하고 서비스를 제공한다면 프랜차이즈의 매력은 바로 사라지고, 고객으로서는 프랜차이즈의 매력을 상실한 가맹점을 방문할 이유가 없어지게 된다. 프랜차이즈는 시스템을 제대로 갖추고 제대로 준수하면 성공한다는 절대 진리를 서로 이해하고 실천해야만 성공한다는 것을 믿어야 한다.

초보라면 프랜차이즈가 유리하다

　최근에 상담한 예비 창업자의 사례를 들려주고자 한다. 30대 중반의 미혼 여성으로 주류 전문점을 희망하는데 기존에 하고 있는 매장을 양도 양수받거나, 아니면 음식점을 리뉴얼해서 전수 창업 형태로 창업하기를 원했다. 하지만 결국 독립 창업보다는 가맹점 창업으로 결정했다. 독립 창업이 가맹점 창업보다 비용도 저렴하고 점포 운영의 자율성 면에서 유리하기는 하지만 사업 역량이 부족한 사람에게 독립 창업을 추천하자니 마치 천 길 낭떠러지로 안내하는 것 같아서 프랜차이즈를 제안했다. 다행히 결과는 나쁘지 않았고, 창업자도 큰 욕심내지 않고 장사하는 요령을 배우는 자세로 하루하루를 열심히 살고 있다.

　초보 창업자들은 이름도 지어야 하고 어떤 메뉴를 팔아야 할지, 그리고 그 맛은 어떻게 내야 할지, 가격은 어느 수준으로 결정할지, 점포 디자인과 전단지는 어떻게 만들어야 할지에 대한 대안이 전혀 없는 상태이면서도 "점포만 구하고 장사를 하면 되지 않느냐?" 하고 반문하기도 하는데 현실은 절대 녹록치 않다. 문을 여는 것이 중요한 것이 아니라 얼마나 버티느냐가 중요하기 때문이다. 이는 아무런 경험과 지식이 없는 초보자에게 상당한 부담이 아닐 수 없다.

　물론 초보 창업자는 무조건 프랜차이즈를 선택하라는 말이 아니다. 경험과 지식, 그리고 노하우가 생기기 전까지는 이미 시행착오를 통해서 구축된 시스템을 빌려 쓰는 것이 도움이 될 수 있다는 것이다. 여기에는 한 가지 전제 조건이 있다. 제대로 된 프랜차이즈를 선택해야 한다는 것이다. 제대로 방향을 잡지 못하는 창업자가 선택한 브랜드 역시 아직까지 시스템이 구축되지 않고 설령 구축되었다 할지라도 제대로 작동하지 못한다면 독립 창업보다 우위에 있다는 가정은 성립되지 않는다. 그래서 초보 창업자가 가맹점 창업을 할 경우에 전문가의 자문과 검증이 필요한 이유가 여기에 있다.

사실 장사라는 것은 몇 년만 현장에서 부딪쳐 보면 전문가 수준에 도달하게 된다. 그래서 초보 창업자라도 상품과 고객, 그리고 점포 운영의 묘미를 얼마나 빠른 시간 내에 숙달하느냐에 따라서 성패가 갈린다. 점포 운영에 대해 충분한 자신감이 생기면 독립 창업으로 전환하는 것도 고려해 볼 만하다. 하지만 이때에도 이왕이면 동종 업종으로 전환하는 것이 바람직하다. 치킨 프랜차이즈로 성공했던 사람이 독립적으로 커피 전문점을 내서 망하는 경우를 종종 보게 되는데, 치킨과 커피는 엄연히 상품의 성질과 고객 특성이 다르기 때문이다. 업종이 다른 경우에는 장사 경험이 있더라도 또 다시 초보 창업자라고 생각하고 충분한 훈련과 경험을 습득해야 한다. 이런 준비가 부족하다면 가맹점으로 준비하는 것이 차라리 낫다.

창업을 준비하는 과정에서 가장 어려운 점은 공정 관리와 거래처 선정, 점포 홍보인데, 이 역시 초보 창업자에게는 여간 어려운 일이 아니다. 시간도 걸릴 뿐만 아니라 시행착오 때문에 비용적인 손실도 만만치 않다. 프랜차이즈는 본부 차원에서 이미 시행착오를 겪었고 이를 통해서 안정적이며 전문적인 거래처를 발굴해서 효율적인 공정 관리를 하고 있다는 점에서 장점이 있다.

창업 이후의 다양한 점포 활성화 프로그램이나 판촉 활동의 지원도 프랜차이즈의 매력이다. 하지만 가장 중요한 것은 심적 안정감이다. 초보 창업자는 순간의 위기와 돌발 상황 때문에 쉽게 좌절하고 사업을 포기하는 경우가 많다. 하지만 프랜차이즈는 전문 슈퍼바이저를 통해서 점포의 문제점을 진단하고 점포 환경에 맞는 처방을 해 주기 때문에 창업자가 심신의 고충을 덜 수 있다. 물론 제대로 된 슈퍼바이징 시스템이 작동한다는 전제 조건이 있는 상태에서 말이다.

왜 프랜차이즈를 선호하는가?

은사님이 미국 유학 시절에 어린 자녀를 데리고 가족이 함께 맛집을 찾은 이야기를 들려 주셨다. 타지 생활을 오래 하다 보면 컵라면이나 소주, 김치와 같은 너무나 익숙하지만 소중함을 몰랐던 음식이 더 간절해진다. 자장면도 그 한 종류이다. 미국에도 중국 음식점이 없는 것은 아니지만 우리 입맛에 맞는 자장면을 제대로 접하기가 쉽지 않은데 마침 지인이 한 집을 소개해 주어 승용차로 8시간을 달려 찾아갔다고 한다.

'까마귀 날자 배 떨어진다(烏飛梨落)'는 속담이 이런 걸까? 하필 그날 그 가게의 문이 닫혀 있었다. 그대로 되돌아가자니 너무나 허탈해서 난감해하던 중에 맛집을 소개해 준 지인에게 전화를 걸었다. 지인은 "조금 더 가면 다른 자장면집이 있는데, 그곳은 나도 말로만 들은 곳이야."라고 했다. 은사님은 그대로 물러설 수 없어서 차로 4시간을 더 이동한 끝에 지인이 말한 다른 자장면집을 찾아갔다. 언뜻 보기에 분위기도 괜찮고 주차된 차량도 많은 것 같아서 괜찮겠거니 하고 들어가려다가 결국 포기하고 말았다. 대신 옆에 위치한 맥도날드에서 허기진 배를 채우고 돌아왔다고 했다. 왜 그런 선택을 했을까?

사실 우리도 이와 같은 선택을 종종 하곤 한다. 여름 피서지에서 수많은 음식점 중에 "이 집이구나." 하고 들어가기란 쉽지 않다. '혹시 맛있을까?', '가격은 비싸지 않을까?', '여름 한철 장사라고 원산지를 속이지는 않을까?', '지저분하지는 않을까?' 등의 걱정 때문이다. 물론 사전에 블로그나 입소문을 통해서 어느 정도 검증된 맛집이라면 고민은 훨씬 줄어들 수 있다. 이럴 때 마침 어디선가 본 브랜드가 있다면 고민할 필요가 없게 된다. 최고의 맛집은 아니지만 적어도 내가 이미 경험한 맛이나 분위기, 재료, 위생, 서비스에 대한 기대치와 크게 어긋나지 않기 때문이다. 이른바 기대된 선택(expected choice)이라 하는데, 이러한 원리가 고객이 프랜차이즈 매장을 찾게 되는 가장 큰 이유이다.

은사님의 선택 역시 이러한 원리가 작용한 탓이라고 보는데, 혹시나 12시간이나 힘들게 찾아간 자장면집이 기대한 맛과 다르거나 가격이 턱없이 비싸다면 실망감은 이동한 거리에 비례해서 훨씬 더 커질 수 있기 때문이다. 마치 자존심을 걸고 마주보며 달려오는 자동차 경주에서 최선이 아닌 차선을 선택하는 치킨 게임의 이론처럼 만족과 실망의 극단을 피하기 위해서 차라리 실망이 덜한 맥도날드를 선택한 것이다. 프랜차이즈는 최고는 아니지만 언제 어디서든 동일한 결과를 만들어 내기 때문에 고객 입장에서는 예측 가능한 소비를 할 수 있다는 점에서 안정감이 있다.

창업자 입장에서도 굳이 최고의 능력을 발휘할 필요는 없다. 본부에서 구축한 시스템에 제대로 적응만 한다면 성공할 가능성이 높기 때문이다. 운영의 자율성이 제한되고, 자신의 역량을 제대로 발휘하지 못하는 단점이 있긴 하지만 굳이 소비자가 그것을 원하는 것도 아니기 때문에 표준화를 지향하는 의지와 실천만 있으면 된다. 만약 이러한 논리가 내키지 않는다면 프랜차이즈 창업을 선택하지 말아야 한다.

좋은 프랜차이즈 본사 선택 요령

프랜차이즈 관련 강연이나 저서를 보면 '좋은 프랜차이즈를 선택하는 요령'에 대한 이야기가 적지 않다. CEO의 사업 경험이나 평판, 대외적인 브랜드 홍보, 시스템 수준, 건전한 재무 상태, 물류의 안정성, 폐업률, 가맹점 유지율 등 사전에 검토해야 할 게 많다. 단순히 요즘 잘나가는 브랜드, 그리고 언론에 자주 노출되는 브랜드를 맹목적으로 선택하는 자세는 결코 옳지 않다.

결론적으로 말하면 좋은 프랜차이즈는 가맹점이 오래 유지되는 브랜드, 가맹점의 성공을 기반으로 본부가 유지되는 브랜드여야 한다. 그리고 본부의 모든 정책의 출발이 가맹점의 성공과 생존을 목적으로 해야 한다. 그래서 가맹점의 성과에 힘입어 본부가 유지되고 경쟁에서 우위를 점하는 선순환 구조가 되어야 한다.

대부분의 창업자는 숫자에 쉽게 현혹된다. 가맹점 수가 얼마인지, 본사 매출액이 얼마인지, 가맹비는 얼마인지 등에 몰입한 나머지 정작 중요한 것을 놓치곤 한다. 이러한 정보는 공정거래위원회에 등록된 정보공개서를 보면 대부분 알 수 있다. 중요한 것은 숫자라는 정량적인 측면보다 오히려 얼마나 시스템이 표준화되어 있는지, CEO를 비롯한 임직원들이 해당 브랜드에 대한 사업 의지가 얼마나 있는지, CEO와 본부 직원들이 가맹점의 성과를 위해서 어떤 노력을 하고 있는지, 교육 프로그램은 제대로 작동하는지 등의 정성적인 측면이다.

최근의 창업 환경을 보면 이상하게도 오래된 브랜드가 홀대받고, 단기간에 성과를 낸 뿌리가 약한 브랜드를 선택하는 추세이다. 사람들의 관심도 면에서 보면 자연스러운 현상이겠지만 프랜차이즈의 본질에 충실하지 못하고 본부의 이익만을 추구하는 브랜드는 결코 오래가지 못하므로 신중한 선택이 필요하다.

좋은 브랜드를 선택하는 기준이 많지만 가장 중요한 한 가지 노하우를 알려 주고자 한다. 가맹 계약을 하기 전에 가맹점을 둘러볼 수 있다. 본부의 이야기와 실제로 가맹점이 어떻게 돌아가고 있는지를 비교해 봄으로써 브랜드에 대한 신뢰를 갖게 되는데 이는 바람직한 현상이다. 좀 더 현황을 파악해 보고자 한다면 동일한 시점에 다수의 가맹점을 방문해 볼 것을 권한다. 오래된 매장과 최근에 오픈한 매장, 그리고 자신이 희망하는 지역 인근 가맹점과 멀리 떨어진 매장, 사업 경력을 가지고 창업한 가맹점과 완전 초보 가맹점을 방문해 본다. 이때 점주의 말을 듣기보다는 시스템이 얼마나 동일하게 적용되는지를 판단해 보길 바란다.

입지 조건과 점포 디자인, 가격 체계와 조리 방식, 물류 사용과 맛의 상태, 그리고 접객 서비스에 이르기까지 편차가 거의 없다면 큰 실수는 하지 않을 가능성이 높다. 거의 모든 가맹점이 표준화되어 있기란 쉽지 않고 이를 달성하기 위하여 본부가 노력하고 있다는 사실만으로도 신뢰할 만하기 때문이다.

물론 가맹점의 성과 역시 큰 편차가 없어야 한다. 어떤 매장은 1억 원 이상의 매출을 올리는 반면, 어떤 가맹점은 계속해서 적자가 나서는 곤란하다. 단순히 가맹점의 입지와 점주의 사업 역량을 탓할 문제는 아니다. 본사가 얼마나 표준화를 지키고 있고, 가맹점의 매출 활성화를 위해 노력하느냐에 따라서 충분히 매출의 편차를 줄일 수 있다.

결론적으로 좋은 가맹본부를 선택하는 요령은 단순한 계량적인 수치를 넘어서 얼마나 프랜차이즈 시스템의 수준을 갖추어 놓았는지, 제대로 실천하는지를 정밀하게 살펴보는 것이다. 또 가맹점 간의 표준화가 어느 정도인지를 직접 체험하며 확인하는 것이다.

가맹비의 성격과 역할

프랜차이즈형 창업이 사업 경험이 부족한 창업자에게 유리한 것만큼은 틀림없는 사실이다. 하지만 쉽게 선택하지 못하는 이유가 있는데 창업 비용이 독립 창업에 비해서 높기 때문이다.

프랜차이즈 창업비는 일명 '가맹금'이라고 한다. 가맹금은 브랜드에 가입하면서 지불하는 가맹비, 기술 및 경영 노하우 전수에 따른 교육비, 가맹 계약을 유지하는 데 담보의 성격을 띤 보증금 등 가입비의 형태와, 실제 시설 및 설비 등에 투입되는 시설비 등으로 구분된다. 가맹금은 일시적인 비용과 지속적인 비용으로 구분되기도 하는데, 가맹비와 시설비 등은 계약 당시에 지불하고 소멸되는 반면, 로열티와 계약갱신비 등은 가맹 계약이 지속되는 한 지불해야 하는 지속적인 비용에 속한다.

가맹본부에서 가맹금을 설계하는 데는 일종의 원칙이 있다. 가입금 중에서 가맹비는 브랜드의 역량에 따라서 달라질 수 있는데, 시장 지배력이 약한 브랜드는 가맹비가 상대적으로 적은 반면, 대중적 인지도가 높은 브랜드는 가맹비의 수준이 높다. 교육비의 경우에는 제공되는 상품의 완성도와 표준화 여부에 따라서 다소의 차이가 있다. 시설비의 경우에는 소비자가 기준으로 독립 창업에 비해 약 20~30%의 마진을 포함한다. 예를 들면 전용면적 33㎡(10평) 규모의 치킨 전문점을 창업할 경우 가맹비를 포함한 가맹금은 약 4천여 만 원이 소요된다. 만약 개인이 직접 시공을 하고 레시피를 개발하여 점포를 낸다면 가맹점 창업보다 약 30% 정도를 절감할 수 있다.

절대적인 비용으로는 독립 창업에 비해 프랜차이즈 가맹금이 비싸다는 점을 부인할 수 없다. 하지만 이런 식의 비교로 가맹점 창업이 불리하다고 말할 수는 없다. 이미 언급한 바와 같이 프랜차이즈 사업의 여러 가지 장점, 예를 들면 이미 시행착오를 통해서 구축한 상품과 레시피, 디자인, 점포 운영 노하우를 비롯하여 창업 이후에 지원하는 슈퍼바이징과 매장 활성화 프로그램, 전국과 지역 단위의 각종 홍보와 판촉 프로그램을 포함하여 지속적인 R&D를 통한 신제품 출시 등 직간접적인 지원이 있기 때문이다. 이러한 점을 고려하면 단순히 수치적으로 비싸다는 식의 비교는 큰 의미가 없다.

단, 누가 봐도 지나치게 가맹금이 높은 브랜드는 고민해 보아야 한다. 시장 지배력이 높다는 이유만으로 간판 비용이나 설비·집기 비용을 턱없이 높게 받는다든지, 수천만 원 이상의 차익을 남기는 가맹본부는 쉽게 돈을 벌겠다는 '슈퍼 갑' 이상도 이하도 아니다. 프랜차이즈 사업의 본질은 가맹점이 성공해서 가맹본부가 유지된다는 의미에서도 지나치게 초기 부담을 지워 가맹점에게 압박을 주는 행태는 사라져야 한다.

창업자 역시 일정한 마진을 포함한 가맹금의 구조를 인정하는 자세를 가져야 한다. 지나치지만 않다면 가맹본부가 가맹 계약을 통해 이윤을 취하는 것을 따지기보다는 충분히 지불할 만한 가치가 있는지를 고민하는 것이 중요하다. 단순히 경쟁사를 모방해서 가맹금을 책정하는 것이 아니라 본부 스스로 자사의 브랜드 가치와 물류 시스템, 그리고 향후 가맹점을 관리하는 데 소요되는 비용 대비 이윤의 구조를 객관적으로 설계해서 제시한다면 인정해 주어야 한다. 만약 가맹점으로서 누려야 할 편익은 고집하면서 비용을 지불하지 않겠다면 프랜차이즈 사업을 부정할 것이 아니라 독립 창업을 선택하는 것이 바람직하다.

간혹 경기가 침체되면 이른바 '저가형 창업'이 득세를 하게 된다. 가입비는 아예 받지 않고 시설비의 경우에도 창업자가 직접 시공하는 것을 전제로 본부의 이윤이 거의 제로에 가까울 정도의 가맹금을 제시하는 경우를 볼 수 있다. 하지만 남지 않는 장사란 있을 수 없는 법이다. 본부의 이러한 가맹점 모집 전략은 빠른 시간 내에 가맹점 수를 늘리기 위한 마케팅 방법일 수 있고, 오픈 마진보다는 물류 수익이 훨씬 큰 경우에도 저 가형 창업을 택할 수 있다.

하지만 이런 식의 창업은 결국 본부와 가맹점 간의 지속적인 관계를 어렵게 하거나 본부의 배만 불리는 형국이 될 가능성이 크다. 그 결과 창업자 자신이 선택한 저렴한 창업이 커다란 상처로 돌아올 수 있다는 점을 명심해야 한다.

따라서 창업자는 단순히 가맹금의 수준만으로 브랜드를 선택하기보다는 과연 그 정도의 가치가 있는 브랜드인지, 그리고 본부의 수익 구조가 개점 수익에만 치우쳐 있는 브랜드인지를 따져 보고 결정할 필요가 있다.

아이템에 따라 유리한 창업 유형

창업의 유형을 단순히 독립 창업과 프랜차이즈 창업으로 구분하기란 쉽지 않다. 독립 창업의 경우에도 완전한 독립 창업과 브랜드를 공유하는 공동회원점, 상호와 브랜드는 공유하면서 점포 운영의 자율성은 인정하는 대리점 등으로 다양하다. 프랜차이즈 창업도 서로 대등한 관계의 비즈니스 포맷형 프랜차이즈와 본부가 자본을 투자하고 점포 운영만 권하는 위탁가맹점, 그리고 자본 투자와 점포 운영을 본부가 직접 하는 직영점 등으로 구분할 수 있다. 점포 운영의 자율성과 본부 통제의 정도에 따라서 구분이 가능하다. 흔히 말하는 프랜차이즈는 가맹본부에 가입에 따른 가맹금을 지불하고 일정한 지역에서 본부의 경영 방침에 따라서 점

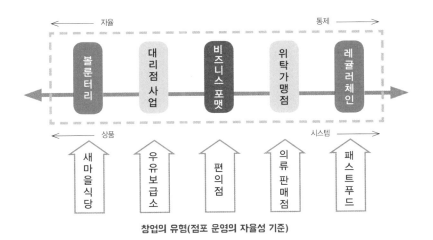

창업의 유형(점포 운영의 자율성 기준)

포 운영을 하는 완전가맹점 혹은 비즈니스 포맷형 가맹점을 말한다.

아이템을 결정하는 상황에서 독립점으로 창업해야 할지, 프랜차이즈로 해야 할지를 판단하는 것은 결코 간단한 일이 아니다. 창업자 자신의 역량과 본부 통제에 대한 압박감, 기술력, 창업 당시의 고객 선호도, 그리고 자금 사정 등을 고루 검토한 후에 결정해야 한다.

여기서는 2가지 분류법을 활용해서 아이템별 창업 형태를 살펴보고자 한다. 우선 물류의 비중과 기술의 난이도에 따른 분류를 보면, 물류 비중이 높거나 독점적 성격의 물류를 취급해야 하는 문구·팬시, 의류 판매점, 치킨 전문점, 아이스크림 전문점, 피자 전문점 등은 독립 창업보다 프랜차이즈형 창업이 유리하다. 이에 반해 어디서든 쉽게 구입할 수 있는 상품을 취급하는 아이템의 경우에는 굳이 프랜차이즈형 창업을 선택할 필요는 없다. 대표적으로 부동산, 인테리어 가게, 고기 전문점, 공방, 애

창업 유형의 선택 기준 1

<table>
<tr><td colspan="2" rowspan="2">구분</td><td colspan="2">기술난이도</td></tr>
<tr><td>낮음</td><td>높음</td></tr>
<tr><td rowspan="2">물류 중요도</td><td>높음</td><td>• 편의점
• 의류 판매점
• 치킨 전문점
• 화장품 전문점
• 아이스크림 전문점
• 커피 전문점</td><td>• 세탁편의점
• 외국어학원</td></tr>
<tr><td>낮음</td><td>• 주점
• 호프
• 분식점</td><td>• 공방
• 부동산
• 고기 전문점
• 애견 숍
• 인테리어 가게
• 보습학원</td></tr>
</table>

창업 유형의 선택 기준 2

<table>
<tr><td colspan="2" rowspan="2">구분</td><td colspan="2">상품의 변화</td></tr>
<tr><td>낮음</td><td>높음</td></tr>
<tr><td rowspan="2">자본 규모</td><td>높음</td><td>• 고기 전문점
• 설렁탕 전문점</td><td>• PC 게임방
• 의류 판매점
• 화장품 판매점
• 휴대폰 판매점</td></tr>
<tr><td>낮음</td><td>• 부동산
• 철물점</td><td>• 치킨 전문점
• 김밥 전문점</td></tr>
</table>

견 숍 등을 들 수 있다.

투자하는 자본의 정도와 아이템의 변화가 심한 정도에 따라서도 사업 방식을 결정할 수 있는데, 디자인이나 상품의 사이클이 짧고 변화가 심한 경우에는 상대적으로 프랜차이즈형 창업이 유리하다. PC 게임방이나 커피 전문점, 의류 판매점, 치킨 전문점, 김밥 전문점 등이 대표적이다. 이와 달리 오랫동안 큰 변화 없이 명맥을 유지하는 고기 전문점이나 부동산, 미용실 등은 독립 창업을 선택해도 큰 무리가 없다.

이 밖에도 블루오션으로 틈새를 공략한 신사업의 경우에는 위험 부담이 높기 때문에 리스크를 공유하는 차원에서 독립 창업보다는 프랜차이즈형 창업이 유리하다. 물론 시간이 지나서 레드오션으로 진화하는 경우에는 사업 노하우와 상품의 희소성이 떨어지기 때문에 독립 창업으로 도전해 볼 만하다.

성공하는 창업자의 DNA

살아 있는 생물의 고유한 특성을 구성하는 유전자를 DNA라 한다면 성공하는 창업자 역시 고유한 성질을 가지고 있지는 않을까? 일본의 유명한 창업 컨설턴트인 도미타 히데히로는 저서 『가게 이렇게 하면 성공한다』에서 성공 전략으로 투철한 창업가 정신, 업에 대한 올바른 이해, 조직을 움직일 수 있는 능력, 고객 감동을 이끌어 낼 수 있는 서비스를 꼽았다.

분명 성공하는 창업자와 실패하는 창업자는 고유한 DNA가 다를 수밖에 없다. 우선 성공한 창업자는 결코 단기간 승부에 집착하지 않는다. 대부분의 창업자는 오픈할 때 떠들썩해야 안심을 한다. 하지만 사업은 하루 이틀 장사가 아니라 적어도 몇 년간의 지루한 승부라는 점에서 개점 초기에 반짝 성과를 내는 것은 큰 의미가 없다.

성공하는 창업자는 자신이 늘 부족하다는 식으로 겸손함이 남다르다. 겸손하다는 것은 남에게 굽히는 것을 의미하지 않는다. 겸손함은 자신의 부족함을 안다는 것이고, 이는 앞으로 발전할 가능성의 여지를 남겨 둔 것이나 다름없다. 교만한 자는 절대로 자신을 업그레이드하지 못한다. 자신의 돈을 들여서 가게를 냈으니 찾아오는 고객은 구매자 정도로 보는 태도를 보이는데, 이럴 경우에는 개선의 여지도 감사의 여지도 찾아보기 어렵다. 중요한 점은 고객이 기대 이상으로 눈치가 빠르다는 것이다.

항상 새로운 것에 대한 도전 정신 역시 성공 DNA라 할 수 있다. 현재의 수준에 만족하지 않고 어떻게 하면 고객에게 더 많은 서비스와 만족을 제공할지에 대한 고민에서 출발한다. 고객은 방문한 횟수에 따라서 정도 들지만 감동을 체감할 수밖에 없다. 따라서 경쟁에서 살아남기 위해서는 고객에게 항상 새로운 모습을 보여 줘야 한다. 단순히 신제품이나 새로운 서비스를 출시하는 것 말고도 소품이나 조명, 음악, 서비스 팁 등으로 얼마든지 효과를 낼 수 있다.

철저한 자기 점검 역시 성공하는 자와 실패하는 자를 판가름한다. 성공하는 창업자는 자신이 왜 성공했는지에 대한 이유를 따져 보는 데 인색하지 않다. 그래야 다음에 또 다른 사업에 도전해도 실패할 가능성이 낮아진다. 반대로 실패한 창업자는 단순히 자신의 실패 원인을 외적인 환경에 치부해 버리는 경향이 강하다. 운이 있어야 성공한다는 운칠기삼(運七技三)의 생각은 아예 지워 버리고 왜 성공했는지, 왜 실패했는지에 대한 철저한 자기 성찰과 반성이 있다면 궁극적으로 성공에 도달할 수 있다.

성공한 창업자는 대부분 자신이 선택한 아이템을 원래부터 좋아한다. 상식적으로 자신이 좋아하지 않는 메뉴나 상품을 고객에게 판다는 사실이 이해가 안 될 듯싶지만 현실에서는 그런 경우가 꽤 많다. 자신은 물려서 먹지 못하는 음식을 팔고, 살면서 평생 술 한 모금도 마시지 못하는 사람이 주점을 하는 경우도 의외로 많다. 결국 아이템을 충분히 고민하지 않은 탓이다. 예전에는 성실하기만 해도 성공할 수 있었고, 얼마 전까지만 해도 충분한 경험과 지식이 있으면 성공할 가능성이 높았다. 하지만 이제는 자신이 좋아하는 아이템을 선택해야 성공할 가능성이 높다.

프랜차이즈 브랜드를 심사하는 자격으로 몇 년째 활동하면서 많은 가맹본부를 방문했다. 요즘 한창 인기가 높은 볶음요리를 판매하는 본부에서 하루 종일 심사하는 도중에 점심시간이 되었다. 뭘 먹을까 고민을 하던 차에 본부 대표가 직영점이 바로 앞에 있으니 포장을 해서 오겠다고 했다. 시간도 부족하여 그러자고 하고 정성스럽게 포장이 된 음식을 먹기 시작했다.

음식도 정갈하고 꽤 감각적인 맛이 혀를 감동시키는 데 문제가 없었다. 그런데 함께 자리를 지킨 본부 대표는 음식에 손도 대지 않아서 아침을 늦게 먹었나 보다 생각하며 형식적으로나마 함께 하자고 권했다. 그런데 돌아오는 답변이 가관이었다.

"저는 너무 많이 먹어서 물렸습니다. 나중에 다른 걸 먹겠습니다."

순간 화가 치밀어 올랐다. 그리고 좀 전까지 갖고 있던 호감이 부정적으로 바뀌어 버렸다. 만약 자신이 먹어서 물릴 정도라면 이에 상응한 신 메뉴나 세팅, 디저트를 개발해야 하지 않았을까? 자신이 좋아하지도 않는 상품을 고객에게 파는 행동은 사기행각과 다를 게 없다.

자신이 좋아하는 아이템이라면 그것을 먹기 위해 일부러 찾아오는 고객에게 어떻게 대충 손님맞이를 할 수 있겠는가? 진정으로 매장을 찾는 고객을 감사하게 느낀다면, 그래서 진심으로 대접한다면 고객은 그 마음씨를 헤아려 단골이 된다. 그러면 성공한다.

'용우동(www.yongwoodong.co.kr)'의 이영찬 대표는 우동을 무척 좋아해서 시작한 사업을 벌써 20년째 이어 오고 있다. 잘나가던 대기업에서 청운의 꿈을 키우던 셀러리맨이 과감히 새로운 사업에 뛰어든 것은 아주 소박한 이유 때문이었다. 평소에 우동을 무척 좋아해서 언젠가는 우동 프랜차이즈 사업을 해 보아야겠다고 다짐했다. 그런데 시간이 자꾸 지나면서 시작도 못해 보고 좌절하겠다는 생각이 들었다. 그래서 과감히 직장을 그만두고 대한민국 대표 우동 브랜드 용우동을 시작했다.

시작할 때만 해도 청춘이었는데 이제는 어느덧 흰머리가 더 많은 중년 신사가 되었다. 하지만 지금도 처음 시작하던 때의 열정과 소중함을 잃지 않기 위해서 매일같이 주방에 들어가 맛을 보고 어떻게 하면 고객에게 새로운 맛을 제공할지, 어떻게 하면 가맹점의 장사가 잘될지를 고민한다.

20여 년 동안 사업을 하다 보면 한눈도 팔고 게을러지기도 할 텐데 이 대표는 항상 겸손하고 열심이다. 지금도 음식을 직접 세팅하고 맛깔 나는 홍보물을 만들기 위해서 음식 사진도 직접 촬영한다. 이미 중국에 3호점을 낼 정도로 사업 노하우가 축적되었지만 1개월에 1~2번은 중국 시장의 트렌드와 입맛을 배우기 위해 출장을 다닌다. 비록 우동이라는 음식이 일본에서 시작되었지만 한국인의 입맛에 맞는 한국식 우동을 만들고, 나아가 세계에 한국의 우동맛을 펼치기 위해서 궂은일을 마다하지 않는다.

"고인 물은 썩게 마련이지요. 20년의 역사는 분명 자랑할 만한 일이지만 서 있는 그 자리에 머물러 있었다면 결코 오늘의 용우동은 없었을 겁니다. 이 모든 것이 저 스스로 우동을 너무 좋아하고 그래서 우동을 찾는 분들에게 어떻게 하면 고마운 마음을 전달할까 하는 고민에서 지속적으로 콘셉트를 발전시키고 메뉴도 개발한 것입니다. 앞으로도 대한민국에서 가장 오래된 브랜드로 살아남기 위해서 최선을 다할 것입니다."

'주인이 바쁘면 고객은 행복하다.'는 말처럼 이 대표는 내가 팔아야 할 상품을 좋아하고 소중히 여기는 결실이 얼마나 큰 것인지를 새삼 느끼게 한다.

가맹사업법과 정보공개서

어언 40여 년의 역사를 자랑하는 국내 프랜차이즈 산업은 예전에 비하면 꽤 투명해진 걸로 평가받는다. 관련학과[2]도 생기고 관련협회와 전문가 집단을 통해서 적지 않은 폐단을 시정해 왔다. 하지만 프랜차이즈 선진국인 미국이나 유럽에 비하면 아직도 공정한 게임의 룰이 제대로 작동하는지는 미지수이다.

잊을 만하면 언론을 통해서 밝혀지는 프랜차이즈 관련 분쟁, 범법 행위, 불공정거래 행위, 그리고 먹튀 논란 등이 쉽게 수그러들지는 않을 듯하다. 이 때문에 정부 차원에서 관련 감독기관을 두고 관련법을 제정하여 제도권 안에서 상대적 강자인 가맹본부와 상대적 약자인 가맹점 사업자 간의 거래를 하도록 만든 것이 일명 가맹사업법(가맹사업공정화에 관한 법률)이다.

물론 가맹사업법이 시행된 이후에도 법을 제대로 지키지 않고 계약을 강요하는 경우가 적지 않다. 만두 전문점을 준비하고 있던 30대 부부는 좋은 조건에 창업을 시켜 주겠다고 접근한 가맹본부 직원에게 혹시나 불이익을 당하지 않기 위해서 사전에 정보공개서와 가맹계약서 열람을 신청하였다. 그런데 건네받은 가맹계약서의 내용이 공정위원회에 등록된 정보공개서의 내용과 너무나 달라서 결국 가맹 계약을 포기하고 말았다.

---

2 장안대학교 프랜차이즈경영학과, 조선이공대학교 프랜차이즈서비스창업학과, 서경대학교 프랜차이즈학과가 있으며, 세종사이버대학교와 열린사이버대학교 등에서도 프랜차이즈와 창업학과가 개설·운영되고 있다. 그 밖에 중앙대, 숭실대, 세종대 등에서도 대학원 전공 과정에서 프랜차이즈 전문 인력을 양성하고 있다.

물론 문서 자체가 성공을 보장하지는 않지만 적어도 공개적인 정보 제공을 꺼리고 공개된 정보와 실제 계약 내용이 다른 업체라면 과감히 포기하는 것이 좋다.

가맹사업법의 주요 내용에는 계약 조건에 대해 명시화된 문서를 가맹사업을 시작하기 이전에 관계 당국에 등록하도록 하는 제도, 불공정거래 행위에 대한 단속, 끊이지 않는 당사자 간의 분쟁에 대한 사전 조정 제도 등이 포함되어 있다.

가맹사업법의 핵심은 바로 정보공개서라고 해도 무방하다. 정보공개서는 예비 창업자가 사전에 인지하지 못해서 피해를 보지 않도록 가맹 계약에 필요한 정보를 기재한 공식 문서로 보면 된다.

구체적으로 살펴보면 가맹본부의 일반 현황, 가맹 사업 개시일, 가맹본부의 주주 구성과 재무 상태, 대표의 범법 사실과 불공정거래 행위에 대한 기록, 신규 개설과 폐점에 관한 기록, 지역별 가맹점 평균 매출액 등이 포함되어야 한다.

또한 가맹 계약 조건에 관한 제반 사항이 기록되어야 한다. 영업 지역의 범위, 계약 기간 및 갱신 기간, 계약 해지 및 갱신 거절 사유가 포함되어야 하며, 가맹비의 구조와 상품 내역 및 본부가 공급하는 물류에 대한 정보도 명시되어야 한다. 뿐만 아니라 개설 절차와 교육 프로그램, 가맹점의 운영 방침도 포함되어야 한다.

이전에는 이런 제도 자체가 없었기 때문에 단순히 본부의 일방적인 정보에 의존할 수밖에 없었다. 또 사실이 아닌 경우에도 이에 대한 책임 규명과 처벌 역시 아무런 제한이 없었다는 점에서 정보공개서 등록 제도의 중요성은 두말할 필요가 없다. 현 수준에서 정보공개서의 실효성을 논하기에 앞서 창업자를 보호할 수 있는 수단을 강구했다는 점은 높이 평가할 만하다.

가맹본부는 성실한 자세로 가맹 사업 정보를 창업자에게 솔직하게 제시해야 하며, 관련 당국은 진위 여부를 포함하여 정확한 정보를 제공하고 있는지에 대한 감독과 위반 시 엄격한 사후 통제를 실시해야 한다. 나머지는 창업자의 몫으로, 자신이 선택한 본부가 실제로 계약 관계를 성실하게 이행하는지를 꼼꼼히 따져 보아야 한다.

프랜차이즈 본부 선택 시 확인해야 하는 3가지

프랜차이즈 창업의 경우 가맹본부 선택이 성패의 중요한 요소로 작용한다. 지금까지는 주로 가맹본부의 규모나 브랜드 이미지 등 외형적인 요소를 선택의 기준으로 삼았다고 해도 과언이 아니다. 그러나 겉으로 드러나지 않는 것 중에서 확인하면 도움이 되는 3가지가 있다.

첫째, 가맹점 모집 경로를 확인한다.

프랜차이즈 사업에서 가맹점 확장은 매우 중요하다. 아이템에 따라 다소 차이는 있지만 대부분의 프랜차이즈 본부에서는 단기간에 많은 가맹점을 확보하기를 원하며, 이를 위해 총력을 들이고 때로는 많은 비용을 투자하기도 한다. 한때 유행했던 영업 대행 방식도 이런 맥락에서 이해할 수 있다. 그러나 철저한 필터링 없는 확산 전략은 또 다른 함정으로 더 큰 위기를 맞게 된다. 이는 본사뿐만 아니라 가맹점 사업자에게도 피해를 주게 되므로 지금은 많이 기피하는 방식이 되었다.

가장 효과적인 확산 방법은 인위적인 것보다 자연적인 확산이다. 상식적으로 가맹점을 운영하면서 매출이나 수익성 등 여러 가지 측면에서 만족할 경우 가맹점 사업자 당사자가 추가로 개설하거나, 아니면 가족이나 친지 혹은 지인에게 적극적으로 추천하게 된다. 이럴 경우 사전에 매장에서 운영의 경험을 쌓을 수 있는 기회까지 가능하기 때문에 실패보다 성공적인 창업으로 진행될 가능성이 더욱 크다.

문제는 본사의 운영 비용 확보이다. 그래서 프랜차이즈 본사 직영점의 성공 여부를 중요하게 보는데, 직영점에서 안정적인 수익을 창출할 경우에는 무리하게 가맹점 확장에 신경 쓰지 않아도 되기 때문이다. 가맹 의지가 약한 창업자를 상담과 설득을 통해 가맹 계약으로 발전시키는 것보다는 가맹 의지가 확실한 창업자를 가맹점주로 선택하는 것이 모든 면에서 이익이다.

콩나물국밥 전문점 시루향기는 현재 영업 중인 82개 가맹점 중 69개(84.1%)가 가맹점주나 본사 직원의 지인이나 친지로 구성되어 있다. 단순히 본인이 정보 습득을 통해 창업한 가맹점은 13개밖에 없다. 특이하게도 본사에서 퇴사한 직원이 가맹점을 창업한 경우도 있다. 추천을 통해 창업한 가맹점주는 대부분 지인의 매장에서 2~3개월 근무하면서 매출 상황이나 매출 대비 수익성, 고객들의 반응 그리고 본사의 지원 상황 등을 직접 확인한 후에 창업을 결정하기 때문에 비교적 빠른 시간에 가맹점을 안정화시킬 수 있다.

이런 방식으로 가맹점이 개설되다 보니 속도는 다소 늦은 감은 있다. 하지만 콩나물국밥이라는 아이템의 특성상 단기 확장보다는 천천히 가더라도 제대로 가는 것이 바람직한 가맹점 확장 전략이다. 아이템의 특성상 어떤 전략을 선택해야 할 것인지에 대해 확실한 정책이 없는 본부나, 아직까지도 가맹점 확장에만 집중되어 있는 프랜차이즈 시장에 시루향기의 가맹점 모집 전략은 시사하는 바가 크다.

예비 창업자들이 프랜차이즈 본사를 선택할 때 살펴보아야 하는 여러 요소 중에서 반드시 확인해야 하는 것 중 하나가 바로 가맹점 모집을 어떤 방식으로 하는가이다. 다시 말해서 가맹점을 추가로 확보하는 데 본사가 얼마의 비용을 사용하는지를 따져 보아야 한다. 모집하는 비용이 많이 들 경우에는 가맹점을 유지, 관리하는 데 사용하는 비용이 상대적으로 적기 때문에 장기적으로 보면 가맹점은 본사의 지원을 제대로 받기 어려워 지속적인 운영을 통한 수익 확보에 문제가 생길 수 있다.

둘째, 매출 대비 수익성이다.

매출 대비 수익성은 매출이 아무리 좋아도 수익성이 저조하면 가맹점은 본사의 수익을 보전해 주는 역할을 하기 때문에 바람직하지 않다. 업종에 따라 적정 수익률은 다르지만 브랜드별로 비교, 검토할 필요가 있다. 수익성이 아무리 좋아도 매출이 부족하면 곤란하다. 물론 이런 경우는 선택 자체를 하지 않지만, 매출이 좋은 경우에는 반드시 수익성을 따져 보아야 한다. 매출이 높으면 수익도 높을 것이라는 생각은 버려야 한다.

아무리 좋은 아이템이라 할지라도 반드시 한계 매출이 있기 때문에 매출 대비 수익성을 검토한 후 창업 여부를 결정하는 것이 올바른 자세이다. 매출 대비 수익성에 직접적인 영향을 미치는 부분은 바로 원가율이다. 창업 비용은 창업자가 조절할 수 있지만 원가는 불가능하다. 외식업의 경우 원가율은 40%를 한계치로 보고, 동일한 조건에서는 이보다 낮은 브랜드를 선택해야 한다. 이럴 경우 매출 대비 수익률은 25~30%가 적정하다.

셋째, 투자 대비 수익성이다.

매출이 높고 수익성이 좋더라도 투자 비용이 많이 들 경우에는 신중해야 한다. 일반적으로 투자 대비 수익률은 월 3%, 투자 비용 회수 기간은 3년 이내가 적정하며, 이보다 짧을수록 유리하다. 창업 아이템에 따라 적정한 투자 비용이 있다.

지금까지 살펴본 내용을 정리하면 가맹점 모집에 드는 비용, 매출 대비 수익률과 투자 대비 수익률 등을 종합적으로 분석하고 검토한 후에 창업 여부를 결정해야 한다는 것이다. 양도 양수가 많은 브랜드인 경우에는 가맹점 모집 경로나 브랜드 이미지 등에는 문제가 없지만 매출 대비 수익성이나 투자 대비 수익률 부분에서 가맹점주의 기대치를 만족시키지 못한다고 할 수 있다. 모집 경로를 살피지 않더라도 매출 대비 수익성과 투자 대비 수익률은 반드시 살펴야 한다. 이제 프랜차이즈 가맹점 창업도 모양보다 실속이 우선되어야 한다. 이름 있는 브랜드를 무조건 신뢰하는 관행은 버려야 한다.

프랜차이즈의 빛과 그림자

프랜차이즈에 대한 일반적인 생각에는 빛과 그림자가 있다. 흔히 유명한 브랜드, 가맹점 수가 많은 브랜드, 그리고 중요 상권에 입점한 브랜드를 우수한 것으로 알고 있다. 그러나 반드시 그런 것은 아니다. 이제는 좀 더 분석적인 판단이 필요하다. 빛은 반드시 그림자를 남긴다. 잘못 판단하기 쉬운 프랜차이즈의 빛과 그림자에 대해서 알아보자.

가맹점 수가 많은 브랜드는 우수하다

이 공식이 반드시 성립하는 것은 아니다. 프랜차이즈 사업 기간을 고려해서 판단해야 한다. 단기간에 많은 가맹점 수를 확보한 브랜드보다는 비교적 오랜 기간 동안 사업을 운영하면서 가맹점 수를 늘린 브랜드에 관심을 가질 필요가 있다. 빨리 성장한 브랜드는 대부분 내적인 것보다는 외적인 것이 잘 포장되어 있을 가능성이 크기 때문이다.

폐점 수가 적은 브랜드가 우수하다

폐점 수가 많은 것보다는 적은 것이 낫다. 그러나 이 역시도 사업 기간을 고려할 필요가 있다. 그리고 폐점의 내용도 보아야 한다. 일반적으로 장사가 안돼서 폐점을 한다고 생각하지만 반드시 그런 것은 아니다. 사업 기간이 긴 브랜드의 경우 사업 성과와 관계없이 폐점하는 경우도 있기 때문이다. 그만두고 싶어도 그만두지 못하는 경우도 생각보다 많다. 이는 외형적으로는 유지이지만 실질적으로는 폐점과 다를 것이 없다.

브랜드 유동성도 생각해야 한다

창업자 입장에서는 그만두고 싶을 때 큰 리스크 없이 그만둘 수 있는 브랜드가 좋은 브랜드이다. 창업 비용이 많이 드는 브랜드나 점포 활용도, 즉 호환성이 떨어지는 브랜드는 상대적으로 유동성이 약하다. 이런 브랜드는 시작할 때보다 끝날 때가 더 두렵다.

양도 양수가 원활한 브랜드가 유리하다

양도 양수가 원활한 브랜드는 명의 변경 가맹점 수가 많은 것으로 집계된다. 얼핏 보면 점주가 자주 바뀌는 것이기 때문에 문제가 있는 것으로 생각되지만 이런저런 이유로 사업을 접고 싶을 때 어렵지 않게 접을 수 있다는 것이므로 긍정적으로 볼 수도 있다. 국내 몇몇 브랜드는 신규 출점 수보다 명의 변경 수가 더 많다. 창업 희망자가 많다는 반증이다. 그러나 양도 양수를 결정하는 시기가 창업 후 2~3년 내라면 신중하게 보아야 한다. 이는 장사가 되기는 하지만 투자 대비 수익률 면에서 불만이 있다는 뜻이다.

돈을 목표로 한 프랜차이즈 CEO는 언제든지 브랜드를 버릴 수 있다

자영업 창업에서 가장 중요한 것은 창업자의 열정이다. 열정은 몰입에서 나오고 몰입은 관심이 있어야 생긴다. 이런 관점에서 보면 프랜차이즈 CEO가 론칭한 브랜드에 열정이 있으면 쉽게 브랜드를 버리지 못한다. 그러나 열정 없이 돈을 버는 목적으로만 창업을 했다면 미련 없이 버릴 공산이 크다. CEO가 열정이 있는지 없는지를 쉽게 알 수는 없지만 확인을 하려는 자세는 견지해야 한다.

철학이 있는 브랜드가 우수한 브랜드이다

사업의 규모와 관계없이 시작할 때 분명한 이유와 목적을 가지고 창업을 하면 언젠가는 성공을 한다. 성공으로 가는 과정에서 겪게 되는 수많은 난관과 시련을 극복할 에너지가 있기 때문이다. 시작할 때는 CEO의 철학이지만 결국에는 브랜드의 철학이 된다. 세계적으로 유명한 프랜차이즈 브랜드를 보면 쉽게 이해할 수 있다.

동일 업종에서 다수의 유사 브랜드를 가진 본부는 바람둥이와 같다

프랜차이즈 사업을 확장할 때 많은 브랜드를 출시해서 외형을 키우는 것이 아니라 하나의 브랜드를 변신하고 혁신해서 매출을 증가시키는 것이 우수한 브랜드이다. 이는 브랜드가 고객에게 제공하는 가치의 폭을 넓히는 것과 같다. 1브랜드가 성공하여 번 돈으로 2브랜드를 만들고, 실패하면 그 손실을 1브랜드에서 대체하는 것은 조강지처를 버리는 것과 같다. 프랜차이즈 사업은 사랑하는 사람과 100년 해로하는 것이지 난봉꾼의 유희가 아니다.

바람직한 프랜차이즈 본부의 자세

우연히 홈쇼핑 채널에서 정관장 관련 내용을 보았다. 백화점에서 파는 제품과 동일한 제품을 할인 판매하면서 다양한 혜택을 준다고 열심히 광고했다. '프랜차이즈 브랜드가 저렇게 해도 되는 것인가?'라는 생각이 들었다. 정관장은 온라인 쇼핑몰도 운영하고 있으며, 같은 제품을 할인 혹은 특가 판매하고 있다. 우리나라 대표 건강식품인 홍삼 브랜드로 전국에 760개의 가맹점(2013년 말 기준)을 보유하고 있다. 가맹점 사업자들이 이런 사실을 모를 리가 없는데 특별한 문제가 없는 것을 보면 법적으로는 문제가 없도록 안전장치를 했을 것으로 보인다.

프랜차이즈 사업은 흔히 유통 사업이라고 한다. 이는 본부를 비롯해서 3자가 가맹점을 유통 채널로 활용한다는 뜻으로 가맹점을 통해서만 제품을 판매하는 것이 정상이다. 물론 가맹계약서에 본사가 가맹점 외에 다른 방법으로 판매를 할 수 있다는 내용이 포함되어 있다면 가맹점 사업자가 동의한 것으로 보아 문제를 삼을 수는 없지만 소비자 입장에서 보면 찜찜하다.

특히 2014년 8월 14일부터는 가맹점의 배타적 영업 지역을 인정하도록 되어 있다. 이는 본부를 비롯해서 3자가 가맹점에게 부여한 영업 지역 내의 고객을 상대로 판매 행위를 할 경우에 일정 부분의 이익을 나눠야 한다고 해석할 수 있다. 그렇지 않으면 가맹점 사업자가 피해를 보기 때문이다. 온라인이나 홈쇼핑에서 싸게 살 수 있는데 굳이 가맹점에서 구매할 이유가 없다. 그러면 적지 않은 비용을 부담하면서 가맹점을 개설한 사업자의 손해는 무엇으로 보상받는단 말인가? 이럴 경우에는 가맹점에서도 본사 제품 외에 타사 제품을 판매하는 것을 허용해야 공정하다. 그런데 가맹점이 다른 방법으로 하는 제품 판매는 철저히 봉쇄하면서 본사에서 다른 방법으로 제품을 판매하는 행위는 정당하지 못하다.

　최근에 본죽이 냉동죽을 편의점 CU에 공급하기로 했다는 뉴스[3]가 나왔다. 그것도 본죽 매장에서 1, 2등 하는 상품을 말이다. 냉동죽과 매장에서 직접 끓인 죽은 다르다고 할 수 있지만 이는 손으로 하늘을 가리는 격이다. 편의점에서 냉동죽을 판매할 경우 당연히 가맹점 매출에 영향을 미친다. 그런데 간단하게 전자레인지에 데워서 먹을 수 있다면서 적극적으로 홍보를 하고 있다. 누구를 위한 홍보인지, 누구를 위한 결정인지 이해하기 어렵다. 그것도 전국에 1,276개(2013년 말 기준)의 가맹점을 보유한 프랜차이즈에서 말이다. 특히 얼마 전에 방송을 통해 본사의 불미스러운 일이 알려지면서 적지 않은 파장을 일으킨[4] 브랜드에서 이런 일을 하고 있다고 생각하니 더욱더 안타까웠다. 가맹점은 누구를 믿고 장사를 하란 말인가? 가장 든든한 버팀목이 되어야 할 본사가 오히려 가맹점을 흔들고 있다.

　프랜차이즈 본부는 가맹점의 매출 증대를 위해 모든 정성을 다해야 한다. 그것이 기본이고 원칙이다. 그리고 당당하게 가맹점을 통제해야 한다. 상생은 이런 것이다. 2가지 경우 모두 브랜드파워가 없었다면 발생하지 않았을 일이다. 본사는 브랜드파워를 형성하는 과정에서 가맹점의 역할이 있었다는 사실을 인정해야 하고 그 공을 절대 망각해서는 안 된다.

　아로마 향초 전문 브랜드인 '양키캔들'에서는 온라인 판매를 실시하면서 주문은 본사에서 받고 배송은 해당 지역에서 가까운 가맹점에서 맡게

3　2015년 2월 11일 이데일리에 소개된 내용이다.

4　2015년 4월 4일에 방영된 KBS「추적 60분」에 소개된 내용이다.

했다. 이로 인해 가맹점은 또 다른 수익을 창출할 수 있게 되었다. 이것이 진정한 프랜차이즈 정신이다. 가맹점의 성장을 통해 본사가 성장하는 기본적인 구조를 튼튼히 해야 본사는 가맹점을 엄격하게 통제할 수 있고, 이것은 프랜차이즈 산업의 기반을 단단하게 하는 초석이 된다.

　요즘 간편식 시장이 성장하면서 도시락이 새롭게 조명되고 있다. 편의점뿐만 아니라 다양한 곳에서 도시락을 구매할 수 있다. 우리나라 도시락 브랜드의 산 역사와 같은 한솥도시락의 경우에는 21년째 가맹 사업을 운영하면서 오직 가맹점의 매출 증대를 위해 애쓰고 있다. 한솥은 가맹점을 통해서만 도시락을 판매한다. 다른 여러 방법으로 본사 매출을 올릴 수 있는 기회가 있지만 프랜차이즈는 가맹점의 매출 증대가 기본 사명이라는 철학을 이영덕 대표가 몸소 실천하면서 20년 동안 가맹점을 운영해 온 가맹점주를 가족처럼 생각하고 있다.

　프랜차이즈는 이제 우리 사회에서 반드시 필요한 창업의 한 모델로 자리매김하고 있다. 그 규모도 단순히 한 회사의 문제가 아니라 사회 문제로 인식될 만큼 성장하고 있다. 문제는 아직도 본사의 이익만 생각하는 경영자의 잘못된 경영 마인드가 동업자와 같은 가맹점 사업자를 힘들게 한다는 것이다. 일부 회사의 잘못된 행동으로 다른 선의의 프랜차이즈 회사에 좋지 않은 영향을 주는 일은 더 이상 일어나지 말았으면 하는 바람이다.

창업에 대한 오해

경기도 어렵고 장사가 안된다고 하루에 수만 명씩 문을 닫는다는 신문 기사나 방송을 보면서도 창업을 하는 것은 무슨 현상인가? 어떻게 해석해야 하는가? 상식적으로 보면 어려운 상황은 피하는 것이 정답인데, 왜 그럴까? 이것이 창업의 아이러니이다.

모든 사람이 실패하더라도 나는 성공할 수 있을 것 같은 생각, 장사가 안되는 점포도 내가 하면 잘할 수 있을 것 같다는 생각, 이것은 아주 위험한 착각이다. 그런데 대부분의 창업자는 창업 과정에 숨어 있는 암초에 대해서는 한 번도 고려하지 않고 이런 착각에 빠져 창업을 결정하고 진행한다.

그래서 창업은 성공을 전제로 하는 것 자체가 실패라고 말하기도 한다. 그러나 성공할 수 있을 것 같은 생각은 바로 창업의 에너지이다. 이 에너지는 파친코를 할 때 마치 1등을 할 것 같은 근거 없는 믿음과 같은 것이다. 단지 창업은 본인의 준비와 노력으로 그것을 현실화시킬 수 있다는 것이 파친코와 다르다.

이런 착각(?)이 없으면 창업은 풀기 어려운 수학 문제와도 같을 것이다. 이런 착각이 나쁘다고만 할 수는 없다. 창업은 성공과 실패의 변수가 수만 가지가 되고 그 변수가 창업자, 상권, 고객, 외부 환경 등과 복합적으로 작용하기 때문에 그 결정적 요인을 한두 가지로 단정하기 어렵기 때문에 가능성이 없는 만큼 가능성이 존재한다는 것이 특징이다.

그러나 필자가 상담을 통해 경험한 현상을 보면, 창업자는 일단 본인이 결정하면 그것을 수정하지 않으려고 한다. 본인은 확신이라 믿지만 창업 전문가가 보기에는 도저히 이해할 수 없는 억지 주장에 불과하다. 그리고 그들은 오히려 전문가를 설득시키려 한다.

다음은 본인 눈에 보이고 본인이 인정하고 싶은 부분에만 집중한다. 객관적으로 보면 불가능한 중대한 요소를 여러 곳에서 발견할 수 있는데도 자기 논리에 빠져 현상을 아주 기발하게 조합한다. 법과 관련해서는 변호사의 의견에 귀를 기울이면서 창업 전문가의 말은 귀담아듣지 않는 실정이다.

남들이 다 실패해도 나는 성공할 수 있다는 착각은 성공을 향한 힘찬 의지의 표현일 수 있다. 그러나 그것이 성공으로 가는 길이 되려면 본인의 확신에 과학적인 근거까지는 제공하지 못할지라도 최소한 논리적인 근거는 확보해야 한다. 그리고 그 확신에 대한 객관적인 검토와 검증을 받을 필요도 분명히 있다.

'내 돈 가지고 내가 하고 싶은 대로 하는 게 창업의 매력인데…'라는 식으로 단순하게 생각해서는 안 된다. 성공에는 함정이 있고 넘어야 할 산이 있다는 것을 알아야 한다. 성공 창업은 아무도 장담하거나 보장할 수 없다. 창업자는 '성공은 본인이 스스로 만들어 가는 긴 여정'이라는 사실을 명심해야 한다.

잘되는 가게 VS 안되는 가게

- 창업 계획 편 -

↑ 성공 사례

어두운 도시를 형형색색 밝게 비추는 간판은 동 시대의 문화 수준을 알려 주는 표지이다. 그런데 군데군데 조명이 꺼지고 글자색이 흐릿해진 간판을 보고 있노라면 오히려 혐오스러운 느낌마저 든다.

전면 간판 하나를 12시간 동안 켠다고 가정했을 때 연간 지출하는 전기세는 100여 만 원에 이른다. 그뿐인가? 형광등 하나가 소진되는 데 필요한 시간은 약 5,000시간. 결국 채 2년이 못 가서 형광등을 교체해야 하는 번거로움이 생긴다. 수시로 말썽을 일으키는 간판을 수리하기 위해서 크레인을 부르고 전구를 교체하고 안정기를 교환하는 비용에 인건비까지 포함하면 3년간 지불해야 하는 비용이 150만 원에 달한다.

간판은 이처럼 도시의 외관을 해치는 문제를 넘어서 돈이 줄줄 새는 골칫덩어리가 되고 있지만 어느 누구도 이 문제에 대해서 자신 있는 해답을 제시하지 못하는 것이 우리의 현실이다. 그런데 2015년 2월에 ㈜파사드코리아 오일곤 대표가 '참좋은간판(www.verygoodsign.com)'이라는 브랜드로 신개념 간판 프랜차이즈 시대를 선언하며 간판 문제를 근본적으로 해결하고자 발 벗고 나섰다. 오 대표는 40세가 안 된 청년 창업가인데 간판 일을 밑바닥부터 시작해서 자수성가했다. 일을 처음 배울 때만 해도 보이지 않던 간판의 문제들이, 일이 손에 익으면서 그리고 자기 사업을 시작하면서 '더 이상 이런 간판으로는 경쟁력이 없다.'는 생각을 하게 되었고, 마침내 새로운 시도를 하게 되었다.

오 대표는 참좋은간판이라는 브랜드로 전국적인 네트워크를 구축해서 자신이 계획한 사업 모델을 전개하고자 2여 년에 걸쳐 전국적으로 시장 조사를 하고 사업 전문가의 자문을 받으면서 철저하게 준비한 끝에 브랜드를 론칭했다. 참좋은간판은 론칭 10개월 만에 20여 개의 총판과 600여 개의 대리점을 개설할 정도로 경이적인 성과를 거두었다. 이러한 사업 성공의 비결은 무엇보다 오 대표가 현장에서 느낀 문제를 어떻게 하면 해결할 수 있을까 하는 고민과, 반드시 해결해 내겠다는 신념과 확신이었다.

자영업자가 전기세를 아끼기 위해서는 형광등 대신에 LED 채널 간판을 설치하는 것이 유리하다. 그런데 비용이 비싼 게 문제였다. 그래서 참좋은간판에서는 설치비를 대폭 낮추는 대신에 나머지 비용을 36개월 동안 할부로 갚는 아주 색다른 지불 방식을 고안해 냈다. 다행히 오 대표의 굳은 신념을 인정한 국내 유수의 할부 금융사들이 파트너로 참여했다.

간판은 내구성이 강한 편이지만 AS가 없을 수는 없다. 그래서 보통 간판 비용이 의뢰인의 생각보다 높게 책정된다. 그런데 참좋은간판에서는 동네 간판업자가 AS 비용을 부담하지 않는다면 고객이 지불하는 간판 설치 비용도 저렴해질 수 있다고 확신했다. LED 간판이라면 AS 발생 건수가 많지 않을 것이라는 생각도 밑바탕에 깔려 있었다.

또 한 가지 고민이 있었다. LED 간판이 플렉스 간판보다 유지 비용이나 AS는 훨씬 적지만 설치 비용은 비쌌다. 바로 이런 문제 때문에 영세한 자영업자들은 좋은 걸 알면서도 LED 간판을 설치하지 못했다. 오 대표는 이 문제를 해결하지 않고는 절대로 자신이 원하는 목표를 이루지 못한다는 생각 끝에 채널을 고정하는 아크릴이나 목재, 금속 대신에 기존 플렉스에 알루미늄 프레임을 설치하여 채널을 부착하는 획기적인 아이디어를 냈다. 곧바로 이 기술에 대한 특허를 받는 동시에 서울경금속이라는 알루미늄 공급업체를 사업에 참여시켜서 프레임을 이용한 조립형 간판을 완성했다.

고객은 자기 가게만의 예쁜 간판 디자인을 원하지만 정작 동네 간판 가게의 디자인 실력은 기대에 미치지 못하기 때문에 비슷한 글자에 비슷한 배경의 간판을 거는 현실이다. 그렇다고 동네 간판 가게에서 디자이너를 고용하기란 쉬운 일이 아니다. 참좋은간판에서는 이러한 문제를 해결하기 위해 본사에서 디자인을 지속적으로 개발해서 공급해 주고 대리점에서 고객이 직접 눈으로 디자인을 보면서 결정할 수 있도록 3D 간판 시뮬레이션 프로그램을 개발했다. 뿐만 아니라 제각각이던 간판 가격을 표준화시키는 데도 성공했다.

사실 간판 시장은 치킨 가게와 마찬가지로 경쟁이 치열하기로 유명하다. 세탁소처럼 손님이 맡길 때는 비싸게 느끼지만 정작 주인이 가져가는 돈은 얼마 되지 않아서 대부분 영세하다. 그런 까닭에서인지 사업 시작과 동시에 동네 간판업자들의 반응은 가히 폭발적이었다.

오 대표는 일을 하면서 보고 느낀 문제를 과감히 해결하고자 했고, 그의 체계적이면서도 획기적인 아이디어는 기적을 만들어 냈다. 자신보다 이 분야에서 훨씬 사업 규모가 크고 오랫동안 일했던 선배들도 해내지 못했던 일을 치밀하고 과감하게 제안한 덕분에 이제는 대한민국을 대표하는 간판 브랜드로 CF에도 이름을 알리고 전국 최대의 네트워크를 구축한 청년 창업가로 우뚝 서게 되었다.

"이쯤에서 멈추기에는 아직도 할 일이 많습니다. 이제는 기술이 없어도 간판 사업을 할 수 있는 새로운 창업 모델을 준비하고 있습니다. 현장의 문제를 결코 소홀히 하지 않고 아이디어로 만들고 사업 전략으로 만든다면 누구든지 충분히 성공할 수 있습니다."

열정과 아이디어로 기존의 간판 시장에 거센 바람을 일으킨 오일곤 대표의 성공담이다.

⬇ 실패 사례

계동에 피자 전문점을 개업한 강 모씨는 1년 6개월 만에 문을 닫았다. 개업할 때 약 1억 여 원이 들었는데 그 중 6천 만 원을 금융권 대출로 조달한 게 화근이었다. 한 달에 100만 원의 돈이 금융권 이자로 빠져 나갔다. 점포 월세, 인건비 등을 빼고 나면 순수익은 보잘것없었다. 게다가 1년 후부터 금융권으로부터 원금 상환 압력이 들어오기 시작했다. 결국 몇 달을 끌다가 손해를 감수하고 가게를 처분하고 말았다.

이처럼 금융 비용이 매출액의 10%를 넘어서는 곤란하다. 더구나 강 모씨는 자금 조달 및 상환 계획에 소홀했다. 자금 조달 계획도 중요하지만 이에 못지않게 상환 계획도 철저히 수립해야 한다. 아무리 장사가 잘 되더라도 1년 만에 대출금을 상환하는 것은 쉽지 않다. 애초에 좀 더 유리한 조건으로 대출을 받을 수 있는 금융 상품을 찾아야 했다. 소자본 자영업 창업을 지원하는 금융 상품은 1년 만에 상환해야 하는 경우가 거의 없다.

창업 계획은 창업을 하기 위한 계획이 아니다. 지속적인 운영을 통해 안정적인 수익을 창출하기 위한 것이어야 한다. 선정한 아이템을 소화하고 운영하기 위해서도 철저하게 준비해야 하지만 장사가 잘된다 하더라도 지출이 많으면 지속적인 운영이 곤란하다. 장사는 일정한 매출과 수익을 안정적으로 보장받는 것이 아니다. 어쩌면 그런 구조를 만들기 위한 것이 진정한 창업이고, 그러기 위해서는 창업 계획이 중요하다.

매출을 올리기 위한 계획도 물론 중요하지만 지출에 대한 계획도 철저히 검토해야 한다. 이 부분을 소홀히 하면 이 사례와 같이 장사가 안돼서가 아니라 과도한 지출로 버틸 수 있는 힘이 약해져서 문을 닫을 수도 있기 때문이다.

창업계획서를 왜 작성해야 하나?

성공에는 2가지 유형이 있다. 당연한 성공과 우연한 성공이다. 복권에 당첨되었거나 길을 걷다가 연예기획사에 캐스팅되거나 하는 우연한 성공은 성공 확률이 높지 않다. 물론 운 좋게 1등에 당첨되어 인생 역전에 성공한 경우도 있다. 서울 노원구에 가면 1등이 무려 25번이나 나온 복권가게가 있는데 복권 당첨일인 토요일은 이른 새벽부터 길게 줄을 서는 진풍경을 볼 수 있다. 그런데 1등에 당첨될 확률은 비행기 사고가 날 확률보다 낮다고 한다.

과학의 원리를 운운하지 않더라도 결과에는 반드시 원인이 있는 법이다. 인생만사가 늘 그러하다. 창업 역시 예외일 수 없다. 언론 매체를 통해서 성공한 사업가들의 이면을 들여다보면 역시 우연한 성공이라기보다는 끊임없는 시행착오, 반드시 해내고 말겠다는 결연한 의지, 그리고 분명한 목표가 있었다.

실패에도 물론 우연한 것은 거의 없다. 사람 탓, 자금 탓, 경기 탓을 하는 사람들 역시 조금만 뒤를 돌아보면 인맥이나 재무 관리, 그리고 트렌드를 읽어 내는 지혜가 부족했던 것을 알 수 있다.

창업을 해서 성공하고 싶지 않은 사람은 없다. 하지만 성공하기 위해서 치밀하게 계획을 세우는 창업자는 의외로 많지 않다. 아직도 창업자들은 어릴 적 소원처럼 대통령이 되거나 의사가 되고 싶다는 식의 막연한 희망으로 창업을 한다. 외적인 창업 환경에 대한 분석이나 자신의 사업 역량에 대한 객관적인 평가, 경쟁사와 무엇을 차별화할 것인지, 그리고 어떤 방식으로 팔아야 하는지, 얼마나 버는 것이 바람직한지에 대한 고민을 힘들어한다. 그래서 창업 계획 세우기를 쉽게 포기해 버린다.

막상 창업을 하면 기대한 것과 달리 어려움도 많고 준비가 부족했던 탓에 어떻게 해야 할지 몰라서 고민하게 된다. 만약 창업 이전에 예상되는 문제를 미리 떠올려 보고 최적의 대안을 마련해 두었다면 아무리 어려운 문제라도 당황하지 않고 슬기롭게 대처할 수 있다.

창업계획서는 창업자가 가장 합리적인 방법으로 자신이 세운 목표를 달성하기 위해 그린 밑그림이자 지침서이다. 창업 규모를 떠나서 어떤 사업을 하든지 간에 창업계획서는 작성해 두는 것이 좋다. 형식은 그 다음 문제이다.

상담을 하다 보면 간혹 창업계획서를 가지고 오는 사람이 있다. 정성은 훌륭하지만 내용을 보면 실망스러운 경우가 많다. 자신의 의사나 의지는 오간 데 없고 빈칸에 채워 넣기 식으로 만들어 놓은 기계적인 문서가 대부분이기 때문이다. 개개인의 창업 목표가 다르고 업종의 특성이나 사업 환경이 다르고 사업 내용이나 전략이 다를 텐데 자신은 이해조차 하지 못하는 SWOT 분석이나 STP 분석을 필수 과목인 양 채워 넣은 창업계획서를 볼 때면 안타까운 마음이 든다. 차라리 자신이 결정한 사업 아이템에 대한 진지한 고민이나, 누가 핵심 고객인지, 그리고 이 고객을 설득시키기 위해서는 어떤 콘셉트의 차별화가 필요한지에 대한 고민이 더 필요하다.

십수 년 전에 대구에서 아파트 건설현장소장으로 근무하던 40대 후반의 남성이 창업 계획이라며 두터운 사업계획서를 가지고 사무실을 방문한 적이 있다. 대구에서 유명한 샌드위치 전문점이 있는데 대박집으로 소문이 났고, 마침 기술을 전수받을 수 있다고 하며 자신감을 가지고 창업에 도전하기로 했다는 것이다.

건설현장에서 전체 공정 관리와 인력 관리를 오랫동안 해 오던 터라 사업계획서 자체는 나무랄 데가 없었다. 트렌드와 경쟁사 분석, 창업 스케줄, 매출 분석과 재무제표 등 전문가 솜씨에 버금갈 만큼 훌륭했다. 하지만 정작 자신이 창업하기로 결정한 점포의 위치와 아이템의 궁합은 찾아볼 수가 없었다. 다음 날 현지로 가서 상권을 확인한 결과, 샌드위치를 팔기에는 상권의 특성이 너무나 맞지 않았다. 해당 상권은 쇼핑이 활발한 시내 중심가에서 흘러나오는 길목에 위치해 있어서 주로 오후에 활동성이 강한데, 샌드위치는 브런치에 해당하는 주간에 많이 팔린다는 점에서 결정적인 하자가 있음을 지적하고 그 대신에 약간의 갈증을 해소하고 허기를 달랠 수 있는 치킨 호프를 추천했다.

예상은 적중했고 지금도 꽤 번성하고 있다. 결국 자신이 준비한 사업계획서는 형식에 불과했던 것이다. 정작 자신이 팔고자 하는 상품에 대한 이해가 없었기 때문에 고객을 보지 못했고 전혀 어울리지 않는 자리에 점포를 얻는 실수를 했던 것이다.

창업계획서를 작성하면 무엇보다 자기 사업에 대한 확신이 커진다. 설령 자기 의지가 아닌 상태에서 창업을 결정했더라도 창업계획서를 작성하는 과정에서 사업에 대한 이해도가 높아지고 놓치기 쉬운 대목도 챙겨봄으로써 사업의 리스크를 줄이고 성공 확률을 높일 수 있다.

창업계획서는 자신의 사업 역량을 점검해 보는 거울 기능도 한다. 사업은 의욕만으로 되는 것이 아니라는 것을 창업계획서를 작성하는 과정에서 느낄 수 있다. 결국 자신의 장단점, 그리고 사업의 기회와 위기를 점검하면서 사업 목표를 수정하고 자신의 경쟁력을 다듬는 계기가 된다.

창업계획서는 당사자 간의 이해를 높이는 계기가 되기도 한다. 어떤 식의 창업이든 누군가 관여할 수밖에 없다. 남편이 창업을 하게 되면 부인과 자녀는 이미 한 배를 탄 당사자이고 공동 창업이라면 동업자, 그리고 법인 형태라면 투자자의 목소리를 외면할 수 없다. 창업계획서는 이들을 설득하고 자기편으로 만들 수 있는 필살기이다.

창업계획서는 창업을 한 이후에 되짚어 볼 수 있는 피드백의 기초 자료로 활용되기도 한다. 당초에 세웠던 계획과 실제가 얼마나 차이가 있는지, 그리고 왜 차이가 생겼는지에 대한 참고서 역할을 한다.

창업계획서는 없는 것보다는 있는 것이 낫고, 기왕에 만들 거면 솔직하면서도 아주 객관적인 입장에서 만들면 좋다. 어떤 일을 하든지 간에 계획서가 있으면 잘못된 선택을 할 확률이 줄어들고, 이런 습관을 만들다 보면 훌륭한 창업계획서를 만들 수 있게 된다. 물론 그 결과는 낙관적일 가능성이 매우 크다.

창업계획서 작성 요령

창업계획서를 쓸 때 시중에 나와 있는 사업계획서 관련 책들을 보면 도움이 된다. 작성 프로세스와 서식은 물론 샘플도 접할 수 있어서 처음 창업계획서를 써야 하는 경우에 좋은 참고서가 될 수 있다.

그렇다면 어떻게 작성해야 할까? 질문에 대한 답은 쉽게 내릴 수 없다. 아이템의 성격에 따라서 작성 순서나 내용이 달라질 수밖에 없고, 필요에 따라서도 달라질 수 있기 때문이다. 하지만 나름의 규칙은 정할 수 있는데, 여기서는 작성 방법과 내용을 기준으로 설명하고자 한다.

창업계획서는 작성 방법에 따라서는 설명형과 포맷형으로 구분할 수 있고, 표현 방법에 따라서는 문서형과 프레젠테이션형으로 나눌 수 있다. 각각 장단점이 있기는 하지만 문서형은 자신의 생각을 충분히 설명할 수 있고 형식의 제약이 거의 없다는 점에서 초보 수준에서 시도해 볼 만한 방법이다. 이에 반해 프레젠테이션형의 창업계획서는 우선 읽기 쉽고 설명하기 쉽고 다수의 대상에게 전달하기 쉽다는 점에서 유리하다. 물론 초보 수준에서 다루기에는 표현 기술과 편집 기술이 필요하다.

절차 혹은 내용적인 차원에서 창업계획서는 일반적인 사업계획서와 구성이 거의 동일하다. 사업의 개요, 창업(사업) 환경 분석, 고객 분석, 상품 소개, 판매 계획, 투자 계획 및 타당성 검토, 홍보 및 마케팅 전략 등이 포함되어야 한다. 창업계획서는 대부분 소상공인이 작성한다는 가정 하에 몇 가지 독특한 구성이 필요하다.

무엇보다 점포에 대한 콘셉팅이 포함되어야 한다. 점포 디자인과 진열 방법, 시공 계획 등이 이 범주에 들어갈 수 있으며, 개점 계획도 챙기는 것이 좋다. 인력 충원 및 교육, 인허가 취득, 개점 홍보와 판촉, 그리고 어떤 유형으로 창업할 것인지에 대한 계획도 포함시켜야 한다. 예를 들면 프랜차이즈형으로 할지, 독립 창업으로 할지, 만약 독립 창업으로 한다면 기술전수형 창업으로 할지, 브랜드와 상품을 공유한 브랜드 공유형인지에 따라서 후속 개점 절차와 준비 사항이 달라진다.

창업계획서 작성 시 주의 사항

창업계획서는 원칙적으로 창업자 본인의 창업에 대한 밑그림이 그대로 표현되어야 한다. 왜 창업을 하게 되었는지, 창업을 하면 이루고자 하는 목표는 무엇인지, 그리고 창업할 아이템의 사업 환경은 어떤 상태이고, 성공을 하기 위한 자신의 준비 상태와 역량은 어떤지에 대해 냉정한 평가가 전제되어야 한다.

상품에 대한 구체적인 생각도 포함되어야 한다. 판매할 상품의 구성과 구매 계획, 가격 계획을 비롯하여 상품의 본질적인 가치 역시 표현해 주면 좋다. 처음에는 모호했던 개념이 계획서를 작성하는 과정에서 구체화될 수 있고, 부족한 부분을 보충해 주는 계기가 될 수 있다.

고객에 대한 개념도 정리할 필요가 있다. 자신이 판매하는 상품을 모든 고객이 구매할 것이라는 착각은 처음부터 하지 않는 것이 좋다. 컨설팅을 하다 보면 모든 연령대가 자신의 가게를 찾는다는 이야기를 들을 때가 많다. 물론 오래되고 장사가 잘되는 가게는 문제될 게 없다. 하지만 아직 자리를 잡지 못한 매장의 고객층이 이런 식이라면 정체성을 잃게 되어 고객에게 오히려 혼란을 주게 된다. 가급적이면 연령대는 10년 터울을 넘지 않는 게 좋다.

의외로 많은 창업자가 창업계획서를 작성한 뒤 발표하는 과정에서 자신이 작성한 사업계획서의 내용을 충분히 숙지하지 못한 것을 깨닫고 당황해한다. 주어진 양식에 끼워 맞추기 식의 작성을 하다 보니 자신의 생각을 충분히 정리하지 못하고, 보다 집중해야 할 부분은 그냥 나열식으로 넘어가 버려 과연 무엇을 계획하고 있는지를 정확히 알 수 없었기 때문이다.

표현의 문제도 지적할 만하다. 전문 용어를 구사하는 것까지는 괜찮은데, 자신이 작성한 용어에 대한 의미를 정확히 이해하지 못하는 경우도 많다. 만약 용어에 대해 자신이 없다면 평이한 단어로 표현해도 문제되지 않는다. 어차피 자신이 읽을 계획서이고 자신이 창업을 위해 지침서로 사용하는 것이므로 이해하지 못한 전문 용어보다 쉽게 이해할 수 있는 평범한 단어가 더 효과적이다.

남의 것을 베끼는 식의 창업계획서는 절대로 금물이다. 중요한 것은 창업계획서를 작성하는 것이 아니라 창업계획서가 얼마나 창업에 도움을 줄 수 있을 것인가이기 때문이다. 따라서 남의 옷을 빌려 입고 맞선자리에 나가는 식의 어리석은 습관은 빨리 지워 버리는 게 낫다.

사업계획서의 주요 목차

1. **업종 탐색**
   ① 업종의 이해와 상품의 특성
   ② 브랜드 네이밍
   ③ 핵심 고객 추출과 고객 니즈 분석

2. **환경 분석**
   ① 시장 규모 및 트렌드
   ② 주요 경쟁사(경쟁 브랜드) 분석
   ③ Resource 분석(동 분야의 경험, 자격증, 교육, 자금, 인맥, 관심 등)
   ④ SWOT 분석표

3. **상권 분석**
   ① 상권 모델링(주요 평가 항목 : 5가지, 개정 평가표 작성 : A, B, C 등급으로 평가 척도 적용)
   ② 추천 입지 및 점포 개발(사진 이미지 포함)
   ③ 상권 분석 요약(연령층, 소비 특성, 주거 특성, 상권 유형, 임대 시세 등)

4. **창업 설계**
   ① 점포 콘셉팅(주요 상품 · 메뉴, 인테리어 분위기, 가격 설정)
   ② 창업 비용 설계
   ③ 수익성 분석(예상 월매출액, 손익계산서, BEP, 투자 수익성)
   ④ 개점 프로세스(오픈 일정표)

5. **마케팅 전략**
   ① 단골 확보 전략
   ② 차별화된 프로모션 전략

치킨 호프 전문점
사업계획서

성명 : 홍길동
아이템명 : 치킨 호프 전문점
위치 : 서울시 영등포구 영등포동
규모 : 20평(66㎡)

1. 아이템 개요

아이템 개요 : ○○치킨 호프 전문점
성공 키워드 : 차별화된 치킨 맛, 서비스, 생맥주 관리, 적극적인 마케팅
성공 키워드 습득 방안
  • 차별화된 치킨 맛 : 가맹본부로부터 조리 기술 전수 후 꾸준한 관리
  • 서비스 : 기본에 충실한 서비스 주력
  • 생맥주 관리 : 최고의 생맥주 맛을 내는 요령 습득
  • 마케팅 : 상권 내 각종 모임에 참여
아이템 전망 및 차별화 전략 : 2,500세대 아파트 및 500세대 이상의 단독 밀집 지역으로 수요
  는 충분하나 제대로 된 생맥주 전문점의 부재로 경쟁 점포보다
  맛, 공간, 서비스 우위 확보 시 고정 매출 확보 가능

영업일수 및 영업시간
- 영업일 : 월 30일
- 영업시간 : 오후 6:00~오전 2:00

노동의 강도 : 밤에 주로 영업을 하기 때문에 생활 리듬의 차이로 오는 피로도가 강함

창업의 동기 : 직장 생활의 한계, 내 사업에 대한 열망, 가족의 생계 그리고 10년 후 안정적인 생활을 영위하기 위함

업계의 동향 : 성숙기 업종으로 경쟁이 치열함. 차별화된 아이템과 점포 입지의 경쟁력만 확보되면 초보자에게 유리함

아이템의 문제점 : 성수기와 비수기의 매출 차이가 큼. 배달, 테이크아웃 등의 방법 연구 필요

향후 계획 및 비전 : 신생 브랜드이긴 하나 올리브라는 웰빙 요소와 대중적인 치킨 그리고 생맥주 전문점의 엄선 안주로 구성되어 있어 성실하게 운영하면 경쟁력이 있다고 판단됨

2. 인허가 사항

치킨 생맥주 전문점은 일반음식점으로 영업 허가를 받으면 되고 다음 순서로 업무를 처리한다.

1) 위생교육 : 한국외식업중앙회 교육원
- 일시 : 매주 월, 수, 금 오전 9시~오후 4시
- 장소 : 서울 중구 퇴계로 173 남산스퀘어빌딩 2층(구 극동빌딩), 02-3672-3231~6
- 준비 : 교육비 26,000원, 사진 2장, 신분증, 영업장 주소(위생교육수료증은 2년간 유효)
- 온라인 위생교육으로 신청 가능(http://www.nfoodedu.or.kr)

2) 영업신고증 발급
- 영등포구청   • 준비물 : 위생교육필증, 주민등록증, 도장, 수수료 28,000원

3) 사업자 등록
- 영등포세무서   • 준비물 : 영업신고증 사본, 점포 임대차계약서 사본, 주민등록증, 도장

4) 전화 신청/신용카드 가맹 등록
사업자등록증이 발급되면 점포에 사용한 전화를 신청하고 카드 가맹 등록을 한다.

5) 장부기장
1차 영업권 내에 소재하고 있는 세무사 사무실에 의뢰한다.

3. 창업 환경 분석

1) 창업자 분석(SWOT)

구분	내용
강점(Strength)	40대 중반의 나이로 체력과 정신력 측면에서는 자신감 있음
약점(Weakness)	외식업 경험이 거의 없음(직장 생활 만 13년)
기회(Opportunity)	더 늦으면 창업이 곤란하며, 새로운 일에 도전하기에 적합한 시기임
위기(Threat)	초보 창업자의 불안

2) 고객 분석

- 주 고객 : 아파트 주민 및 단독 주택 주민
- 고객 유치 방법 : 다양한 동호회 참여로 고객 친밀도를 강화한다.

〈○○치킨〉

항목	내용
사업장	서울시 영등포구 영등포동
특징	체인점으로 치킨 배달과 호프 전문점
주 메뉴 / 가격 대	치킨 /16,000원
점포 현황	1층 / 8평 / 종업원 2명
예상 매출	일 50만 원
마케팅 전략	전단지 및 지역 홍보지
기타	초보자로 운영이 미숙함
시사점	당 점포와 인접

〈○○○치킨〉

항목	내용
사업장	서울시 영등포구 영등포동
특징	치킨 체인점으로 전형적인 치킨 호프집
주 메뉴 / 가격 대	치킨 /16,000원
점포 현황	1층 /12평 / 종업원 3명
예상 매출	일 60만 원
마케팅 전략	전단지 홍보
기타	장사 경험이 풍부함
시사점	당 점포와의 거리가 있음

4. 입지 상권 분석

1) 입지 조건

입지 전략 : 아파트 상권으로 건물 구조상 임대 비용의 적정성과 아파트 공원에 위치해 주민들의 접근이 용이함

지역 전략 : 아파트 2,500세대와 단독 주택 500세대의 전형적인 항아리 상권으로 입점 점포 건물에 골프 연습장과 헬스클럽이 있어 잠재 고객에 대한 점포 노출도 뛰어남. 학원과 아파트가 인접해 있어 운영에 각별히 신경을 써야 할 것으로 판단됨

2) 상권 분석

(가) 광역 상권 분석(반경 500m 이내)

구분	내용
상권의 활성화	아파트 2,500세대와 단독 주택 500세대로 낮보다는 저녁 상권이 활발한 전형적인 주거 밀집 상권, 한 번 유입되면 배출이 곤란한 것이 특징
전체 소비 수준	중형 아파트나 대출로 아파트를 구입한 세대수가 많고 대부분 맞벌이 가정. 실속형 지출이 많을 것으로 판단됨. 가격은 중저가 정책이 적정할 것으로 봄
유동 인구 그룹	주거 집중 환경으로 10대에서 성인까지 다양한 인구의 생활권임
업종의 발달도	소규모 배달 점포와 소규모 주점이 다수 분포되어 있는 전형적인 동네 상권으로 규모와 시설 그리고 맛에 대한 경쟁력만 있으면 고정 매출은 보장되는 상권임

(나) 협의 상권 분석(해당 점포 및 주변)

〈해당 점포〉

구분	내용
점포 개요	주소 : 서울시 영등포구 영등포 동 / 층 : 1층 / 면적 : 임대 / 32평 (전용 20평) 현 업종 : 빈 점포 / 여타 층 업종 : 1층 : 컴퓨터 수리업. 2층 : 세탁소, 은행. 3층 : 학원. 4층 : 헬스클럽. 지하 : 골프 연습장 점포 비용 : 보증금(4천 만 원) / 권리금(없음) /월세(2백 만 원)
배후 인구	아파트 주민 : 9,000명 / 단독 주택 주민 : 2,000명 / 상주인구 : 500명
주변 시설	아파트 : 대우드림타운 / 특이시설 : 영등포역. 롯데백화점
유동 인구	출퇴근 인원이 대부분
소비 행태	가족 중심 모임의 소비

〈주변 점포〉

구분	보리밥	고깃집	분식
주 메뉴	보리밥	한우갈비	라면
가격대	6천 원	3.5만 원	3~5천 원
고객층	주변 아파트	주변 아파트	초등학생
영업시간	AM 11시~PM 10시	AM 10시~PM 10시	AM 10시~PM 8시
홍보 방법	간판광고	간판광고	간판광고
인력 구성	3명	4명	2명
추정 매출	일 60만 원	일 80만 원	일 40만 원
기 타			

5. 영업 계획

구분	내용	비고
기본 콘셉트	올리브유로 조리하는 치킨 생맥주 전문점	
운영일수	연중무휴	추후 월 1회 휴무
서빙	풀 서비스	
점포 이미지	전체적으로 올리브와 연계된 자연 친화적인 이미지	
가격대	평균 객단가 16,000원	
좌석 수	36석	4각 나무탁자에 나무의자
영업시간	18:00~02:00	
부가 서비스	생맥주 500CC 무료 쿠폰 증정	상황에 따라

6. 메뉴 계획

구분		가격대	주재료
주 메뉴	올리브 치킨	16,000원	닭, 튀김 재료
	양념 치킨	17,000원	닭, 튀김 재료, 양념
	불갈비 치킨	17,000원	닭, 튀김 재료, 소스
	골뱅이 파무침	18,000원	골뱅이, 소스
부 메뉴	두부김치	13,000원	두부, 김치
	오뎅탕	8,000원	오뎅, 육수
	올리브 돈까스	12,000원	돈까스, 올리브
	치킨 샐러드	16,000원	치킨, 양상추
	노가리	10,000원	노가리
	김치전	10,000원	김치
주류 / 음료	생맥주	3,000원	
	병맥주	3,000원	
	소주	3,000원	
	음료수	1,000원	

* 상기 메뉴는 가맹본부의 표준 메뉴 중 중요한 것들을 선정한 것으로 총 메뉴는 40여 가지임

7. 매출 계획

항목	테이블 수	T단가	일매출	영업일	합계
평일	15	40,000원	600,000원	22일	13,200,000원
주말	10	50,000원	500,000원	8일	4,000,000원
일평균			573,000원		
합계				30일	17,200,000원

8. 식자재 구매 계획

가맹본부에서 선정한 식자재를 중심으로 정해진 유통회사에서 구매를 하되 필요한 부분은 직접 구매한다.

9. 인력 운영 계획

1) 인력 계획

구분		인원	급여	비고
주방	메인	1	180만 원	정직원
	보조	1	120만 원	근무 시간 조정
홀	파트타임18:00~24:00	1	108만 원	시간당 6,000원
합계		3	408만원	

* 파트타임 직원과 주방 보조는 초기 3개월간 계획이고 이후에는 영업 실적에 따라 조정한다.

2) 채용 계획

구분	인원	연령	채용기한	비고
주방 실장	1	35~45세	개점 10일 전	가맹본부 조리 교육 참여
주방 보조	1	30~50세	개점 5일 전	
홀 파트타임	1	25~30세	개점 3일 전	

3) 교육 계획

구분	대상	교육 내용	비고
조리 교육	주방/점주	조리 및 주방 관리 요령	개점 10일 전/가맹본부
홀 교육	아르바이트	홀 서빙 등	가 오픈 시/가맹본부
생맥주 교육	점주	생맥주 관리 요령	인테리어 공사 기간 중
매장 운영 교육	점주	매장 운영 전반	가 오픈부터 3일/가맹본부

10. 시설 계획

가맹본부의 기본 시설 안에 따라 점포 꾸미기 진행

11. 투자 예산 및 수지 계획

1) 시설 및 집기 구입 비용

구분	비용	비고
실내공사	2,500만 원	20×125만 원
의탁자	315만 원	9×35만 원
설비		
간판	126만 원	7×1.2×15만 원
주방기자재	800만 원	냉장고 포함
식기	200만 원	
냉난방기	250만 원	40평형 냉온풍기
오픈 준비물	200만 원	유니폼, 메뉴판, 전단지 등
초도 식자재	200만 원	
예비비	500만 원	
합계	5,091만원	

*상기 내용은 설비 및 비품 확정시 금액의 차이가 발생할 수 있음

2) 총투자 비용

구분	비용	비고
가맹비	500만 원	
실내 및 기자재 구입 비용	4,591만 원	
점포 비용	4,000만 원	점포 임대 보증금
예비비	500만 원	초기 홍보비 등
합계	9,591만원	

3) 자금 조달 계획

구분	금액	비고
퇴직금 및 적금 해약	7,000만 원	
아파트 담보 대출	3,000만 원	개점 20일 전까지 완료

12. 손익 분석

구분		금액	비고
월 예상 매출		1,720만 원	
고정비	점포 임대료	200만 원	
	인건비	408만 원	
	관리비 및 공과금	100만 원	
소계		708만 원	
변동비	주류 / 식자재 비용	602만 원	매출의 35%
지출 계		1,310만 원	
순익		410만 원	
손익 분기 매출		1,100만 원	일매출 37만 원

13. 사업 추진 일정

아이템 및 프랜차이즈 업체 결정 후부터

- 사업계획서 작성 : 3일
- 상권 분석 및 점포 선정 : 7일
- 점포 계약 : 1일
- 가맹본부와의 가맹 계약 : 1일
- 인테리어 공사 및 집기 구입 등 : 25일(가맹본부 대행)
- 교육 : 7일
- 오픈 준비 : 3일 (가맹본부 일정에 따라 진행)
- 인허가 및 카드 가맹 등록 : 3일

프랜차이즈 창업 시 가맹 계약 후 1개월 이내에 개점이 가능하며, 그 기간 내에 필요한 모든 내용은 가맹본부의 안내에 따라 진행한다.

* 다음 사업계획서는 필자가 맡고 있는 '창업 아이템 개발 '수업에서 학생들이 창업을 한다는 전제하에 가상으로 작성한 것이다.

디자인 백 판매업 '슬리팬' 사업계획서

상호명 : 슬리팬(sleep &)
아이템명 : 패턴 디자인 백(bag)

작성자 : 윤○○

▌ 창업 아이템 요약

구분	내용
아이템 개요	젊은이들이 일상생활에서 쉽게 맬 수 있는 패턴의 디자인 백
성공 키워드(업의 본질)	독특함, 다품종 소량생산
성공 키워드 습득 방안	독특한 디자인으로 사람들의 이목을 끌되, 소량생산으로 구매자의 자부심을 건드린다.
시장의 전망	디자인 백이 젊은이 사이에 입소문을 타고 있으며 디자이너 편집 숍이 늘어나는 추세이므로 들어설 자리가 많아지고 있다.
업계의 동향(경쟁사 동향)	큰 기업의 브랜드보다 개인 디자이너 브랜드가 주목받는 추세이다.
아이템의 문제점	소량생산하기에 비용이 많이 든다.
향후 계획 및 비전	인터넷 쇼핑몰로 시작하여 SNS를 이용한 광고와 디자이너 편집 숍 입점

▌법률 및 인허가 사항 분석

구분	내용
인허가 절차	절차 : 사업자 등록증(세무서) → 구매안전서비스 이용 확인증 발급(은행) → 통신판매업 신고(시 · 군 · 구청)
인허가 관할 기관과 구비 서류	서류 : 임대차 계약서, 신분증
사업자 등록 절차 및 필요 서류	사업자 등록 신청서, 구매안전서비스 이용 확인증, 임대차 계약(사업장을 임차하는 경우), 공동 사업 사실 증명 서류(2인 이상 공동 사업)
사업자 종류 (간이 과세/일반 과세)	연간 매출 4,800만 원 이상이면 일반 과세

▌고객 분석

성별	남자			여자	
	15%			85%	
구매 상품	숄더백	백팩	파우치		
	50%	20%	30%		
구매 시간	1~3월	4~6월	7~9월	10~12월	
	15%	25%	40%	20%	
구매 목적	디자인	활용성	가격	기타	
	60%	20%	5%	15%	
연령	10대	20대	30대		
	20%	50%	30%		
직업	직장인	전문직	중 · 고등학생	대학생	기타
	10%	20%	20%	45%	5%

1차 고객을 의미함

172

▌고객 니즈 분석

구분	고객 특성	고객 니즈
1차 고객 (매출액의 70~80%)	10~20대의 젊은 층 트렌드에 민감하며 남들과 똑같은 걸 싫어한다. 중저가를 선호한다. 입소문이 빠르다.	여러 가지 디자인, 독특한 디자인, 싼 가격
2차 고객 (매출액의 10~20%)	30대 초반 직장인 코디하기 편한 디자인을 선호한다. 너무 튀지 않지만 아이덴티티가 뚜렷한 브랜드	단색 혹은 무채색의 디자인, 너무 튀지 않는 디자인
3차 고객 (매출액의 10% 이내)	30대 후반 이상 예쁜 디자인보다는 실용성을 중시한다. 본인이 사용하려는 목적보다는 선물용	실용적인 디자인

▌마케팅 4P 계획

구분		계획	비고
상품/메뉴(Products)		시즌마다 바뀌는 일러스트 패턴의 디자인 백 백과 파우치의 세트 판매	
유통/물류(Place)		인터넷 쇼핑몰, 디자이너 편집 숍에서의 중간 판매	
가격(Price)		고가 정책(Prestige Pricing)을 이용해 소량 판매의 자부심 시즌마다 할인 판매(단, 판매는 오프라인 마켓에서) 무통장입금, 계좌이체시 할인율 3% 구매력에 따른 등급제를 갖춰 등급에 따른 할인	
홍보/판촉 (Promotion)	신규 고객 창출	SNS(페이스북, 인스타그램)을 통한 간접광고, 패셔니스타 협찬, 신규 가입 쿠폰, 친구 추천으로 구매할 경우 포인트 적립	
	기존 고객 창출	페이스북 페이지, 인스타그램 팔로우를 통해 리뉴얼 상품 소개, 리뷰 작성시 포인트 적립, 매달 등급에 맞는 할인 쿠폰 제공, 추천한 친구가 구매할 경우 포인트 적립	

사업 타당성 분석

사업 타당성이란 사업 계획의 실행 가능성을 의미한다. 이는 단순히 실행할 수 있느냐의 문제를 넘어서 실행하는 것이 옳으냐의 문제도 포함된다. 다시 말해서 단순히 목표한 수치를 달성할 수 있는지를 넘어서 과연 이 사업을 진행하는 것이 바람직한지에 대한 근원적인 질문을 던져야 한다는 것이다.

얼마를 팔아서 얼마를 남기는 것, 얼마를 투자해서 얼마 만에 회수할 수 있는지는 실행력을 평가하는 측면에서 사업 타당성을 따져 보는 것이다. 내가 원하는 궁극적인 목표로서의 사업이 타당한지는 정성적인 영역에 속하기 때문에 단순히 대차대조표나 현금흐름표, 내부수익률 등의 수치로 판단하기는 어렵다. 이처럼 사업 타당성은 사업의 적합성, 장래성 등을 따져 보는 일부터 사업을 전개한 결과 얼마만큼 수익을 낼 수 있는지에 대한 영역도 가늠해 보아야 한다.

사업 타당성은 크게 4가지 측면에서 검토해야 한다. 우선 사업의 적합성 또는 적성에 맞는지를 따져 보아야 한다. 과연 자신이 창업할 아이템이 자신에게 어울리는지를 검토해 보는 것이다. 창업의 고전으로 꼽히는 『장사의 신』의 저자 우노 다카시의 일소일배(一笑一盃)의 경영 가치는 한마디로 '주인 스스로가 즐거워야 찾아오는 손님도 즐거워진다.'는 상식에서 출발한다.

사업을 하다 보면 온갖 일을 다 겪게 된다. 때로는 아무 잘못도 없는데 손님에게 모욕적인 언사를 듣기도 하고, 개인적인 일로 감정이 좋지 않

사업 타당성 검토의 주요 내용

창업 적합성 분석	창업자 여건 소요 자본 사업장 입지 조건	• 자기 적성에 맞고 사업에 대한 전문지식 필히 습득 • 순수 자기 자본과 타인 자본 비율은 최소 5:5 • 유동 인구, 주변 상권, 고객층, 경쟁점, 접근 편리성 등
사업 성장성 분석	사업 가능성 사업 발전성	• 해당 상권 포화 상태, 연계성 검토 • 업종 발전 단계가 쇠퇴기가 아닌 도입, 성장기 선택
수익성 분석	현금흐름 대차대조 손익계산	• 창업 투자 금액이 2년 내 회수 가능한지 추정 매출 손익 분석 • 월 고정 지출비와 인건비 최소화, 가능한 한 점주 직접 운영 • 안전한계율이 20% 이상인지 확인
안정성 분석	폐업률 생존률	• 해당 업종의 창업 대비 폐업률 분석 • 업종별 생존 기간 분석

은 상태라도 손님에게 미소를 지어야 할 수도 있다. 물론 주인의 감정을 개인적인 일로 치부해 버린다면 어쩔 수 없지만, 일단 가게 문을 연 이상 주인은 손님을 위한 서비스맨이 되어야 하고 고객에게 즐거움을 주는 일에 최선을 다해야 한다. 주인이 보람을 느끼면서 즐겁게 장사를 하기 위해서는 무엇보다 일이 적성에 맞아야 한다.

여기서 말하는 적성은 단순히 성격을 의미하는 것이 아니다. 적성은 어떤 일에 알맞은 능력이나 소질, 그리고 성격을 포함하는 개념이다. 따라서 혈액형이나 성향만으로 적성을 논하기는 어렵다. 인생을 살면서 아주 중요한 선택의 길목에서 적성 검사를 반드시 해야 하는 이유가 여기에 있다. 학과를 선택한다든지, 업무를 결정한다든지, 심지어는 혼사 문제에도 적성은 매우 중요하다. 작게는 수천만 원에서 많게는 수억 원을 들여서 창업을 할 때 적성 검사를 반드시 해야 하는 것은 두말할 필요가 없다. 인터넷에 떠도는 창업적성검사보다는 MBTI와 같은 보다 체계적이고 전문적인 검사를 받는 것이 좋다.

성장성도 중요한 사업 타당성의 평가 영역이다. 흔히 전망이라는 말로 표현하는데, 선택한 아이템이 앞으로 전망이 있는지, 얼마나 성장할 수 있는지에 대한 검토가 반드시 선행되어야 한다. 물론 장래의 모습을 예견하기는 쉽지 않지만 시장의 수요가 정체되어 있거나 고객이 흥미를 갖지 못한다면 자신의 능력을 발휘하는 데 한계가 있을 수밖에 없다.

수익성 역시 사업 타당성을 검토할 때 빠뜨려서는 안 될 중요한 평가 항목이다. 수익성을 나타내는 지표는 다양하지만 일반적으로 얼마를 팔아서 얼마를 남기는지를 의미하는 영업 이익률과 투자한 돈을 얼마 후에 회수할 수 있는지를 의미하는 투자 자본 수익률(ROI : return on investment)이 대표적이다. 영업 이익률은 업종마다 다소간의 차이는 있지만 대개 판매업은 10~20%, 외식업은 20~30%, 서비스업은 30~40% 선이면 손해 보는 장사는 아니다.

투자 수익성을 논하기에 앞서 투자금을 어디까지 볼 것인지를 먼저 정해야 한다. 점포를 얻는 비용까지 보는 견해와, 순수하게 창업을 준비하는 데 소요되는 시설비·홍보비·재료 구입비·가맹비 등 초기 세팅에 소요되는 자금만을 투자금으로 보는 견해가 있다. 최근에는 '상가임대차보호법' 등으로 인해서 보증금을 날리는 경우는 많지 않다는 점에서 후자가 보다 설득력이 있다. 투자 자본 수익률은 연간 순이익의 합계, 즉 당기

순이익을 초기 투자한 금액으로 나눈 값을 의미하는데, 이 값이 1보다 크면 투자한 자금을 1년 이내에 회수할 수 있다는 의미이며, 0.5라면 2년이라는 시간이 필요하다는 의미이다. IMF 이전에는 1을 넘는 게 다반사였지만 지금은 0.5를 넘기는 것도 쉽지 않다.

안정성 역시 사업 타당성에서 간과해서 안 될 중요한 덕목이다. 사실 창업에서는 얼마나 더 버느냐가 마치 신앙처럼 여겨지기도 하는데, 이제는 얼마나 버느냐보다 얼마나 오래 버티느냐가 중요시되고 있다. 얼마 전 실시한 조사에 따르면 음식점을 창업하고 3년 이내에 폐업하는 비율이 50%를 넘을 정도로 생존율이 척박하다. 이것을 보면 안정성이 수익성 이상으로 중요하다. 첫 번째 창업으로 큰돈을 벌다가 몇 년 지나지 않아 업종을 변경하여 두 번째 창업으로 전 재산을 탕진한 사례도 종종 볼 수 있다. 오래 한다는 것은 그만큼 적성에 맞는다는 의미이다. 이는 돈의 크기로 결론을 내리기보다 인내하면서 자기 것으로 완성해 나간다는 면에서 무척 중요하다. 진입 문턱이 높은 아이템일수록 생존율이 높다는 통계를 절대 무시해서는 안 된다.

손익분기점의 비밀

가게 문을 연 지 1년이 지난 2명의 창업자가 있다. 김밥집을 운영하는 김 사장은 하루가 머다 않고 볼멘소리를 한다. "도통 남는 게 없어서 이제 그만 가게 문을 닫아야 할 것 같다."라고 한다. 반면에 커피숍을 운영

주요 산업별 생존률

단위 : %

산업 대분류	1년 생존율	2년 생존율	3년 생존율	4년 생존율	5년 생존율
전체	59.8	46.3	38.0	33.4	30.9
제조업(C)	68.8	57.4	47.7	42.6	39.6
건설업(F)	59.7	44.9	37.1	28.7	27.9
도 · 소매업(G)	55.3	41.7	34.3	29.3	25.6
운수업(H)	73.0	61.3	55.3	47.8	43.2
숙박 · 음식점업(I)	55.0	37.5	27.2	21.9	17.7
출판 · 영상 · 정보(J)	61.8	46.0	35.1	29.0	27.1
부동산 · 임대업(L)	67.4	59.7	52.7	48.0	46.3
전문 · 과학 · 기술(M)	61.6	51.7	41.8	36.5	33.5
사업서비스업(N)	53.6	39.5	32.2	26.4	22.3
교육서비스업(P)	57.7	42.3	34.7	29.4	25.4
보건 · 사회복지(Q)	67.9	49.9	43.6	43.3	42.9
예술 · 스포츠 · 여가(R)	55.3	37.1	24.5	18.2	14.7
개인서비스업(S)	59.4	48.4	39.4	33.8	30.5

출처 : 2013년 기준 기업생멸행정통계, 통계청

하는 이 사장은 "기대했던 것만큼은 아니지만 그래도 해 볼 만하네요."라고 전혀 상반된 이야기를 한다.

언뜻 보기에는 '커피숍이 더 장사가 잘되는구나!' 하고 생각할지 모르지만 매출은 월평균 1,500만 원으로 같다. 결국 남는 게 차이가 난다는 것인데, 장사를 계속할 수 있는 버팀목은 바로 매출이 아니라 이윤이라는 점을 다시 한 번 느낄 수 있다.

많이 남긴다는 것은 바로 공헌이익이 높다는 것이다. 공헌이익이란 매출액에서 변동비를 뺀 금액으로 이해하면 된다. 그 비율은 공헌이익률이라고 한다. 매출이 오르거나 내려감에 따라서 동반해서 지출되는 비용을 변동비라고 하는데, 변동비가 차지하는 비중이 크면 공헌이익은 상응하여 내려간다. 이를 수식으로 나타내면 다음과 같다.

공헌이익＝단위당 판매액-단위당 변동비
공헌이익률＝1-(변동비/판매액 혹은 매출액)

결국 변동비가 차지하는 비중이 낮을수록 공헌이익이 커진다. 특히 비중이 큰 재료비의 비중이 크면 이익의 폭이 낮아지게 마련이다.

손익분기점(BEP : Break Even Point)이란 판매를 통해서 지출을 제외하고 수익이 0이 되는 매출액의 수준을 의미한다. 즉 총이익과 총지출이 같아지는 지점을 뜻한다. 손익분기점 이상으로 매출을 올려야 수익이 발생한다는 의미이며, 손익분기점이 낮을수록 경영의 안정성이 높아진다.

앞서 말한 김밥집과 커피숍은 매출액은 같지만 커피숍의 공헌이익률

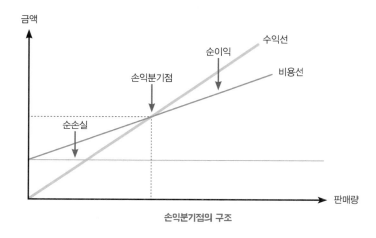

손익분기점의 구조

이 크기 때문에 김밥집보다 더 많은 이익을 얻는 것이다. 똑같이 팔아서 이익을 더 보거나 아니면 상대적으로 적게 팔더라도 이익이 같다면 장사를 잘하는 것이라고 볼 수 있다. 즉 손익분기점은 낮을수록 좋다. 아래 수식에서와 같이 고정비가 작거나 공헌이익이 커야 손익분기점이 낮게 나온다. 공헌이익이 크다는 의미는 매출액에서 변동비가 차지하는 비중이 작아야 한다는 것이므로 변동비 역시 작아야 수익을 올릴 수 있는 기회가 많아진다.

손익분기점(BEP)＝고정비 합/공헌이익률 ＝고정비 합/1-(변동비 합/매출액)

따라서 손익분기점을 낮추기 위해서는 2가지 전략이 가능하다. 하나는 분모에 해당하는 공헌이익률을 높이면 되는데 그러기 위해서는 변동비를 낮추어야 한다. 가장 손쉬운 방법은 재료비를 낮추는 것이다. 하지만 품질이 떨어질 가능성이 높기 때문에 매출이 떨어질 가능성도 배제할 수 없다. 이럴 경우 선택할 수 있는 방법으로 2가지가 있다. 잘 팔리지 않는 상품을 과감히 제외하고 효자상품을 전문화시켜서 제품 원가를 낮추거나, 재료비를 비롯하여 전기세·수도세 등 직접 경비를 낮추는 것이다. 발품을 팔아서 동일한 품질을 갖춘 거래처를 확보하는 것도 제품 원가를 낮출 수 있는 방법이다.

분자에 해당하는 고정비를 낮추는 것은 사실 쉽지 않은 선택이다. 특히 임대료와 인건비의 경우에는 매출의 오르내림에 따라서 쉽게 대처할 수 없기 때문이다. 무엇보다도 점포를 잘 선택해야 하고 점포의 효율화를 통해서 인건비의 부담을 줄이는 노력이 필요하다. 단순히 종업원을 줄이는 것보다 레시피를 표준화시키고, 서비스 매뉴얼을 만들어서 서비스 제공 시간을 줄이려는 노력 등을 수반해야 한다.

창업 자금의 종류

아무리 능력이 좋고 의지가 강해도 돈줄이 막히면 골든타임을 놓칠 수 있다. 창업을 성공하기 위해서는 좋은 아이템을 선정해야 하고, 아이템과 어울리는 좋은 입지를 골라야 하며, 원하는 방향대로 추진할 수 있는 자금을 확보해야 한다.

창업 자금의 종류는 크게 자기 자본과 차입금으로 구분할 수 있는데, 자기 자본에는 현금이나 예금처럼 여유 자금과 자산의 가치를 담보로 차입하는 담보 대출을 포함시킬 수도 있다. 사실 담보 대출 자체는 차입금이지만 자산으로 상환이 가능하다는 점에서 자기 자본으로 볼 수도 있다.

반면에 신용을 바탕으로 지인이나 금융기관 등을 통해서 자금을 빌리는 외부차입금은 그야 말로 남의 돈이다. 장사가 잘돼서 갚으면 문제가 없지만 그러지 못할 수도 있기 때문이다. 돈을 벌겠다고 창업을 했지만 나중에는 자신은 물론이고 주변 사람에게 해를 끼치는 경우도 있으므로 차입금은 반드시 갚겠다는 신념과 그에 상응하는 노력이 따라야 한다.

특히 중소기업청이나 근로복지공단 등에서 지원하는 창업 자금은 국민 세금으로 조성된 자금인데, 마치 그냥 선물처럼 무상으로 주는 돈으로 생각하는 예비 창업자가 의외로 많다. 이 역시도 개인의 신용을 정부가 대신 보증하는 것으로 금리나 상환 조건이 다소 유리할 수 있지만 대출이라는 점에서는 차입금이다. 이미 정부지원자금을 받은 상태에서 다른 차입이 필요해 금융권에 대출을 신청할 경우에는 신용보증기관에 이력이 남아서 추가 대출이 안 되는 경우가 있다는 점도 유의해야 한다.

이와 달리 장애인이나 여성가장, 근로자 등에게 지원하는 특수목적자금은 신용보다는 공적 부조의 차원이 강하다. 따라서 별다른 하자가 없다면 지원 기관이 점포 구입을 지원하고 질권을 설정하는 방식을 취하기도 한다.

창업지원자금 상세 내역

구분	세부	신청 요건
소상공인 성장기반 자금	소상공인창업자금	사업 개시 12개월 이내의 창업 초기 소상공인 소상공인 사관학교 졸업생 중 창업자(자금 신청 별도 공고)
	소공인특화자금	제조업을 영위하는 상시 근로자 수 10인 미만의 소공인 신청 문의 : 중소기업진흥공단 기업금융처(055-751-9000)
	사업전환자금	'소상공인 재창업 패키지' 사업을 이수한 유망·특화 업종 분야 예비 창업자
소상공인 경영안정 자금	일반경영안정자금	「소기업 및 소상공인 지원 특별법」에 따른 소상공인 • 상시 근로자 5인 미만 소상공인(제조·건설·운수·광업은 10인 미만) • 제외 업종 : 유흥 향락 업종, 전문 업종, 주점업, 입시학원업 등 • '14년 여성가장, 협업화, 장애인 지원자금은 일반경영안정자금에 포함하여 계속 지원
	긴급경영안정자금	매년 발생 가능성이 높은 집중호우, 태풍, 폭설, 화재 등으로 피해를 입은 재해 소상공인 재해확인증 발급 : 각 지방 중기청 및 시·구·군청, 읍·면·동 사무소
	임차보증금 안심금융 (자금 신청 별도 공고)	업종 전환 또는 폐업 예정자로 ① 임대차 잔여 계약 기간이 1년 미만이고 ② 상가건물임대차보호법상 권역별 환산보증금{임대차보증금 +(월임차료×100)} 보호범위 내의 임차인
	전환대출자금 (자금 신청 별도 공고)	제2금융권에서 대출받은 후 6개월 이상 성실 상환 중인 신용 4~5등급 소상공인, 희망 리턴 패키지 졸업 후 취업에 성공한 자

출처 : 소상공인시장진흥공단

창업지원자금 종류별 금리 비교

구분	금리
소상공인창업자금	연 2.94%. 단, 소상공인 창업학교 졸업생 연 2.79% 금리 적용
소공인특화자금	연 2.94%
사업전환자금	연 2.79%
일반경영안정자금	연 2.94%. 단, 장애인기업의 경우 연 2.5% 고정금리 적용
긴급경영안정자금	연 2.5% 고정금리
임차보증금 안심금융	별도 공시
소공인 전환대출	연 7% 고정금리

출처 : 소상공인시장진흥공단

지방자치단체 창업지원자금

융자 방식	구분	지원 내용	지원 기간	지원규모 (억원)	대출 대상	신청·접수 기관	비고
이차 보전	서울	이차보전율 1.0~2.5%	4년 이내	10,000	소기업자 및 소상공인 등	서울신보	일반자금 1.0~1.5% 보전 특별자금 2.0~2.5% 보전
	경기	이차보전율 1.7%	4년 이내	550	소상공인	경기신보	최대 4년(1년 거치)
	강원	이차보전율 3.0~4.0%	4년 이내	1,400	중소기업, 사회적기업 등	시·군청 기업지원부서	최대 4년 (4년, 일시 상환)
	경북	이차보전율 2.0%	1년	300	소상공인	경북신보	―
	대전	이차보전율 2.0%	2년	500	소상공인	대전경제통상 진흥원	―
	충남	이차보전율 2.0%	2~3년	1,400	소상공인	충남신보	―
	광주	이차보전율 2.0%	2년	2,000	소기업 및 소상공인 등	광주경제 고용진흥원	제조업만 해당
	전남	이차보전율 2.5~3.0%	2년	1,500	소기업 및 소상공인 등	전남 중소기업 종합지원센터	경영안정자금 : 2.0% 소상공인창업자금 : 3.0%
	경남	이차보전율 2.5%	1년	300	소상공인	경남신보	―
	전북	이차보전율 2.0~3.0%	2년	600	제조업 영위 소상공인	전북경제통상 진흥원	2년 거치 일시 상환 또는 2년 거치 2년 균분 상환
대리 대출	부산	4.2% 변동 금리	3년 거치 5년 분할 상환	1,500	소상공인	부산경제 진흥원	기업부담 : 3.4% 이차보전 : 0.8%
	대구	2.7~3.0% 변동 금리	1~3년 거치 2~5년 분할 상환	700	중소기업	대구시 경제 정책관실	제조업, 제조업 관련 서비스업, 지식· 영상산업 등
	전북	3.7% 변동 금리	3년 거치 5년 이내	950	소상공인 및 중소기업 등	전북경제통상 진흥원	소상공인의 경우 점포 시설 개선만 해당

출처 : 소상공인시장진흥공단

적정한 자기 자본 비율

　사실 가게를 여는 데 필요한 돈을 모두 자기 자본으로 충당하는 경우는 많지 않다. 그렇다고 모든 비용을 빌려서 창업하는 것 역시 바람직하지 않다. 그렇다면 어느 정도 수준까지 차입을 해도 되는지에 대한 기준이 필요하다. 이상적으로는 전체 창업 비용의 70% 수준까지는 자기 자본으로 충당하는 것이 바람직하다. 그래야 예기치 않은 상황에서 추가적인 자금 투입이 가능할 수 있으며 심리적으로도 안정성을 가질 수 있다.

　하지만 현실을 감안할 때 전체 창업 비용의 절반 정도가 자기 자본 비율이면 무난하다. 혹시 모를 실패로 인해서 재기를 한다고 가정할 때 적어도 점포 구입 자금 정도는 확보 가능해야 한다는 의미이다. 간혹 의욕이 앞서서 절반 이상의 돈을 빌려서 창업에 올인하는 젊은 창업자들을 볼 수 있다. 장밋빛 꿈에 부풀어 꼭 성공할 거라는 확신으로 그런 선택을 하지만 성공과 실패는 자기 의지만으로 가능한 것이 아니기 때문에 실패에 대한 준비를 위해서는 차입금이 많은 것은 결코 바람직하지 않다.

　창업 자금은 말 그대로 창업 과정에서 쓰이는 모든 돈을 의미한다. 점포를 구입하는 비용과 인테리어나 간판, 주방 설비와 집기 등 시설이나 설비를 갖추는 비용, 그리고 점포를 알리고 재료를 구입하는 비용 모두를 의미한다. 만약 독립 창업이 아닌 프랜차이즈나 전수 창업을 할 경우에는 가맹금이나 전수비를 지급해야 하는데, 이 역시도 창업 자금으로 충당해야 한다. 그 밖에도 개점 이후에 일정 기간까지 버틸 수 있는 예비비(대략 3~6개월) 역시 창업 비용에 포함하는 것이 좋다.

창업 자금 마련하기

우선 얼마나 자금이 소요될 것인지를 예측해야 한다. 점포도 구해야 하고 인테리어도 해야 하고, 주방 설비나 집기도 구입해야 한다. 전단지도 배포해야 하고 장사할 재료도 구입해야 한다. 이런 저런 비용으로 지출할 자금의 계획을 세워야 한다는 것이다.

창업 자금의 규모는 사업의 콘셉트와도 밀접한 관계가 있다. 특히 점포 구입 자금은 아이템의 목적성, 쉽게 말하면 흔한 아이템이냐, 아니면 일부러 찾아가는 아이템이냐에 따라서 점포의 크기와 입지 조건이 다르기 때문에 아이템이 구체화되지 않고는 자금의 규모를 판단하기 어렵다. 따라서 사업 계획을 수립하는 과정에서 점포의 크기와 고객의 포지셔닝, 그리고 시설의 퀄리티를 구체화하여 예상 비용을 산출해야 한다.

자금의 규모가 정해졌으면 자기 자본으로 충당할 수 있는 여지를 따져 보아야 한다. 여유 자금이 넘쳐나지 않는 이상 본인 혼자서 결정하는 것보다 이해 당사자와의 협의를 통해서 자기 자본의 규모를 결정하는 것이 좋다. 이미 언급했던 것처럼 자기 자본은 주로 점포 구입 자금이나 설비 등 환금성이 강한 부분에 지출하는 것이 바람직하다.

총 창업 비용 중에서 자기 자본의 규모를 결정하고 나면 나머지 비용을 어떻게 충당할지 결정해야 한다. 우선 정부나 지방자치단체에서 지원하는 창업지원자금을 활용하는 것이 유리하다. 이자 비용이나 거치 기간, 상환 조건 등에서 금융기관보다 창업자 입장을 고려했기 때문이다. 하지만 모든 창업자가 골고루 혜택을 입기에는 자금 규모가 크지 않고, 원하는 수준의 자금을 지원받을 수도 없기 때문에 반드시 사전에 자금 지원 대상이 되는지, 얼마나 지원이 가능한지에 대한 확인이 필요하다.

관련 기관의 홈페이지나 인쇄물에 소개된 자금이 자신에게 100% 지원될 것이라는 확신은 금물이다. 아무리 창업자의 신용이 좋다 할지라도 지원 규모가 지원 한도의 80% 선을 넘지 않는다는 점도 기억해야 한다. 만약 신용이 나쁘거나 이전에 좋지 않은 금융 거래 이력이 있다면 거절 당할 수도 있다.

이에 대비해서 전화로 상담하는 것보다 직접 가까운 소상공인지원센터나 신용보증기관을 찾아서 심층 상담을 하는 것이 좋다. 일반 지원 자금의 경우에는 지역별로 쿼터가 다르기 때문에 반드시 지원 가능 여부를 미리 확인해야 한다. 최근에는 자금 지원 공고가 뜨면 불과 2~3일 만에 자금이 소진되는 경우가 많기 때문에 늑장을 부리다가는 낭패를 보기 십상이다. 실패했다고 하늘만 쳐다보지는 말자. 다른 지원 루트를 찾아보면 의외의 결과를 얻을 수도 있다. 특히 해당 사업장이나 거주지가 속한 지자체의 지원 자금을 활용할 수도 있다.

자신의 신용도가 좋지 못해서 정부 자금이나 금융권 대출이 어렵다면 미소금융에서 지원하는 창업 자금이나 마이크레딧이나 햇살론 등을 활용할 수도 있다. 상환 조건이 다소 불리하고 지원 한도가 크지 않지만 활용 여부에 따라서는 큰 힘이 될 수 있다.

자금 계획을 세울 때는 자금의 충당 계획뿐만 아니라 상환 계획도 포함해야 한다. 장사를 잘해서 갚는 계획뿐만 아니라 상환이 어려울 경우 대체할 수 있는 또 다른 방법도 미리 세워 두는 것이 좋다. 장사가 안되면

'대출금의 상환보다 우선 월세를 내고 재료비를 지급하고 난 후에 이자나 원금을 갚으면 되지.'라는 유혹에 쉽게 빠지게 된다. 하지만 절대 잊지 말아야 할 것은 월세나 인건비·구입대금 모두 미지급금이자 채무이고, 이자나 원금 역시 채무이지만 연체나 미상환으로 인한 대가가 더욱 혹독하다는 점이다. 우선 금융 비용을 해결하고 난 후에 다른 채무를 변제하거나 유예하는 방식으로 급한 불을 꺼야 한다.

지원 자금의 실행 조건은 사업자등록의 여부이다. 최근에는 경기 불황의 여파로 자영업자의 연체율이 급상승하고 급기야 상환불이행이 급속히 늘어남에 따라 창업 후 최소 3개월이 지나야 자금을 지원하는 경우도 많으므로 자금 지원의 대상이 확정적이더라도 그 기간 동안에는 필요한 비용을 충당할 다른 방법을 모색해야 한다.

또한 지원 기관마다 약간의 차이는 있지만 소정의 교육을 이수하도록 규정하고 있다. 해당 기관에 문의를 하여 교육 이수 시간이나 일정을 파악하여 조건을 갖추어 두어야 한다. 또한 정확한 자금의 한도를 알기 위해서 소상공인지원센터뿐만 아니라 보증한도를 결정하는 신용기관에 직접 문의를 하는 것이 좋다. 그 결과에 따라서 창업의 규모를 조정하거나 다른 차입 루트를 찾아야 한다.

지원을 받으려면 임대차 계약서의 확정일자를 받아 두는 것은 기본이고, 해당 기관에서 요구하는 서식에 따라서 사업계획서를 작성한 후에 관련 서류를 챙겨서 제출하면 된다. 이왕이면 주거래은행을 통해서 자금을 신청하면 금리나 지원한도에 긍정적인 영향을 미칠 수 있다는 점도 염두에 두길 바란다.

정책자금 지원(신청) 절차

1. 신청 및 접수 : 소상공인지원센터와 상담 후 신청
신청시 준비서류
실명확인증표
※ 주민등록증, 운전면허증, 노인복지카드, 장애인복지카드, 공무원증, 여권 등 본인을 증명할 수 있는 서류
※ 방문 시 융자 신청 담당자의 확인 시에만 필요하며 제출 및 보관은 하지 않음

2. 사업자등록증(최근 3개월 이내) 또는 사업자등록증명원 1부(최근 3개월 이내)

3. 상시 근로자 확인 가능 서류 1부(최근 3개월 이내)
상시 근로자가 없는 경우 : 대표자 지역건강보험증 사본 또는 보험자격득실확인서 중 선택(최근 3개월 이내)
※ 대표자가 다른 직장의 직장건강보험에 가입 중이거나 타인의 피보험자로 등재된 경우는 해당 건강보험증 사본 혹은 보험자격득실확인서
※ 발급처 : 보험자격득실확인서(국민건강보험공단 www.nhic.or.kr 1577-1000)

4. 상시 근로자가 있는 경우 : '사업장 가입자명부' 또는 '사업장별 고지대상자 현황'(최근 3개월 이내)
※ 발급처 : 4대사회보험 정보연계센터(www.4insure.or.kr), 고용센터(www.ei.go.kr 1350), 국민연금공단(www.nps.or.kr 1355), 국민건강보험공단(www.nhic.or.kr 1577-1000), 근로복지공단(www.kcomwel.or.kr 1588-0075)
※ 대표자가 다른 직장의 직장건강보험과 해당 소상공업 직장건강보험에 이중 가입된 경우 해당 소상공인 직장건강보험 관련 서류를 제출하여야 함

5. 신용평가(신용보증서 발급)
– 지역신용보증재단, 신용보증기금 신청인의 신용, 재정 상태, 경영 능력, 사업성 등을 종합적으로 평가하여 신용보증서 발급
– 담보부 대출 또는 순수신용은 소상공인지원센터 상담 후 신용보증기관을 거치지 않고 대출취급은행에서 직접 대출

6. 대출 실행
– 대출취급은행에서 신용 평가, 담보 감정, 보증기관의 신용보증서 확인 등의 절차를 거쳐 대출

출처 : 소상공인시장진흥공단

 **창업의 시기**

　창업은 언제 하는 것이 가장 효과적인가? 결론적으로 말하면 창업 준비가 완벽하게 되었을 때 하는 것이 최선이다. 창업 준비가 완벽하게 되었다는 것은 아이템별로 요구하는 수준이 다른데, 이 요구 수준을 해결한 상태를 가장 기본적인 창업 준비라고 할 수 있다.

　예를 들어 김밥집을 창업 아이템으로 정했으면, 우선 상품 즉 김밥을 생산할 수 있는 상태를 만들어야 한다. 여기서 더 구체적으로 들어가면 김밥의 경쟁력, 차별화 등 고려해야 할 사항이 많이 있다. 하지만 그중에서 가장 기본적인 김밥 만들기가 준비되지 않은 상황에서 창업을 하는 것은 매우 위험한 일이다. 사람을 고용해서 운영해도 되지 않느냐고 할 수도 있다. 그러나 그 사람이 언제까지 나와 같이 일을 할 수 있을지에 대한 답은 없다. 결국 창업자 스스로 이 문제를 해결해야 한다.

　기본적인 준비가 완성된 다음에는 아이템에 따라 성수기와 비수기를 고려해 본다. 외형적으로는 성수기에 오픈을 하는 것이 유리해 보인다. 하지만 상품을 생산할 수 있는 준비가 완벽하다고 해서 점포 운영에 대한 노하우까지 완벽한 것은 아니다. 그러므로 성수기보다는 비수기에 창업을 하는 것이 점포 운영의 체계와 고객 관리 요령 등을 익히는 데 더욱 효과적이다. 하지만 대부분의 창업자는 성수기 직전에 오픈하기를 원한다. 이유는 간단하다. 창업과 동시에 돈을 많이 벌고 싶기 때문이다. 그러나 점포 운영 체계나 고객 서비스 등 전반적인 내용이 부족한 상태에서 단기 아이템의 성수기라는 이유로 매출이 발생할 경우에는 그 고객이 고정 고객으로 이어질 확률이 낮고, 비수기 매출 하락으로 인해 경영자의 심리적인 박탈감이 더 큰 손실을 가져 올 수도 있다.

그 밖에 점포 선정이나 자금 계획, 인력 계획, 창업자 환경 문제 등으로 창업의 시기가 결정되는 경우도 있다. 무엇보다도 아이템이 요구하는 기본적인 문제를 해결할 수준이 되지 않는 상황에서의 창업은 득보다 실이 많음을 인지할 필요가 있다.

CHAPTER 5

잘되는 가게 VS 안되는 가게

- 점포 찾는 요령 편 -

↑ 성공 사례

먹기 좋고 몸에도 좋은 맛있는 죽이 창업 시장에서 인기를 끈 지도 어언 10여 년이 지나갔다. 세월이 가면 모든 것이 잊히듯 창업 시장도 예외는 아니다. 하지만 아직까지도 꾸준히 매장을 늘리고 있는 웰빙죽 전문점 '맛깔참죽(www.yesjuk.com)'은 입지의 불리함을 이겨 낸 성공 사례로 꼽을 만하다.

맛깔참죽은 후발주자라는 이유 때문에 창업을 희망하는 점주들의 점포가 그리 우수한 편이 아니다. 그래서 사업 초기에 많이 고전했다. 하지만 죽을 대신 쒀 주는 '죽메이드'를 개발한 이후부터는 사정이 달라졌다.

기계가 일정한 속도로 사람 대신에 죽을 쑤기 때문에 죽맛이 좋아졌을 뿐만 아니라 한 사람의 주방인력을 절감하는 효과까지 얻었다. 또한 사람이 직접 죽을 쑤다 보면 다른 일을 동시에 하기 어려워 다른 메뉴를 취급할 여유가 없었는데 이제는 곁들임 메뉴나 식사 메뉴도 함께 팔 수 있어서 매출 상승의 효자 역할을 톡톡히 해 내고 있다.

서울 가락시장역 주변에서 맛깔참죽을 10년째 운영하는 양미란 사장은 요즘 죽메이드 덕분에 행복한 나날을 보내고 있다. 처음 시작할 때만 해도 브랜드가 열세인 데다 입지 조건도 좋지 않아서 걱정이 많았는데 요즘은 아무리 손님이 한꺼번에 많이 몰려도 죽메이드가 있어 음식이 척척 나가기 때문에 손님들 반응도 좋고 주방 식구들도 일이 편해서 그만둘 생각이 전혀 없다고 한다.

33㎡(10평) 남짓한 조그만 죽집에서 월 매출 2,000만 원을 훌쩍 넘길 정도로 이제는 성공을 이야기할 수준이다. 하지만 양 사장은 항상 죽을

파는 마음은 돈벌이가 아니라 아픈 손님들의 몸과 마음을 달래 주는 정성이 제일 중요하다고 겸손함을 잃지 않는다.

원래 죽집이 성공하기 위해서는 주변에 큰 병원이 있거나 조그마한 병·의원이 많이 몰려 있는 다운타운이나 중대형 아파트 단지 상가가 유리한데, 맛깔참죽 가락점은 오피스 지역이어서 기껏해야 점심 직장인 수요가 대부분이다. 다행인 것은 다른 죽집에서는 죽을 조리하는 데 최소 10분 정도 걸리니 손님이 들어와도 그냥 나가기 일쑤인데 맛깔참죽에서는 죽메이드 덕분에 손님이 아무리 많아도, 다른 메뉴를 함께 주문해도 걱정이 없다는 것이다.

이제는 어느 정도 자리도 잡았고 죽집에 대한 성공 확신이 있어서 주변에서 조금 더 좋은 자리로 점포를 옮기라고 하지만 양 사장은 단연코 거절한다.

"원래 죽집은 몸이 아프거나 속이 아파서 오시는 분이 대부분입니다. 그래서 자리가 굳이 좋을 필요는 없어요. 하물며 죽메이드가 있어 인건비가 절감되기 때문에 매출에 대한 부담이 적은 편입니다. 결국 얼마나 좋은 자리에서 장사를 하느냐보다 얼마나 오래 버티느냐가 중요합니다."

좋은 자리를 차지하기 위해서는 매출이 월등히 높거나 마진이 좋아야 살아남을 수 있다. 양 사장의 경우를 통해 알 수 있듯이 어떤 상품을 취급하느냐에 따라서 입지에 대한 부담이 다르기 때문에 너도 나도 좋은 자리를 차지할 필요는 없다. 죽집처럼 목적성이 강하다면 조금은 입지 조건이 떨어져도 크게 손해 보지는 않는다. 입지 조건보다는 직접적인 고객에 해당하는 병원 손님이나 아파트 단지나 오피스가처럼 배후 인구가 탄탄한 곳이 유리하다는 비결을 10년차 베테랑인 양 사장은 몸소 느끼고 있다.

⬇ 실패 사례

하루 지하철 이용 인구 12만 명을 자랑하는 서울 강서구 까치산역에서 유명 프랜차이즈 도너츠 전문점이 새롭게 문을 연 지 1여 년 만에 철수한 적이 있다. 입지 조건은 지하철역에서도 가깝고 유동 인구도 하루 종일 많이 지나가는 최상위 조건인데도 말이다.

언뜻 보아서는 고객이 꽤나 많아서 저녁 9시만 넘어도 상품이 없어서 못 팔 정도로 장사가 잘된다 싶었기에 매장이 없어졌을 때 적지 않게 당황했다. 매출은 비교적 높은 편이었지만 높은 임대료를 견디지 못해서 폐점한 것이었다. 일반적으로 월세의 수준은 매출액의 10%를 넘지 않는 것이 좋다. 그런데 그 매장은 월세가 매출액의 20%를 넘는 수준이어서 결국 다른 매장보다 50% 정도는 많이 팔아야 유지가 되는 결론에 이르러 결국 점포를 정리하게 된 것이다.

물론 예외도 있다. 커피 전문점처럼 판매 마진이 높은 업종은 매출 대비 10% 이상 지불해도 큰 문제가 아니다. 하지만 영업 이익률이 10%를 갓 넘는 수준이라면 상황은 달라진다. 보기에 따라서는 손님이 많은 편인데도 어렵다고 하는 주인의 불만이 투정 같지만 임대료도 높은데 판매 원가 자체가 높으면 주인이 이윤을 남길 여지가 거의 없다. 따라서 임대료가 적정한지를 알기 위해서는 해당 점포에서 임대료를 주고도 충분히 이윤이 남을 수 있는지를 꼼꼼하게 따져 보아야 한다.

아이템과 어울리지 않으면 입지가 좋아도 망한다

예전부터 장사를 하려면 '목이 좋아야 한다.'는 말이 있다. 다른 자리보다 우위에 있어야 손님이 쉽게 찾아오고 매출도 자연스럽게 오를 수 있으니 절대 틀린 말은 아니다. 그런데 이상하게도 목은 좋은데 망하는 점포가 있다. 여기서 다른 이유는 배제하려고 한다. 창업자의 경영 능력이나 적성, 창업 준비 상태, 자금력, 생애주기 때문이 아니라면 망해야 할 이유가 없을 듯한데 현실은 그렇지 않다. 망하는 가게는 아무리 자리가 좋아도 망한다. 그렇다면 그 이유는 무엇일까?

필자가 상권 전문가로 전문화된 영역을 확보해야겠다는 생각을 갖게 된 계기가 있다. 아주 우연한 기회에 상권이라는 것이 참으로 복잡하고 오묘해서 그냥 겉으로 보이는 모습만으로 설명하기 어렵다는 것을 알게 된 후부터이다. 직장이 여의도에 있었는데 퇴근할 때 타고 다니던 버스 노선이 목동사거리를 지나 목동역을 거쳐 화곡동까지 가는 것이었다. 목동역에서 목동사거리 방향으로 조금만 가면 목동 로데오가 보이고 'K'라는 패스트푸드점이 있었다. 300여 미터를 더 가면 목동사거리가 나타나고 'L'이라는 또 다른 패스트푸드점이 영업을 했다. 'L'은 사거리 근처에 있었지만 대로변에서 점포가 잘 보이지 않았고 언덕으로 향하는 좁은 2차선 도로에 있었기 때문에 썩 좋은 자리로 보기 어려웠다.

흔히 패스트푸드점이 들어갈 자리는 유동 인구도 많고 가시성도 뛰어나야 한다는 생각과 달리 입지 조건이 별로였다. 하지만 이런 생각은 기우에 불과할 정도로 매장에는 늘 손님이 북적였다. 한동안 그 이유를 알지 못해서 답답했는데 계속해서 같은 노선을 이용하다 보니 서서히 실마리가 풀리기 시작했다. 결론부터 말하면 입지의 불리함을 상권의 궁합으로 이겨 낼 수 있었던 것이다.

결정적으로 두 매장의 고객층이 달랐다. 'L'은 고객의 연령대가 낮았다. 언뜻 보기에 10대 전후로 보이는 어린 학생이 많은 반면, 'K'는 20대 중반 이상으로 보이는 어른이 많았다. 여기서 조금 더 생각을 정리하기 위해 "그럼 왜 고객층이 다르지?"라는 질문을 던졌다. 답을 찾기 위해서 무작정 매장 안으로 들어가 메뉴를 주문했다. 궁금증은 의외로 쉽게 풀렸다.

우선 가격에서 차이가 꽤 났다. 'L'보다 'K'가 비싼 편이었고 빵 크기도 상대적으로 컸다. 성인이 식사를 하기에 충분할 정도였다. 물론 맛도 달랐다. 주관적인 평가일 수 있으나 'K'가 좀 더 미국적인 입맛에 가깝다면 'L'은 한국적인 정서에 가까웠다. 매장 분위기도 비슷했다. '상품이 다르면 고객이 다르다.'라는 마케팅의 상식을 체험한 순간이었다.

아무리 좋은 입지라도 상품과 어울리지 않으면 쓸모가 없고, 아무리 입지가 떨어져도 상품과 어울리면 입지의 불리함을 극복할 수 있다는 확고한 신념을 갖게 되었다. 그렇다. 아무리 유동 인구가 많고 높은 권리금이 형성된 특A급 점포라도 고객의 특성과 어울리지 않는 장사를 하면 힘들어질 수 있다.

만약 'K'가 'L'이 위치한 목동사거리에 경쟁점을 압도하기 위해서 보다 좋은 자리에 점포를 냈을 경우에도 성공을 장담할 수는 없다. 물론 처음이야 가시성도 좋고 접근성도 좋아서 주목을 받겠지만 지나가는 고객층이 상대적으로 구매력이 떨어지는 학생들이기 때문에 비싼 가격을 감당하기 어려워 점점 발길이 줄어들 것이라는 것은 충분히 예견할 수 있다. 유동 인구가 많은, 같은 건물에서도 흥하는 점포와 망하는 점포가 있다. 이는 입지의 문제가 아니라 궁합의 문제이다. 성공적인 창업을 하려면 자리 탓을 할 게 아니라 아이템과 입지가 어울리는지를 고민한 후에 점포를 얻어야 한다.

좋은 입지와 나쁜 입지

소상공인 관련 기관에서 실시한 창업 실태에 따르면 창업자의 실패 이유 중 절반 이상이 자리 탓을 한 것으로 나타났다.[5] 실제로 많은 창업자가 성공과 실패의 주된 이유로 자리를 꼽는다. 그럼 과연 좋은 자리는 무엇이고 나쁜 자리는 무엇인가?

다음 표에서와 같이 일반적으로 경사지보다는 평지를 선호한다. 특히 경사도가 낮은 지역의 중심지는 거의 성공을 보증하는 입지 조건이다. 하지만 수익률 면에서 따져 보면 이런 입지는 임대료는 물론이고 프리미엄 역시 높아서 매출이 높지 않고는 버티기 어려울 수 있다.

입지를 선택할 때는 목적성에 따라 고려할 필요가 있다. 목적성이란 고객이 상품을 구매하고 싶은 욕망의 정도를 의미한다. 목적성의 강약에

---

5 대한상공회의소가 2012년에 조사한 '프랜차이즈 가맹점 창업실태 및 성공요인 조사' 참조

좋은 입지와 나쁜 입지(일반적인 판단)

좋은 입지	나쁜 입지	판단 근거
평지	경사지	접근성
대로변	이면	가시성과 접근성
좁은 차선	넓은 차선	상권의 단절 여부
단면 점포	다면 점포	가시성과 접근성
유동 인구가 많다	유동 인구가 적다	내점률의 차이
공실이 없다	공실이 많다	상권의 생동감
주차장이 있다	주차장이 없다	접근성
횡단보도가 가깝다	횡단보도가 멀다	접근성
역에서 가깝다	역에서 멀다	접근성, 유입 정도

따라서 편의품, 선매품, 전매품으로 구분할 수 있다. 편의품은 목적성이 약해서 사전에 구매 의사를 갖기보다는 충동적이고 감정적으로 구매하는 특성을 보인다. 반면에 목적성이 강한 선매품의 경우에는 대체로 가격이 높고, 한 번 구입하면 오래 사용하기 때문에 잘못된 구매로 인한 후회가 커서 감정보다는 이성적으로 복수의 판매처를 대상으로 구매 조건을 따진다.

목적성이 강한 품목을 판매하는 업종은 굳이 평지를 고집할 필요가 없다. 설비 관련 업종이나 분위기 있는 레스토랑, 배달업, 방문 교습업, 도보가 아닌 차량 이용 빈도가 높은 고차원 서비스업은 평지보다는 경사지에 매장을 내는 것이 유리할 수도 있다. 물론 그밖에 목적성이 약한 대부분의 업종은 평지가 유리하다.

대로변에 가까울수록 유리할 수 있지만 가격대가 높고 목적성이 강한 품목은 대로변보다 이면이 유리할 수도 있다. 차선의 경우도 마찬가지이다. 목적성이 약한 품목은 좁을수록 유리하지만 목적성이 강한 품목은 고객의 공간적 이동 거리가 멀기 때문에 차선이 넓은 곳에 매장을 내는 것이 유리하다. 공실률의 경우도 같은 의미로 해석할 수 있다. 김밥 전문점과 같이 목적성이 매우 약한 아이템은 주변에 공실률이 많으면 큰 위협이 되지만 실내 골프 연습장과 같이 계획된 소비 업종은 공실의 영향을 상대적으로 덜 받는다.

창업자가 좋은 입지 조건을 손꼽는 유동 인구 역시 많아야 좋다고 단언하기 어렵다. 목적성이 약한 편의점이나 제과점은 유동 인구가 많아야 유리하지만 보양음식이나 카센터와 같이 목적성이 강한 아이템은 유동 인구에 영향을 덜 받기도 하고 오히려 유동 인구가 많으면 불리할 수도 있다.

결국 눈에 보이는 외형적인 입지 조건만으로 좋고 나쁨을 섣부르게 판단하는 것보다 자신이 선택한 아이템이 어떤 구매 특성을 갖고 있는지를 파악하고 이를 토대로 자신에게 맞는 입지 조건을 정해서 최적의 점포를 찾는 자세가 필요하다. 이런 맥락에서 볼 때 누가 봐도 좋은 입지는 누구에게도 맞는 입지가 아니고, 자리만 좋으면 어떤 장사를 해도 성공할 것이라는 섣부른 믿음은 낭패를 볼 수도 있다. '최고'의 자리가 아닌 '최적'의 자리를 찾는 올바른 선택이 필요하다.

상권 분석은 왜 필요한가?

두말할 것 없이 상권 분석은 성공적인 점포 창업을 위한 필수조건이다. 해도 그만 안 해도 그만인 절차가 아니라 반드시 짚고 넘어 가야 한다는 말이다. 하지만 창업 현장에서는 거의 형식적인 수준에서 상권 분석을 한다. 필요성은 느끼면서도 유동 인구를 체크하고 주변의 평판 정도를 파악하는 데 그친다. 물론 이렇게 해서는 절대로 확신을 얻기 어렵다.

무엇보다 상권 분석은 업종 선택을 하는 데 결정적인 힌트를 제공한다. 근래 들어 커피 전문점을 내려는 창업자가 많다. 커피 전문점은 창업 1순위로 꼽힐 정도이다. 1년 전 즈음에 커피 전문점을 창업하려는 50대 여성 창업자에게 상권 분석 컨설팅을 해 주었다. 많은 브랜드와 점포를 알아봤는데 마침 욕심이 나는 점포가 나와서 인수 창업을 하려고 한다고 했다. 이미 커피 전문점에서 몇 년째 일을 해 본 경험이 있어서 특별한 하자만 없다면 창업을 권유하려고 했다.

인수를 희망하는 매장은 대로변에서 꽤 떨어진 곳에 위치해 있었고 주변에는 아구찜, 족발, 순대국, 호프, 건강원 등이 몰려 있었다. 의류 하청 업체와 부자재를 생산하는 영세형 공장들이 몰려 있는 상권이었고 대체로 가격대가 저렴한 수준이었다. 하지만 인수를 희망하려는 커피숍은 테이크아웃형 매장으로 많은 점포를 보유한 프랜차이즈 브랜드였다. 모퉁이 점포라서 입지적인 장점은 있었지만 유동 인구의 흐름이 빠르지 않은 곳이었다. 유동 인구 중 상당수가 40~50대 중·장년층이어서 커피숍에 머문 고객들도 쉽게 자리를 뜨지 않을 것으로 보였다.

결론적으로 창업자가 원하는 점포는 포기하기로 했다. 임대료도 저렴했고, 있는 시설 그대로 인수를 할 수 있어서 창업 비용도 저렴했지만, 정작 고객의 니즈와 주변 업종과의 연계성을 고려할 때 창업을 하지 않는 것이 나을 듯싶어서였다.

이 점포처럼 이면에 위치해 있고 고객층의 연령이 높고, 유동 인구의 흐름이 빠르지 않다면 회전률 승부가 아닌 객단가 승부를 해야 하고 그러기 위해서는 카페형 콘셉트가 더 어울린다. 좋은 원두를 사용하고 편안한 분위기를 꾸미고 고객과의 접점 서비스를 강화하는 전략이 입지의 불리함을 이겨 내는 비결이 된다.

상권 분석은 업종을 결정하는 데 도움이 되지만 자신이 팔아야 할 상품의 판매 전략을 세우는 데도 결정적인 역할을 한다. 빠르게 팔아야 할지, 느리게 팔아야 할지, 맛을 강조할 것인지, 분위기를 강조할 것인지, 매장을 크게 해야 할지, 작게 해도 될지 등에 대한 판단의 기준을 제공한다.

상권 분석을 통해서 임대료의 적정성을 판단할 수도 있다. 임대료가 적당한지는 결국 얼마나 팔 수 있는지를 먼저 예측해야 한다. 매출 예측 방법은 추후 설명하기로 하고, 일단 임대료는 매출액의 10~15%를 넘지 않도록 해야 한다. 여기서 놓치지 말아야 할 것은 전체 지출에서 차지하는 임대료의 수준이다. 커피 전문점이나 죽 전문점처럼 원가 비중이 낮은 업종은 임대료의 부담이 20% 이상이라도 버틸 수 있지만 원가율이 높은 업종은 임대료가 낮은 점포를 찾든가 아니면 다른 점포에 비해 매출액이 훨씬 높아야 살아남을 수 있다. 일반적으로는 3일 장사해서 월 임대료를 지급할 수 있는지를 상권 분석을 통해서 따져 보아야 한다.

부푼 기대를 안고 가게를 열었는데 기대만큼 손님이 찾아오지 않으면 가장 먼저 선택하는 판촉 수단이 가격 할인이다. 실제로 가격 할인을 하면 대부분 객수 증가로 이어져 매출이 오른다. 하지만 기대와 달리 매출이 오르지 않고 오히려 떨어지는 경우도 있을 수 있다. 소득 수준이 높은 고급 주택가 상권이나 접대성이 강한 중심가 상권이나 대형 쇼핑몰에서는 이런 현상이 종종 발생한다. 가격을 떨어뜨리거나 무조건 막 퍼 주기 식으로 양을 늘리는 선택이 오히려 고객의 품위를 떨어뜨려 구매력을 상실하게 만들어 버리기도 한다.

상권 분석은 어떤 마케팅 전략을 구사할 것인가에 대한 정보를 제공한다. 대부분의 창업자는 창업 전에는 상권 분석의 필요성을 잘 안다. 하지만 정작 창업 이후에는 그 필요성을 거의 잊고 장사에만 매진한다. 가격 할인을 해야 할지, 사은품을 제공해야 할지, 아니면 시식 행사를 해야 할지에 대한 판단은 지역적인 특성, 즉 상권 특성과 고객 특성을 정확히 파악한 후에 시행하는 것이 바람직하다. 최근에는 프랜차이즈 가맹본부도 상권 마케팅의 중요성을 깨닫고 담당 슈퍼바이저에게 지역 점포 마케팅(Local Store Marketing)을 전개하기 위하여 디테일한 상권 분석 스킬을 요구하는 추세이다.

상품을 알아야 고객이 보인다

노원역 상권은 서울에서 유동 인구가 많기로 유명한 곳이다. 2개의 지하철 노선이 환승하는 데다 의정부와 구리, 남양주 일대에서도 만남의 장소로 많이 이용하여 서울 동북 지역의 심장으로 오랫동안 안방자리를 차지하고 있다.

평일은 물론이고 주말에도 인파가 몰리고 밤낮을 가리지 않고 북적인다. 백화점을 중심으로 형성된 의류 상가와 병원, 그리고 학원과 음식점들이 한데 어우러져 약 20만 가구가 몰려 있는 노원구의 단핵 중심지로 제 역할을 다하고 있다. 역 주변은 평당 수천 만 원을 상회하는 권리금이 형성될 정도이고 하루 유입 인구만 해도 수십만 명에 달할 정도이니 창업자라면 욕심 낼 만한 상권임에 틀림없다. 홍대 상권이나 건대 상권, 강남역 상권도 매한가지이다.

일부 프랜차이즈 본사는 수익성을 떠나 브랜드를 알리는 목적만으로 매장을 내는 이른바 '테스트마켓'으로 활용하기도 하는데, 사람만 많이 몰리면 성공할 것이라는 믿음이 깔려 있다고 보면 된다. 얼마 전에 노원역 상권을 둘러 본 적이 있다. 아무래도 젊은 층이 몰리는 상권이라서 화장품, 휴대폰, 커피, 호프, 저가형 고깃집, 퓨전 호프 등이 빼곡하게 들어서 있었다. 그중에서 불과 1~2년 만에 수백 개의 가맹점을 늘린 순대국 전문점 간판이 한눈에 들어왔다.

언뜻 보기에도 자릿세가 꽤 높을 것으로 예상되는 점포에 과감한 투자를 한 것 같았다. 자리가 좋지 않아도 잘나가는 브랜드 덕을 보는 형국인데 1시간에 수천 명이 넘는 유동 인구가 지나가는 입지여서 성공 가능성이 높다고 판단한 듯했다. 그런데 필자가 보기에는 전망이 밝아 보이지 않았다. 빈자리가 많았고 신규 오픈한 점포의 분위기가 나지 않았다. 그

많은 유동 인구의 대부분은 매장을 지나치기 바빴다.

결론적으로 말하자면 아무리 좋은 입지도 아이템과 궁합이 맞지 않으면 실패한다는 상식이 여지없이 통하는 것을 알 수 있었다. 조금만 주의를 갖고 점포를 골랐더라면 하는 아쉬움이 컸다. 지나가는 고객의 상당수가 10대 후반에서 20대 초반이고 주변의 업종 또한 이들을 겨냥한 가볍고 밝은 콘셉트인데, 직장인이나 중·장년층이 선호하는 서민적인 순대국밥이 여기서도 통할 것이라는 시도 자체가 문제였던 것이다.

연간 100만 명에 달하는 창업자 대부분이 사실 똑같은 실수를 한다. 여유가 있어서 잘나가는 브랜드를 좋은 자리에 내기만 한다면 성공할 것이라는 아주 낙관적이고 손쉬운 방법을 선택한다. 그러나 반드시 주의해야

업종 스크리닝 예시

구분	내용	참고 사항
어떤 가치를 팔 것인가?		상품의 핵심 가치
고객이 가장 많이 방문하는 시간대는?		구체적으로 오후 6~9시 등으로 표시
고객의 직업은?		학생, 주부, 직장인, 자영업자, 전문가 등에서 선택
예상되는 1인당 구매단가는?		1일 예상 방문객 수/1일 예상 매출액
주력 상품은?		가장 많이 팔릴 것 같은 상품을 순서대로 3개만 기입
매장을 방문하는 목적은?		회식, 모임, 식사, 데이트, 가족 외식, 선물, 시간 보내기 등으로 표현

할 점은 과연 이렇게 입지적으로 좋은 자리라 할지라도 적합한 아이템인지를 따져 보아야 한다. 상권 분석은 단순히 좋은 자리를 찾는 일이 아니라 아이템과 입지가 어울리는지를 따져 보는 디테일에 의미가 있다. 순대국은 순대국이 통할 자리에 들어서야 하고 패션 관련 아이템은 유동 인구가 많은 곳에 자리를 얻어야 한다는 점을 명심해야 한다. 아무리 잘나가는 브랜드도 이런 숙명을 거스를 수는 없다.

상권 분석의 첫 출발은 상품 분석에 있다. 상품을 제대로 분석해야 핵심 고객을 찾아낼 수 있고, 핵심 고객이 존재하고 활발하게 활동하는지를 검토한 후에 점포를 선택하는 절차가 이어져야 한다. 상권 분석은 상품 분석이고 상품과 고객의 상관성을 밝혀내는 과학적 접근법이다.

업종별로 상권의 범위는 얼마가 적당할까?

흔히 상권의 범위를 1차 상권, 2차 상권, 3차 상권으로 분류한다. 이런 단순한 분류에도 많은 의미가 담겨 있다. 쉽게 말하면 매장을 찾는 고객의 70~80%는 1차 상권에 해당하는 반경 500m 이내에서 찾아오며, 편한 걸음으로 약 7~10분 정도 소요되는 거리 정도로 이해하면 된다.

치킨이나 피자, 커피 등 일부 업종의 경쟁이 치열해지면서 배타적인 상권 보호 차원에서 정부 당국에서 업종 간 모범 거래 기준을 마련하고 가맹점 간 영업 지역의 범위를 제시한 근간에는 개별 점포의 충분한 영업지역 보호가 곧 매출의 안정적 확보라는 등식이 성립한다고 보았기 때문

점포의 크기와 상권의 범위

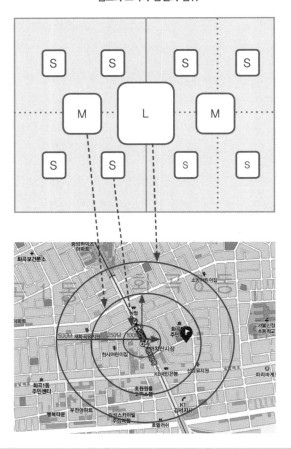

L(고차위 상권) : 백화점, 극장, 패밀리 레스토랑, 성형외과
M(중차위 상권) : 캐주얼 의류, 안경점, 치과
S(저차위 상권) : 김밥 전문점, 배달 치킨, 세탁소
크리스탈러의 육각형 입지 이론과 로쉬의 지대 이론에 따르면 접근성과 효용에 따라
입지가 결정되며, 이는 결국 접근성(통행거리)과 밀접한 연관을 맺음

출처 : 장재남, 박민구 외 공저, 『프랜차이즈 슈퍼바이징』, 대진, 2012.

이다.

물론 편의점 250m, 제과점과 커피숍 500m, 치킨 전문점 800m 등 획일적인 거리 제한은 많은 논란과 함께 실효성 측면에서 문제가 있기도 했지만 업종별 상권의 범위를 고려했다는 측면에서는 나름 의미가 있다.

상권의 범위를 이야기할 때 결국 취급하고자 하는 상품의 특성을 고려하지 않을 수 없다. 일부 창업자는 가맹 계약 체결 때 과도한 영업 지역을 요구하는 경우도 있다. 하지만 실제로 고객의 이동 거리는 상품의 목적성에 따라서 달라지기 때문에 목적성이 크지 않은 분식집이나 커피숍, 편의점의 경우에는 대체로 반경 500미터 정도를 자기 상권으로 보는 것이 타당하다.

이와 달리 목적성이 크면 클수록 고객이 찾는 출발 지점은 멀 수밖에 없다. 귀금속이나 가구, 웨딩드레스, 주방 용품의 경우에는 지역의 경계를 넘나드는 경우가 의외로 많다.

맞춤 양복점을 운영하는 고령의 창업자 박수양 사장은 젊어서부터 양복 제조 기술을 익혀서 이제는 달인의 경지에 올랐다. 박 사장은 30년 동안 서울 답십리에서 부림양복점이라는 가게를 운영하였다.

대한민국 최고의 권위를 자랑하는 기술 경진 대회에서 수상까지 한 양복 장인인 박 사장은 마지막 기회라고 생각하고 유동 인구가 많고 가시성이 좋은 대로변 모퉁이 가게에 '엘부림(www.elburim.com)'이라는 매장을 열었다. 그런데 기대와 달리 매출이 오르지 않아서 전문가의 도움을 청하기에 이르렀다. 필자가 박 사장을 만나서 처음 건넨 질문은 "어떤 방식으로 홍보를 하시나요?"였다. 기성복에 비해서 맞춤 양복은 쉽게 구매하기 어려운 선매품에 속하는데, 선매품은 고객의 이동 거리 즉 상권의 범위가 넓어서 전단지와 같은 근거리 홍보만으로는 한계가 있었기 때문이다. 쉽게 매장을 찾기는 어렵지만 막상 구매를 하면 입소문에 의한 구전 효과가 커서 단골이 되기가 쉬운 것이 선매품의 특징이기도 하다.

그래서 필자는 홈페이지를 홍보 전략으로 추천했다. 물론 비슷한 효과를 얻기 위한 온라인 마케팅은 다양하다. 하지만 비교적 가격이 비싼 양복은 신뢰가 중요하기 때문에 블로그나 카페보다는 홈페이지가 주효할 것이라는 조언을 건넸고 다행히 박 사장은 필자의 제안을 받아들여서 곧바로 홈페이지를 만들었다. 결과는 기대 이상이었다. 박 사장의 독특한 양복 기술과 경력, 맞춤 양복이 의외로 가격도 착하고 젊은 취향까지 소화해 낼 수 있다는 감각 등을 살리도록 했다. 그리고 하루에 1시간 만이라도 홈페이지를 통해서 고객과 소통하도록 권고한 것이 적중했다.

이제는 전국을 넘어서 해외에서도 고객이 매장을 찾는 유명 업소로 자리를 잡았고 신문과 방송 등 언론에도 소개될 정도로 유명세를 겪고 있다. 단 100만 원으로 기적을 만들어 낸 박 사장의 사례를 통해서 상품의 특성이 상권의 범위를 결정하고 상품의 특성에 따라서 홍보와 마케팅 전략이 필요하다는 귀중한 교훈을 얻을 수 있다.

매출 예측 어떻게 해야 하나?

아무리 창업을 돈보다는 일로 생각하라고 하지만 정작 창업자에게는

'과연 얼마를 팔 수 있지?' 하는 기대 반 걱정 반이 우선이다. 결국 성공이라는 기준은 얼마나 팔 수 있으며, 얼마나 남는지에 달려 있다. 얼마나 팔 수 있을까에 대한 답을 내리는 것은 생각보다 어렵다. 물론 손쉬운 방법으로 과거 특정 시기의 매출을 그대로 예측치로 활용하거나 최근 몇년간의 매출액을 평균값으로 예측하는 이동평균법 등이 있으나 아직 매출이 발생하지 않은 창업자의 경우에는 매출 데이터를 확보하는 것 자체가 어렵다 보니 다른 방법을 찾아볼 수밖에 없다. 다음에 설명하는 다양한 매출 예측 방법은 각자의 필요성과 장단점을 고려하여 선택하는 것이 바람직하다.

물론 다양한 변수를 고려한 통계 방법을 사용하면 보다 정밀한 예측치를 구할 수 있으나 절차가 복잡하고 고도의 전문성이 필요할 뿐만 아니라 시간도 많이 소요되기 때문에 점포형 창업에 활용되는 경우는 거의 없다. 어떤 예측 방법을 사용하든지 간에 사용함으로써 예상되는 편익이 비용보다 높아야 한다.

간이 산출법

현실적으로 가능한 매출 예측 방법을 찾아보자. 우선 매출의 구성 요소인 고객과 객단가 그리고 회전률을 곱하여 추론할 수 있다. 예를 들어 보자. 33㎡(10평)짜리 김밥 전문집의 매출액을 계산해 보면 다음과 같다.

① 고객 수 산출 : 10평×25%(김밥 전문점의 주방 면적 비율)=7.5평/1.2평
    (김밥 전문점 테이블 1조 점유 공간)=약 6조=24석

② 매출액 산출 : 24명×4,000원×5회전＝일 480,000원

즉 10평짜리 김밥집은 월 26일을 영업한다고 가정했을 때 약 12,480,000원의 매출을 기대할 수 있다. 이런 방법을 간이 산출법이라 하는데, 아이템에 따라서 주방의 비율과 테이블 점유 비율의 차이가 있을 수 있지만 예측 절차가 간편하고 데이터를 수집하는 데 용이하다는 점에서 활용 가치가 높다.

유사 매장 대유법

비교 가능한 매장이 있는 경우에 비교 매장과 대상 매장의 비교치를 통해서 매출을 예측할 수 있다. 빈번하게 사용되는 변수는 매장 면적인데, 매장 면적이 클수록 매출액이 증가할 것이라는 전제가 깔려 있다. 본인의 점포 면적이 15평이고 비교 대상 매장의 면적이 10평이라면 가중치는 1.5이고 비교 매장의 매출액이 일 50만 원이라고 하면 본인 점포의 매출 예측치는 75만 원이 된다.

유사 매장 대유법의 장점은 계산이 간편하고 매출이 매장 면적의 크기에 따라 증가할 것이라는 상식적인 차원의 가중치를 설정함으로써 보다 현실적인 예측이 가능하다는 점이다. 하지만 비교 매장과 본인 매장의 다양한 차이를 고려하지 않고 단순히 면적만을 고려했다는 점에서 오차가 생길 수 있고 비교 매장의 매출액을 알지 못한다면 무용지물이 된다.

매장 면적은 매출 기여에 한계가 있다는 점을 감안하여 여기에 유동 인구 등의 변수를 가중화시키면 보다 정확한 매출을 예측할 수 있다. 유사

매장 대유법에 의해 예측된 수치에 매장 앞을 지나가는 유동 인구의 비중을 곱하면 매출이 늘어날 수도 줄어들 수도 있다.

매장 면적 비율법

이 방법은 창업을 하려고 하는 상권 내의 수요를 알 경우에 유리하다. 어느 창업자가 치킨 전문점을 창업한다고 하자. 1차 상권에 해당하는 반경 500미터 이내에 5,000가구가 거주하고, 경쟁 점포가 10개 있다고 할 경우에 창업자는 얼마의 매출을 올릴 수 있을까?

답을 얻기 위해서는 우선 해당 상권의 전체 치킨 소비액을 산출하여야 한다. 만약 1가구당 월 닭 소비량이 2.5마리이고 이 중에서 치킨 소비가 2마리라고 가정할 경우에 남은 것은 치킨 1마리당 평균 판매액이다. 치킨 판매액을 10,000원이라고 하면 예상 매출액을 구할 수 있다. 산출하는 과정은 다음과 같다.

① 전체 치킨 소비액＝총가구수×가구당 소비량×소비단가＝5,000가구
   ×2마리×10,000원
② 매장 면적 비율＝자기 매장 면적/자기 매장을 포함한 전체 매장 면적
   ＝20/200＝0.1
③ 예상 매출액＝전체 치킨 소비액×매장 면적 비율＝5,000가구×2마리
   ×10,000원×0.1＝1,000만 원(월)

이 방법은 유사 매장 대유법과 달리 어느 특정 대상의 조건을 넘어 해

당 지역의 수요를 기준으로 본인 매장의 조건을 고려하기 때문에 보다 정확한 수준의 예측이 가능하다는 장점이 있다. 하지만 해당 상품의 소비액을 추출하기 어렵고, 이 역시 매장 면적이라는 논란의 여지가 있는 변수를 가중화시킨다는 점에서 이견을 피하기 어렵다. 최근 중소기업청에서 제공하는 상권 정보 시스템을 열람하면 해당 업종의 평균 매출액을 알 수 있다. 그것에 본인 점포와 경쟁 점포의 매장 면적을 현장 조사를 통해서 구할 수만 있다면 꽤 유용하게 활용할 수 있다.

다중 회귀 분석법

간이 산출법이나 유사 매장 대유법, 매장 면적 비율법과 같이 단일한 변수가 매출에 전적인 영향을 미칠 것이라는 가정은 사실 상당한 오차를 내포한다. 다중 회귀 분석법은 이러한 오차를 줄이기 위해서 매출에 영향을 미칠 만한 다양한 변수를 고려하여 통계적인 가중치를 구하고 각 변수의 실제 값을 적용하여 매출을 예상하는 방법이다.

창업자의 경력이나 성격, 점포의 입지 등급이나 인근 점포의 업종, 경쟁점 개수, 점포 크기, 배후 인구 수, 지하철역까지의 거리, 도로 폭, 유동 인구 수 등 실로 다양한 요소가 매출에 영향을 줄 수 있다. 물론 상권이나 창업 전문가에게 조언을 구해서 어떤 요소가 중요한지 물어볼 수도 있으나 이 역시 주관적인 판단에 의존할 수밖에 없다는 한계가 있다.

다중 회귀 분석법을 이용하면 각 요소 간의 가중치를 구할 수 있고 각 변수의 데이터를 입력하면 예상 매출액을 구할 수 있다. 함수식은 다음과 같다.

매출액(Y) = β + ax_1 + bx_2 + cx_3 ···

하지만 이 분석 방법은 생계형 창업의 매출 예측 방법으로 적극 추천하기에는 부담이 있다. 우선 해당 업종에 대한 일정한 수준의 데이터를 확보해야 하며, 통계 조작 능력을 갖추어야 하기 때문이다. 결국 이 방법을 채택해서 얻는 이익보다 수고가 많다면 아무리 좋은 매출 예측 방법이라 할지라도 채택하기 어렵다. 하지만 가맹본부나 비교적 큰 투자를 필요로 하는 창업 규모라면 통계 프로그램을 활용해서 시도해 봄직하다.

상권 분석으로 적합성 판단하기

예비 창업자에게 상권 분석은 자신이 선택한 아이템이 과연 해당 점포에서 성공할 수 있을지에 대한 판단의 근거를 보여 주는 중요한 역할을 한다. 여기서 말하는 적합성의 기준 역시 모호할 수 있지만 대체로 생존율과 투자 수익성을 지표로 사용할 수 있다.

생존율이란 얼마나 오랜 기간 동안 장사를 할 수 있느냐에 대한 지표이고 투자 수익성은 점포 비용을 제외한 창업 비용을 얼마나 빠른 시간 내에 회수할 수 있느냐에 대한 지표로 이해하면 된다. 영업 이익률이란 물건을 100만 원 팔았을 때 재료비와 인건비, 임대료 등 판매 원가를 제외하고 남는 마진의 비율을 의미하는데, 이는 곧 투자 수익률로 직결되기 때문에 생존율과 투자 수익률로 갈음할 수 있다.

상권 모델링 설계 예시

분류	항목(설명)	단위	A급지	B급지	C급지
고객 특성	1차 상권 내 세대 수	세대	5,000	3,000	2,000
	가구원 수	명	2.8	2.5	2.5 이하
	연령층(상주인구 중 30~45세 비중)	%	50	40	30
	소득(가구 연간 소득)	만 원	5,000	4,000	3,000
	아파트 비율	%	60	40	30 이하
상품 특성	경쟁 점포 수(동일 업종)	개	0	1	2
	업종 연계성(주거 업종 비율)	%	50	40	30
	경쟁 업체 수익성(일평균 매출)	만 원	300	150	100 이하
입지 특성	권리 시세(1층 점포, 평당 기준)	만 원	1,500	1,000	500
	전면 너비	m	7 이상	4~7	4 이하

출처 : 장재남, 박민구 외 공저, 『프랜차이즈 슈퍼바이징』, 대진, 2012.

최근 언론을 통해서 발표된 자영업자의 3년 생존율이 50%에 불과하고 7년이 지나면 10개 중에서 8개의 점포가 문을 닫는 우울한 성적표를 고려해 볼 때, 5년을 버티기만 한다면 성공 가능성은 꽤 높다고 볼 수 있다. 살아남느냐 사라지느냐를 결정하는 가장 큰 변수는 다름 아닌 해당 상권과 선택한 아이템의 궁합이다. 부부나 연인의 관계에서도 궁합이 필요하듯 유기체처럼 살아 움직이는 상권 역시 아이템과의 궁합이 가장 중요하다.

분식점을 창업하고자 점포를 물색하던 창업자가 자금 사정이 넉넉하지 않아서 C급 입지에 점포를 얻었다고 하자. 유동 인구도 많지 않고 주변 업종이 목적성이 강해서 일부러 찾아오는 성격이 강하다면 대로변에

출점 적합성 평가 결과 예시

평가표 작성 결과			
입지 판정		적합	
1차 모델링 판정 적합 : (2.636>2)		적합	
수익성 판정 : 적합 : 0.99>0.75(1년 6개월)		보류	
1단계 : 입지 평가			
평가 기준	80점 이상	50~80점	50점 이하
평가 결과	적합	보류	부적합
2단계 : 출점 적합성 평가			
평가 기준	2.25 이상	2.25>X>1.75	1.75 이하
평가 결과	적합	보류	부적합
3단계 : 수익성 평가			
평가 기준	1 이상	1>X>0.5	0.5 이하
평가 결과	적합	보류	부적합

* 최종 1단계 입지 평가를 통과하면 2단계 출점 적합성 평가(모델링 평가)를 통과해야 한다. 최종적으로 수익성 평가를 통해서 적합 여부가 판정된 후에 점포를 선정해야 한다.

있는 경쟁점처럼 신속성을 필요로 하는 개방형 분식점보다 카페형 분식점 콘셉트로 접근하는 것이 타당하다. 좀 더 독특한 메뉴 구성과 편안한 분위기를 만들고 회전률 승부가 아닌 객단가 승부로 접근하는 것이 맞다. 매장의 독특한 스토리를 만드는 것이다. 상권 분석은 고객의 특성과 주변 업종의 구성을 통해서 아이템을 결정하는 데 도움이 되지만, 아이템을 결정했더라도 상품의 구성과 판매 방식을 설계하는 데도 도움을 줄 수 있다.

상권 분석을 통해서 예상되는 추정 매출액을 알 수만 있다면 적정한 임대료의 수준도 따져 볼 수 있고, 투자한 돈을 얼마나 빨리 회수할 수 있을지에 대한 답도 구할 수 있다. 편의점 창업을 위해서 1억 원의 비용이 들고 월 추정 매출액이 4,500만 원이라고 할 때, 창업자에게 돌아오는 수익은 대략 10% 남짓으로 연간 이익의 합계(세전)는 5천만 원 선이다. 이것의 투자 수익률은 0.5이고 투자금 회수 시점은 2년이 걸린다. 자금 회수 시점이야 투자 규모에 따라서 다소 차이가 있지만 생계형 창업의 경우 적어도 2년 이내에는 회수가 가능해야 수익성이 있다고 볼 수 있다.

상권 분석은 이상과 같이 상권과 아이템의 적합성, 투자 대비 수익성 등을 고려하여 해당 점포를 얻는 것이 타당한가에 대한 실마리를 제공한다. 유동 인구의 규모나 경쟁점의 수, 그리고 임대료나 권리금 분석 등은 이러한 상권 적합성 판단을 위한 입지 조사에 해당한다. 결국 입지 분석과 업종 타당성 분석, 수익성 분석이 적합성 판단의 중요한 절차이며, 이를 통해서 최종적인 창업 여부를 결정하는 것이 옳다.

권리금 제대로 알자

우리나라에는 상가권리금이라는 특이한 거래 조건이 있다. 이 때문에 거래의 투명성이 줄어들고 심지어는 점포 생존율에도 영향을 미친다. 매장이 문을 닫는 이유는 꼭 매출 부진 때문은 아니다. 기대 수익에 미치지 못하거나 개인적인 사정 등으로 폐업을 하는 경우도 의외로 많다. 특히 웃돈을 주면서 점포를 내 달라고 하는 경우에는 솔깃할 수밖에 없다. 이는 결국 열심히 장사를 해서 돈을 벌어야 한다는 일반적인 상식을 권리금 장사만 잘하면 돈을 벌 수 있다는 이상한 논리로 창업자를 움직이게 하는 모양새가 된다. 창업자에게 권리금은 피하기 어려운 부담이자 현실적으로 돈이 나가고 들어오는 중요한 손익의 대상이기 때문에 정확한 개념의 이해와 검토가 선행되어야 한다.

권리금에 대한 오해도 적지 않다. 일부에서는 권리금이 있는 점포가 안전하다고 주장하는가 하면, 일부러 권리금을 주지 않기 위해서 신축 상가만 찾는 창업자도 많다. 권리금은 사고파는 사람 간의 거래에서 발생하는 기회비용을 프리미엄이라는 명목으로 건네는 돈을 의미한다. 계속 장사를 해야 하는데 사정상 매도를 하는 것이므로 포기하는 데 따르는 상실 비용을 지불하는 것이다.

실제로 권리금은 평당 가격으로 형성되어 상권의 등급을 정하기도 하고 이 때문에 권리금이 높을수록 장사가 잘될 것이라는 믿음을 주기도 한다. 대체로 권리금의 형성 요인으로는 상권력을 구성하는 유동 인구나 점포의 수, 대형 쇼핑몰과 같은 집객 시설의 유무, 지하철역이나 터미널과 같은 교통 시설의 유무가 포함된다.

이와 같은 논리라면 임대료와 권리금은 상응하는 것이 타당하지만 실제로 꼭 그렇지만은 않다. 임대료는 저렴한데 권리금은 몇 배 비싸기도 하고 상대적으로 저렴한 자리도 있다. 심지어는 같은 건물에서도 상당한 차이를 보이기도 한다. 따라서 권리금에 대한 정확한 이해가 있어야 낭패를 피할 수 있고, 추후 양도 과정에서도 정당한 보상을 받을 수 있다.

권리금은 바닥 권리, 시설 권리, 영업 권리가 한데 어우러져 만들어진 합작품이다. 바닥 권리는 그야말로 입지의 등급에 따라서 형성된 자릿세이다. 시설 권리는 양도인의 시설 중에서 일정 기간이 지남에 따라서 감가되는 가치를 제외한 잔여 가치를 인정하는 금액이다. 영업 권리는 이전 점포의 영업 노하우나 명성, 단골의 규모를 그대로 이어받는다는 이전 비용으로 생각하면 된다. 따라서 같은 자리에서도 권리금은 차이가 있을 수밖에 없고 아무리 입지가 떨어져도 권리금을 주장할 수 있다. 이런 이유로 상권 전문가라 할지라도 권리금의 적정성 여부를 완벽하게 분석해 내기란 여간 어렵지 않다.

바닥 권리의 경우 주변의 점포들이 업종과 관계없이 일정한 금액을 형성하고 있다면 인정해야 하는 게 옳다. 특히 중심성이 강할수록 시설 권리나 영업 권리는 인정받지 못하고 순수한 바닥 권리만 인정된다. 이런 점에서 A급 입지에서의 일정 규모 이상의 시설 투자는 장사가 잘되고 안되고의 문제를 떠나서 투자에 대한 회수가 가능한지를 곰곰이 따져 보아야 한다.

시설 권리의 경우 영업 일수를 제외한 나머지 잔여 일수에 대한 가치를 인정하는 셈인데, 대체로 점포 시설은 5년의 수명이 지나면 가치가 상실한다고 보면 된다. 즉 3년 전에 5천만 원의 시설 비용을 투자한 미용실을 인수한 경우 나머지 잔존 가치는 2년에 해당하는 2천만 원이다. 만약 양도인이 5천만 원을 요구하였다면 나머지 3천만 원은 바닥 권리와 영업 권리에 대한 주장인 셈이다. 이때 자릿세와 영업 가치가 없다면 양도인이 주장하는 권리금은 거품이 있는 것이다. 이러한 셈법을 통해서 권리금의 협상을 진행하면 다소라도 거품을 줄일 수 있다.

영업 권리에 대한 판단은 바닥 권리나 시설 권리에 비해서 접근하기가 쉽지 않다. 양도인의 매출 실적이나 수익에 대한 객관적인 자료를 열람할 수 있다면 좋겠지만 이것이 인위적으로 가공하여 만든 자료라면 자칫 큰 낭패를 볼 수도 있다. 만약 접근이 어렵다면 창업자가 직접 발품을 팔아서 확인해야 한다. 하루에 입점하는 고객 수와 객단가를 곱하면 일매출을 예상할 수 있으므로 판매 원가를 제외한 영업 이익의 수준을 고려하여 권리 분석을 시도해야 한다. 1~2시간의 데이터는 자칫 왜곡된 정보를 양산할 수 있기 때문에 최소한 1~2일의 시간과 노력을 투자하는 것이 바람직하다.

이처럼 권리금은 그 자체만으로도 복잡한 양상을 보이며, 정확한 권리금의 수준을 규명하기 어렵기 때문에 부르는 대로 지불하는 것이 관행이다. 하지만 조금의 노력으로 차분하게 검증할 수만 있다면 원하는 수준으로 권리금을 협상할 수 있다. 대체로 권리금의 수준은 임대료(보증금과 월 차임의 100배를 합한 금액)의 30%를 넘지 않는 것이 좋다.

점포 임대 및 권리금 관련 분쟁 사례

서울시 송파구에서 편의점을 운영하던 김모 씨는 매출 부진으로 사업을 더 이상 계속할 것인지 고민하던 차에 새로 국밥집을 하려고 점포를 임차하려는 배모 씨에게 점포를 넘기기로 하였다. 66㎡(20평) 남짓한 점포의 보증금은 5,000만 원이고 월세는 300만 원이었다. 김씨는 임차하던 당시에 시설비와 영업 권리금으로 그 전 임차인에게 권리금으로 1억 원을 지불했다. 김씨는 장사가 안된 것을 고려하여 2,000만 원 적은 8,000만 원에 권리금을 내놓았다.

하지만 임대인 황모 씨는 편의점이 나가면 자신이 직접 제과점을 할 생각으로 이사 비용과 시설비 일부에 해당하는 3,000만 원만 주겠다고 하며 국밥집을 하려던 배씨와의 임대차 계약을 거절하였다. 장사도 안되는데 들어갔던 권리금마저 제대로 보상받지 못하고 나가야 할 처지에 놓인 김씨는 난감했다. 과연 그가 난국을 돌파할 방법은 없는가?

결론부터 말하자면 2015년에 개정된 상가임대차보호법 제10조 4항에 근거하여 기존에 법적으로 보호받지 못했던 권리금을 이제 제도권 내에서 일정 수준까지 보호받을 수 있게 되었다. 특히 임차인이 주선한 신규 임차인은 임대인이 거절할 수 있는 법적인 조항에 포함되지 않으면 임차인에게 권리금을 지급할 것을 방해할 수 없다(동법 제10조 4항 1호). 따라서 국밥집을 하겠다고 권리금을 지급할 배씨를 방해해서는 안 되고, 특별한 문제가 없는 한 배씨와 임대차 계약을 해야 한다.

만약에 임대인 황씨가 자신이 직접 점포를 운영하겠다고 배씨와의 임대차 계약을 거절하면 편의점 사장 김씨는 황씨를 상대로 손해배상을 청구할 수 있다.

이전에 지불했던 권리금 1억 원과 현재 받으려는 권리금 8,000만 원 중에서 낮은 8,000만 원 이하로 손해배상을 청구하면 된다(동법 10조 4항 4호).

물론 김씨가 이왕이면 임대인에게 점포를 넘긴다고 할 경우에도 법적인 권리로 권리금을 요구할 수 있다. 만약 임대인이 김씨가 이전에 지급했던 권리금을 실제로 지급했는지에 대한 효력을 인정하지 않는다면 이전에 작성했던 권리계약서나 증빙자료를 갖추면 된다. 임대인과 권리양도양수 계약서를 작성하는 것은 필수이다.

아무리 법적으로 권리금에 대한 보호를 하고 있더라도 실제로는 임대인의 꼼수 때문에 어려움을 겪곤 한다. 특히 임차인이 주선한 신규 임차인에게 과도한 임대료를 부담시켜서 결국 임대차 계약을 하지 못하게 하는 경우도 많다. 그런데 이것도 법에서 금지하고 있다(동법 10조 1항 1호).

상권도 나이를 먹는다

상권도 마치 사람처럼 나이를 먹는다. 도시 공간을 연구하는 도시행태론은 우리가 사는 도시를 하나의 유기체로 여기는데, 치열한 적자생존의 경쟁을 하면서 고유한 공간 질서를 만들어 낸다고 본다. 어린아이가 태어나는 것처럼 새로운 공간이 나타나면 기존 공간은 이를 마치 새로운 외부의 침입으로 보고 치열한 대결 양상을 보이는데, 힘의 우위를 점한 승자가 살아남는 전형적인 다윈의 진화론적인 시각으로 보는 것이다.

설령 극단적인 진화론을 신봉하지 않더라도 대체로 도시나 상권이 새로 생겨나고 성장하다가 성숙기를 거쳐서 쇠퇴하는 모습에서 상권 역시 살아 있는 생명체라는 것에 대해 다른 의견을 제기할 사람은 많지 않다. 이런 논의에 동의한다면 상권 역시 각기 다른 나이가 존재하고 그에 상응하는 특성을 담고 있다는 전제 역시 성립한다.

이런 시각을 유지해야만 상권의 특성을 제대로 이해할 수 있다. 새로 조성된 신규 아파트 단지의 특성이 다르고 오래된 구(舊) 도심의 특성이 다른 이유가 여기에 있다. 물론 이런 특성 때문에 동일한 아이템도 성패가 갈릴 가능성은 얼마든지 있다.

1990년대에 주택 200만 호 건설 정책의 일환으로 조성된 분당과 일산을 보면 상권도 나이를 먹는다는 것을 쉽게 이해할 수 있다. 서울의 인구 과밀 억제와 주택난 해소를 위해서 조성된 분당과 일산은 지금까지의 신도시 정책 중에서 가장 성공한 케이스로 인정받고 있다.

1994년 입주 당시에 분당은 주로 40대, 일산은 주로 30대가 많았다.

그래서 분당은 입주 당시부터 교육 니즈가 강했고, 일산은 키즈 비즈니스나 배달 관련 외식업이 강세를 보였다. 또 분당은 소비의 여유가 있었던 반면, 일산은 의식주 관련 생계형 니즈가 강했다는 점에서 확연한 차이를 보였다. 그렇다면 지금은 어떨까?

일산의 경우는 10대 이하였던 어린 자녀가 성장해서 20대를 넘어섰고, 부모의 연령 역시 30대에서 50대를 훌쩍 넘어섰다. 이 때문에 많은 변화가 생겼고, 상권의 축이 지구 단위에서 중심으로 이동하는 전형적인 진화의 과정을 겪었다.

배달이나 생계형 서비스업이 점차 사양화되는 반면 유흥이나 고차위 서비스에 대한 니즈가 강해져 상권 전체적으로 나이가 드는 양상을 보이고 있다. 대형 음식점이 등장하고, 고급 외제차 전시장이 들어서고, 골절병원에 환자가 넘쳐나고, 초호화 나이트클럽이 연일 길거리 광고를 하는 것을 보면 20여 년 전과는 전혀 다른 모습임을 쉽게 알 수 있다.

소비의 리더가 30대의 젊은 미시에서 40~50대 중·장년으로 옮겨 감에 따라서 주간 활동의 비중은 줄어드는 대신에 야간 활동의 비중이 높아지는 양상도 나타나고 있다. 실리적인 가격이 중시되던 소비에서 품위와 여유를 중시하는 패턴으로 전환되는 점도 눈여겨 볼 만하다.

상권 역시 사람처럼 키가 쑥쑥 자라고 한창인 시기에 상권력이 번성하고, 청년이 되면 성장세가 멈추다가, 다시 기력이 떨어져 쇠퇴의 길을 간다. 그런데 상권이 사람과 다른 점은 다시 회춘할 수 있다는 것이다. 노년기 상권이어서 회생 불가능할 것 같던 상권도 새로운 건물이 들어서고 역이 들어서면서 대형 쇼핑몰이 생기면 다시 성장할 수 있는 계기가 만들어진다. 오래된 주택가도 택지 개발로 새롭게 신도시처럼 아파트 단지가 들어서면 유년기 상권으로 변신할 수 있다. 따라서 창업을 하려면 상권의 나이를 제대로 이해하고 아이템을 결정하여야 한다. 상권의 특성을 고려한 마케팅 전략을 구사하지 않으면 자칫 낭패를 볼 수도 있다.

물론 시간이 경과해도 상권의 나이가 멈춰 버린 상권도 있다. 교육열이 높은 학군이나 대학가, 역세권처럼 특정 기능이 강한 경우에는 시간의 경과해도 상권의 특성이 변하지 않을 수 있다. 특히 서울 중계동에 있는 은행사거리나 목동은 거의 반복적으로 동일한 연령대의 주민으로 교체되는 독특한 성향을 보이기도 한다.

유동 인구는 얼마나 중요할까?

창업을 목전에 둔 30대 창업자가 2개의 점포 중에서 어떤 점포로 최종 결정을 해야 할지 몰라서 상담한 적이 있다. 나름 상권을 보는 감각도 좋고 창업 준비를 철저히 했는데도 정작 점포를 선정하는 단계에서는 그동안 공부하고 준비했던 것들이 확신을 주지 못했는지 마지막에 전문가의 의견을 듣고자 했다.

고민이 되는 내용은 다음과 같았다. 2개의 점포 중에서 A점포는 임대료가 비싸고 권리금도 지불해야 하는 부담이 있지만 유동 인구가 많아서 장사를 하면 손님은 꽤 들어올 것 같다. 반면에 B점포는 상대적으로 인적이 뜸하지만 임대료가 저렴하고 권리금도 없어서 창업 부담이 덜하다.

두 점포 중에서 어떤 게 나을 것인가?

　이미 장사를 해 본 경험이 있거나 점포 개발을 주 업으로 하는 사람이라면 아마도 전자를 추천할 가능성이 높다. 비록 창업 부담은 있지만 그에 상응하는 점포의 가치가 있다고 보는 견해이다. 실제로 상당수 창업자가 이 때문에 높은 권리금을 인정하고 가게를 얻는다. 특히 눈에 보이는 유동 인구는 창업자의 마음을 움직이는 결정적인 근거로 작용하기도 한다.

　유동 인구가 없다는 것은 상권의 매력이 떨어진다는 것이며, 개별 점포의 매력이 이를 감당하기에는 한계가 있다는 주장도 어느 정도 설득력이 있다. 하지만 유동 인구를 마치 상권력의 완전체로 갈음하는 태도는 바람직하지 않다. 핵심은 유동 인구가 중요한 업종이 있는 반면에 유동 인구가 별다른 영향을 주지 않는 업종도 있다는 점이다.

　유동 인구가 업종별로 얼마나 중요한지를 커피 전문점을 예를 들어 설명해 보겠다. 소득이 늘고 생활의 여유가 생기면서 우리나라에서도 선진국처럼 커피를 기호 식품이 아닌 생필품처럼 소비하는 경향을 보이고 있다. 국민 1인당 하루에 한 잔 이상 커피를 즐긴다고 한다. 이 때문에 커피 전문점을 창업하려는 사람이 많다. 이미 시장이 포화 상태라는 경고에도 불구하고 창업 열기는 쉽게 사그라지지 않는 모양새이다.

　대체로 커피 전문점의 최적 입지를 고르는 기준은 점포 앞을 지나다니는 유동 인구가 얼마나 많으냐이다. 물론 매장의 콘셉트가 별다른 차이가 없다면 이러한 판단은 틀리지 않다. 만약 커피 가격도 비슷하고 맛도 비슷하다면 이왕이면 소비자 입장에서도 접근하기 편한 곳이 좋기 때문

유동 인구 조사표

구분		남					여				
		10대	20대	30대	40대	50대 이상	10대	20대	30대	40대	50대 이상
평일	1차										
	2차										
	3차										
휴일	1차										
	2차										
	3차										

이다. 그래서 유명 커피 프랜차이즈는 유동 인구가 많고 목이 좋은 자리를 차지하려고 한시도 경계를 놓지 않는다.

하지만 최근에 커피 문화의 새로운 경향이 생겨나고 있다. 이른바 슬로 커피라는 것이다. 스팀머신으로 커피를 압착하는 방식이 아닌 물을 내려서 커피를 추출하는 드립커피나 차가운 물로 우려낸 더치커피를 주력으로 판매하는 커피 전문점이 대표적이다. 커피의 향을 강조하는 슬로 커피는 회전률 승부가 아닌 객단가 승부를 하기 때문에 유동 인구가 많은 복잡한 입지보다는 여유롭게 커피의 향을 음미할 수 있는 덜 복잡한 장소가 오히려 유리하다. 그래서 대로변보다는 이면도로에 점포를 내는 입지 패턴을 갖는다. 이처럼 어떤 상품을 팔 것인지, 그리고 어떻게 팔 것인지에 따라서 유동 인구의 중요성은 서로 차이가 날 수밖에 없다.

결국 유동 인구의 중요성은 판매할 품목의 목적성에 따라 달라진다. 목

유동 인구 조사 결과와 인구 유입도(매칭률) 조사 결과 비교

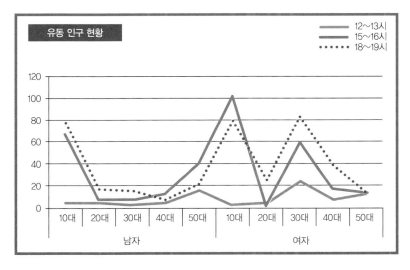

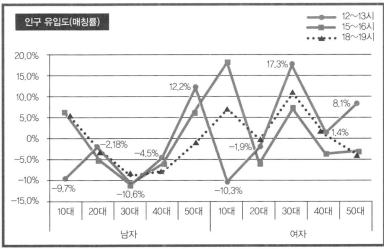

적성이 약한 품목은 고객의 접근성이 매우 중요하기 때문에 유동 인구에 민감한 반면에, 목적성이 강한 선매품 이상의 상품은 유동 인구의 중요성이 덜하기 때문에 임대료 부담이 적은 이면도로를 선택해도 무방하다. 물론 1층이 아니어도 되며, 2층이나 지하에도 점포를 낼 수 있다. 만약 자신이 선택한 아이템이 경쟁점에 비해서 별다른 차이도 없고 고객 입장에서 언제든지 손쉽게 구매할 수 있는 품목이라면 유동 인구가 많은 점포를 선택해야 하며, 나름 경쟁점에 비해서 차별성도 있고 쉽게 구매할 수 없는 품목이라면 굳이 유동 인구에 목숨 걸 필요는 없다.

유동 인구 조사는 가급적 규칙을 두는 것이 좋다. 어느 특정 시점만을 가지고 판단해서는 안 된다. 적어도 하루에 3번, 그리고 평일과 휴일을 동시에 조사해야 한다. 고객이 가장 많이 몰릴 것으로 예상되는 시간을 기준으로 전후 2~3시간 간격으로 1시간 정도 조사하는 것이 좋다. 주점을 창업하려고 할 경우에 점심시간 유동 인구 조사는 아무런 의미가 없다. 차라리 심야 시간을 조사하는 것이 바람직하다.

유동 인구 조사 결과를 토대로 연령별 유입의 정도를 판단해 볼 수도 있다. 예를 들면 해당 상권에 거주하는 20대 남성의 비율이 25%인데 유동 인구 중 20대 남성의 비율이 30%라면 +5%p의 유입을 기대할 수 있다. 중저가 고깃집이나 선술주점을 창업하고자 한다면 긍정적인 결과를 기대할 수 있지만 보양식이나 접대성 외식업의 경우에는 유보하는 것이 바람직하다. 유동 인구가 많아서 지불하는 임대료나 권리금에 비해서 고객의 유입 효과가 떨어질 수 있기 때문이다.

경쟁점이 있으면 오히려 유리할 수도 있다

우리나라는 다른 나라에 비해서 자영업자의 비중이 상당히 높다. OECE 평균에 비해서 거의 2배 이상 높다는 점에서 경쟁은 피할 수 없는 파놉티콘(panopticon : 죄수를 효과적으로 감시할 목적으로 고안한 원형 감옥)과 같다. 사업에 성공하기 위해서는 자신의 상품과 고객, 그리고 경쟁사에 대한 분석이 필요하다. 경쟁을 피할 수 없다면 경쟁에서 살아남아야 한다.

경영학의 석학인 마이클 포터는 경쟁에서 살아남기 위해 3가지 조건으로, 첫째, 원가 절감, 둘째, 경쟁점과 다른 차별성 구축, 셋째, 상품 전문화를 제안했다. 특히 차별성과 관련하여 꼭 당부하고 싶은 말은 다른 경쟁점보다 더 잘하려고 하기보다 다른 곳에는 없는 독특한 한 가지를 반드시 만들라는 것이다. 그것은 독특한 인테리어일 수도 있고, 생소한 메뉴일 수도 있다. 고객을 왕처럼 떠받드는 미소와 친절도 다른 매장과의 비교 대상일 수 있고, 심지어 거친 사투리가 차별성을 만들 수도 있다.

여기서 놓치지 말아야 할 것은 어떤 매장이 경쟁점인가 하는 것과, 경쟁은 과연 부정적이기만 할까에 대한 고민이다. 일반적으로 본인이 판매하는 상품과 절반 이상이 동일하거나 유사하다면 경쟁점으로 볼 수 있다. 하지만 조금 더 깊이 들어가면 비록 상품이 겹치지는 않더라도 동일한 가격에 동일한 구매 목적을 갖는다면 이런 점포 역시 경쟁점으로 보는 것이 타당하다.

대부분의 초보 창업자는 창업 예정지에 경쟁점이 많으면 주저한다. 반대로 장사 경험이 있는 창업자는 오히려 경쟁점이 많은 상권을 선호하기도 한다. 초보 창업자는 장사 노하우가 없고 자신감이 크지 않기에 경쟁점이라는 존재 자체가 위협이라고 판단하는 반면, 장사 유경험자는 경쟁점이 많다는 것 자체가 상권의 매력이 커서 외부로부터의 유입이 활발하다는 것으로 생각한다.

결론적으로 말하자면, 경쟁점 자체만으로 출점 여부를 확정지어서는 곤란하다. 만약 창업하고자 하는 아이템은 적합한데 경쟁점이 없다면 독점적인 수익을 기대할 수 있다. 반대로 경쟁점이 많아도 상권의 매력이 탁월하여 상권 내부 고객뿐만 아니라 외부 고객까지 유입된다면 경쟁점의 숫자는 크게 위협이 되지 않는다. 오히려 경쟁점과의 집적 효과가 다른 상권과의 경쟁에서 강점으로 작용할 수도 있다. 자신이 선택한 아이템이 적합한가를 먼저 따져 본 후에 경쟁점의 영향력을 판단해야 한다.

고객은 절대로 단일 목적의 소비만으로 상권을 찾지는 않는다. 이왕이면 교통 비용을 줄이기 위해 연계된 소비를 하기 마련이다. 이런 측면에서는 자신이 선택한 아이템과 가격, 고객 연령대, 소비 시간대, 목적성, 창업 트렌드를 공유하는 업종이 주변에 많아야 한다. 만약 이러한 업종이 탄탄하다면 경쟁점이 다소 많아도 크게 걱정하지 않아도 된다. 하지만 소비의 공통분모는 없고 경쟁점만 많다면 그야말로 1/n의 공식만 통할 뿐이다.

앞으로 창업자는 경쟁점의 유무만 따질 것이 아니라 자신이 선택한 업종의 경합성이 어느 정도인지를 따져 봐야 한다. 그런 다음에 출점 예정지의 업종 구성이 소비의 연계성 측면에서 서로 보완이 가능한지를 따져 보고 점포를 결정하는 것이 좋다.

업종별 필수 체크리스트

업종을 불문하고 상품의 목적성을 먼저 따져 보아야 한다. 목적성이 약할수록 점포의 위치가 중요하며, 목적성이 강할수록 입지에 대한 부담은 줄어든다. 외식업의 경우 다른 음식점과의 차별성이 거의 없는 대중음식이라면 고객과의 접근성은 매우 중요하다. 따라서 길가에 위치하는 것이 바람직하다. 일반적으로 맛을 내기 어려운 별미를 다루는 음식점은 꼭 유동 인구가 많은 대로변을 선택할 필요는 없다.

판매업의 경우에도 일부러 구매하기 위해서 찾아가는 선매품은 입지에 대한 부담이 덜하다. 선매품은 한 번 구매하면 내구성이 강해서 비교적 오래 사용하고 구매 빈도가 비교적 긴 상품을 의미한다. 따라서 잘못 구입하면 실망감이 크기 때문에 구매 과정에서 복수의 매장을 비교하곤 한다. 반대로 충동적인 소비 성향이 강한 편의품은 A급 점포가 유리하다. 편의점이나 화장품 전문점, 액세서리 전문점, 의류 판매점 등이 대표적이다.

물론 선매품도 입지가 좋아야 매출이 높다고 주장할 수 있지만 오히려 다른 요소에 의해서 매출이 좌우되는 경향이 많기 때문에 입지의 중요성이 상대적으로 덜하다고 볼 수 있다. 가전 대리점, 가구 판매점, 주방 용품, 조명, 혼수 용품 등이 대표적이다. 충동구매가 아닌 이성적 판단에 의해서 구매가 이루어지기 때문에 높은 비용을 지불하고 점포를 얻을 필요는 없다. 서비스업의 경우에도 목적성이 약한 저차위 서비스는 입지에 대한 부담이 상대적으로 큰 반면에, 고차위 서비스나 기술형 서비스는

업종별 상권의 특성과 입지 전략

구 분		목적성	가격 수준	핵심 키워드	경합성	적합 상권
외식업	일반외식업 (대중음식)	약	낮다	접근성	치열	주택가, 역세권, 오피스가
	전문외식업(별미)	강	높다	고객 연령, 직업	보완	이면, 근교, 먹자골목
판매업	편의품	약	낮다	상권의 연령	치열	아파트 단지
	선매품	강	높다	상품의 특성	보완	B급지, 근교, 쇼핑센터
서비스업	저차위 서비스업	약	낮다	배후 인구	치열	주거 상권
	고차위 서비스업	강	높다	업종 연계성	보완	B형 상권
	기술형 서비스업	강	높다	자유입지형	보완	C급지 무방

업종별 입지 · 상권 분석 필수 체크리스트

구 분		점포 크기	접근성	경쟁점과의 거리	입지 조건	조사 방법
외식업	일반외식업 (대중음식)	중소	우수	멀수록 좋다	A, B급지 1층	유동 인구 업종 조사
	전문외식업 (별미)	대	보통 이하	가까워도 상관없다	이면도로 2층도 무방	업종 조사 통행량 조사
판매업	편의품	중소	우수	멀수록 좋다	A급지 1층	유동 인구 업종 조사
	선매품	대	보통 이하	가까워도 상관없다	C급지 1층	업종 조사 통행량 조사
서비스업	저차위 서비스업	소	우수	멀수록 좋다	주택가 1층	유동 인구 업종 조사
	고차위 서비스업	중대	보통 이하	가까워도 상관없다	이면도로 A급지 고층	업종 조사 통행량 조사
	기술형 서비스업	해당사항 없음	해당사항 없음	가까울수록 좋다	이면도로 도시 외곽	업종 조사 통행량 조사

입지의 중요성보다는 다른 요소에 의해서 성패가 갈릴 수 있다.

구매의 목적성은 유사 업종 간의 경쟁 관계에도 영향을 미치는데 목적성이 약할수록 경쟁점과의 거리가 가급적 떨어져야 한다. 분식이나 치킨 전문점, 제과점, 편의점 등은 목적성이 약하기 때문에 가까울수록 경합성이 치열해서 서로에게 상처를 줄 수 있다. 반대로 목적성이 강할수록 고객 입장에서 비교가 용이하기 때문에 몰려 있는 것이 유리하다. 구매 빈도가 낮아서 한 번 구매하는 데 비교 대상이 멀리 떨어져 있다면 고객 입장에서 피곤할 수밖에 없기 때문이다.

점포의 크기도 상품의 목적성, 달리 말하면 상권력과 비례한다. 목적성이 강할수록 입지에 대한 부담은 적지만 반대로 점포의 규모가 작아서는 곤란하다. 어차피 회전률로 승부를 내기 어렵기 때문에 이왕이면 피크 타임에 많은 고객을 유치하는 입지 전략이 필요하다. 이와 달리 목적성이 약할수록 점포의 크기는 작아도 무방하다. 점포의 크기가 작아도 잠재 고객이 많기 때문에 고객 회전률을 높이는 데 큰 장애가 되지 않는다.

점포 비용을 아끼려고 입지가 떨어지는 이면도로에서 매장을 얻는 경우에도 점포의 규모를 줄이려는 창업자들이 간혹 있다. 그런데 고객 입장에서 생각해 보면 접근성이 떨어지는 음식점에서 자리를 얻기 위해 대기하는 인내를 하기는 어렵다.

좋은 점포를 얻기 위해서는 직접 확인해야 한다

성공적인 창업을 하기 위해 좋은 점포를 얻어야 한다는 점은 두말할 필요가 없다. 물론 좋은 점포가 좋은 입지만을 의미하는 것은 아니다. 자신이 선택한 아이템과 궁합이 맞아야 한다는 점을 잊지 말기 바란다.

좋은 점포를 얻는 첫 번째 비결은 자신이 선택한 아이템이 어떤 특성을 갖고 있는지를 이해하는 데서 출발한다. 어떤 차별성이 있으며, 누구를 대상으로 판매할 것인지에 대한 명확한 기준이 선다면 점포에 대한 밑그림이 그려진다. 목적성이 강한지, 약한지, 일부러 찾아오는 상품인지, 지나가다가 충동적으로 구매하는 상품인지 등을 따져 본다. 이에 따라서 입지에 대한 등급, 임대료에 대한 적정성, 점포의 크기를 결정할 수 있다. 좋은 점포를 얻는 지름길은 무엇보다도 업종에 대한 충분한 지식과 경험을 쌓는 것이다.

하지만 현실은 그렇지 않다. 입지와 상권의 개념을 혼동하지 말라는 당부도, 아무리 입지가 좋아도 아이템과 궁합이 맞지 않으면 실패할 수 있다는 권고도 무시한 채 그저 좋은 자리만을 찾아 헤매는 창업자가 의외로 많다. 심지어는 자신이 준비한 아이템을 뒤로 한 채 좋은 자리가 저렴하게 나와서 덜커덕 인수 창업을 하는 경우도 많다. 업종을 결정하고 점포를 찾는 순서가 순리인데도 불구하고 절차대로 창업을 하는 경우는 30%도 안 된다. 창업 실패율이 높은 이유는 결코 우연이 아니다.

업종을 결정하고 적합한 입지 조건을 설계하는 모델링 작업은 필수이다. 통계적인 검증이 아닐지라도 자신이 중요하다고 판단되는 입지 조건

중소기업청에서 제공하는 상권정보 시스템(http://sg.sbiz.or.kr)

을 선정하고 온라인 상권 분석 프로그램과 필드 조사를 통해서 점포의 적합성을 충분히 검증해 낼 수 있다. 물론 오차가 있을 수 있으나 막연한 판단보다는 훨씬 오차를 줄일 수 있다.

본인의 판단만으로 도저히 실마리를 풀기 어렵다면 상권 전문가에게 도움을 요청하는 것도 좋다. 약간의 비용이 들겠지만 잘못된 판단으로 지불해야 하는 막대한 비용과 비교한다면 일종의 예방주사로 여길 수 있다. 최근에는 중소기업청과 각 자치단체에서 지원하는 컨설팅 프로그램이 있으므로 이를 활용한다면 큰 비용이 들지 않고도 전문가의 도움을 받을 수 있다.

좋은 점포를 얻기 위해서는 막연한 추측이나 타인의 자료를 그대로 사용하는 것은 금물이다. 자신이 직접 발품을 팔아서 유동 인구를 조사하고 경쟁점을 직접 찾아가 보고, 주변의 업종 분포나 주거 상태도 확인해 보아야 한다. 공공기관에서 제공하는 상권 빅데이터도 시일이 지나면 오류나 오차가 있을 수 있기 때문에 적어도 유동 인구와 경쟁점, 그리고 업종 분포는 창업자 자신이 직접 조사하는 것이 바람직하다.

"상권은 절대 거짓을 말하지 않는다. 오히려 상권을 보는 사람들이 잘못 해석하는 것이다."라는 점을 잊지 말아야 한다. 상권의 진실을 제대로 알기 위해서는 몇 권의 책을 더 보는 것도 중요하지만 얼마나 많은 시간을 현장에 투자했느냐가 더 중요하다. 좋은 점포를 얻기 위해서는 정확한 상권 분석이 필요하고, 정확한 상권 분석을 위해서는 현장에서 발품을 얼마나 팔았느냐가 중요하다. 좋은 점포를 얻는 일도 중요하지만 상권 분석을 하는 과정에서 상권에 대한 특성을 제대로 이해할 수 있다. 이는 창업한 이후에 어떻게 장사를 해야 할지에 대한 영업 전략을 짜는 데 결정적인 힌트를 제공한다.

잘되는 가게 VS 안되는 가게

- 경영 전략 편 -

창업의 1·2·3·4·5 법칙

　최근 경기 상황이 나빠지면서 자영업자들의 생존도 만만치 않다. 이렇다 보니 언론에서는 직장에서 은퇴한 퇴직자들이 자영업시장으로 몰리는 상황을 아주 비관적으로 보고 있다. 마치 자영업자가 되는 것을 좋지 않은 상황으로 추락하는 것으로 보고 있다. 안정된 직장 생활을 하다가 자영업자가 되는 삶이 최선이라고 보기는 어렵지만 그럴 수밖에 없는 우리의 상황을 받아들이는 자세가 필요한데, 마치 실패한 삶인 것처럼 보는 시각이 매우 불편하다.

　특히 우리나라에는 이런 시각이 만연해 있다. 대기업에 다닐 때 회사 주변에서 장사하는 사람들을 하대하는 시선으로 바라보다가 퇴직 후에 또 다른 일자리를 구하지 못해 어쩔 수 없이 자영업 세계에 들어온다. 이 세계는 직장인으로 살던 세계와 완전히 달라서 생존하려면 아주 많은 준비를 해야 한다. 그런데도 대부분의 은퇴 창업자는 먹고살아야 한다는 명분을 내세워서 아주 불편하고 못마땅한 심리 상태로 마치 오지 말아야 할 곳에, 혹은 하지 말아야 할 일을 해야 한다는 생각으로 시작한다.

　장사하는 사람들을 낮춰 보는 사회 분위기가 개선되지 않으면 결국 초보 창업자들이 피해를 입는 결과가 나오게 된다. 자영업자가 되는 자신을 스스로 인정하지 못하고 실패한 인생으로 생각하는 상황에서 시작하는 창업이 좋은 성과를 내기 어려운 것은 당연한 일이다. 즐겁게, 신나서, 미칠 것 같은 마음으로 시작해도 오랜 기간 장사를 해 오던 사람들과의 경쟁에서 이기기가 쉽지 않기 때문이다.

우리가 사는 사회는 큰 기업, 큰 회사만 있는 것이 아니라 중소기업, 자영업자들도 사회의 아주 중요한 역할을 한다는 생각을 가질 필요가 있다. 그리고 그 중요성에 대해서도 인정해 줄 필요가 있다. 이런 사회적인 인식이 바뀌지 않은 상황에서의 자영업 시장은 벼랑일 수밖에 없다.

펄펄 끓는 열정으로 시작해도 원하는 것을 얻으려면 상당한 시간이 필요한데 그런 사실을 전혀 감안하지 않는다. 이는 근본적으로 자영업이라는 시장을 아주 만만하고 대수롭지 않게 생각하기 때문이다. 그렇다고 모든 사람의 생각을 하루아침에 바꾸는 것은 불가능하다. 이제 자영업자가 되려는 사람들의 생각과 자세를 바꾸는 일부터 시작해야 한다.

100세 시대를 사는 우리는 은퇴 후 50년을 더 살아야 한다. 한때 금융회사에서는 노후 생활 자금을 마련해야 한다면서 직장인들의 돈을 모았다. 그러나 이제는 이런 논리가 그다지 설득력이 없다. 돈보다 일이 필요하기 때문이다. 그것도 아주 오랫동안 말이다. 은퇴 후 다시 직장에 들어가서 70세 혹은 80세까지 일을 할 수 있다면 모든 문제는 해결된다. 그런데 그것은 현실적으로 어렵다. 결국 내 일자리는 내가 만들어야 한다. 이것이 바로 창업이다.

시니어 세대들이 새로운 인생을 준비할 때는 누구를 위해서가 아니라 진정 나를 위한 일 그리고 오랫동안 재미있게 할 수 있는 일, 그 일이 누군가에게 작은 힘이 되는 일을 찾아야 한다. 50년을 산다고 하지만 실제로 퇴직 후 33.8년(12345일) 정도 더 일을 할 수만 있다면 이보다 좋은 삶은 없을 것이다. 12345 법칙으로 시니어 세대가 50년을 성공적으로 살 수 있는 방법을 다음과 같이 정리해 보았다.

1

남은 50년을 살기 위한 시작은 바로 1이다. '1 = 일'이다. 일이 있어야 하고 일을 해야 한다. 내가 직접 해야 한다. 그렇지 않고 50년을 살아가기는 힘들다. 중요한 것은 일에 돈을 결부시켜서는 안 된다는 것이다.

2

어떤 일을 해야 하는가? '2 = 利'이다. 이로운 일을 해야 한다. 내게도 이롭지만 먼저 남에게 이로운 일을 해야 한다. 그래야 그 일을 오래 할 수 있다. 내게 이로운 일만 찾으면 오래 하기 어렵다. 이롭지 않은 일은 사회로부터 격리되고 추방당하기 때문에 이 역시 오래 하기 어렵다.

3

내가 하는 일이 남에게도 나에게도 이로운 일이라면 그 일은 '3 = 삼'이다. 즉 삼삼하다. 삼삼하다는 것은 재미가 있고 흥미를 느끼고 매력적이라는 말이다.

4

'4 = 死'이다. 죽을 때까지 그 일을 할 수 있다.

5

사력을 다해서 하면 인생의 마지막은 '5 = OH/V'가 된다. 내 삶에 감탄하면서 승리하는 인생을 이야기할 수 있다.

점포를 직장이라고 생각하라

창업하는 순간 창업자는 '사장님'이라는 소리를 듣게 된다. 사장은 지시만 하고 궂은일은 종업원을 시키면 된다는 사고방식과, 사장은 출퇴근 시간에 구애받지 않아도 된다는 식의 사고방식은 폐점을 재촉하는 가장 큰 요인이다.

사장은 종업원보다 더 일찍 출근하고 더 늦게 퇴근해야 하는 것은 물론 모든 부분에 대해서 일일이 확인하는 습관을 길러야 한다. 카운터에서 계산만 하고 지시만 하는 식의 소자본 창업은 불가능하다. 내 시간과 내 공간에 대한 인식의 변화가 필요하다. 점포 운영 시간은 내 시간이 아니라는 사실을 반드시 기억해야 한다. 내 가게 내 맘대로 한다는 식으로 점포를 운영하면 아무리 장사가 잘되더라도 그 점포는 그 상태에서 더 이상 발전하지 않는다. 점포도 직장이라는 개념 정립이 필요하다.

이런 마인드를 갖기 위해서는 창업자로서의 또 다른 나를 만들어야 한다. 즉 사업장으로 출근할 때 원래의 나는 집에 두고 가야 한다. 현실적으로 이런 자세를 견지하기는 쉽지 않다. 그래서 업종에 맞는 복장을 착용해야 한다고 전문가들은 강조한다. 복장을 착용한다는 것은 파는 사람과 사는 사람을 구분하기 위해서인데, 이런 구분은 사는 사람이 좀 더 용이하게 상품이나 서비스를 구매할 수 있도록 배려하는 것이다.

젊은 창업자들은 복장 착용의 중요성을 안다. 문제는 시니어 창업자들이다. 이들은 자신이 장사를 하는 사실에 대해서 흔쾌히 인정하지 않기 때문에 그것을 겉으로 드러내는 것에 대한 부담감이 있다. 이 틀을 깨지 못하면 성공은 기대하기 힘들다. 업에 맞는 옷을 입는다는 것은 자신의 현재를 스스로 인정하는 것이고 자신이 정한 일을 하는 또 다른 나를 확인하는 것이다. 이것이 원활하게 이루어지지 않으면 많은 시행착오를 통한 고통을 감수해야 한다.

솔선수범하라

점포 문을 열고 닫는 사장, 궂은일을 마다하지 않는 사장은 반드시 성공한다. 종업원은 기본적으로 손님이 아주 많은 점포를 선호하지 않는다. 그 이유는 자신의 급여는 매출과 무관하기 때문이다. 반대로 손님이 아주 없는 점포도 싫어한다. 이유는 2가지이다. 월급을 제때 받지 못할 수도 있다는 두려움과, 심심하고 무료하기 때문이다. 종업원이 가장 좋아하는 점포는 적당히 무료하지도 그리 바쁘지도 않은 곳이다. 주인의 입장에서는 이것이 가장 경계해야 할 상황이다.

주인이 직접 더 많은 일을 할 자신이 없다면 창업은 포기해야 한다. 주인이 모든 것을 직접 체험하고 알고 있어야 종업원을 제대로 관리할 수 있다. 어느 정도 장사가 된다고 점포를 비우기 시작하면 종업원의 움직임은 느려지고 서비스의 질도 떨어져 매출이 하락한다. 믿고 맡기는 것도 좋지만 그것은 점주가 모든 것을 장악한 후의 일이다. 스스로 가장 말단 종업원이 될 각오가 서지 않으면 아직 창업 준비가 덜 된 것이다.

내 일이다. 내가 좋아서 내 돈을 들여서 만든 내 사업장이다. 당연히 내가 가장 많은 애정과 열정을 쏟아야 한다. 내가 일을 하지 않고 돈을 벌 수 있다는 생각 자체가 성공을 어렵게 한다. 가장 먼저 움직이고 가장 늦게까지 일을 해야 하는 것이 성공하는 사람의 가장 기본적인 자세이다.

버리는 만큼 벌 수 있다

성공을 꿈꾸는 수많은 예비 창업자가 보랏빛 꿈을 꾸며 어렵게 창업을 하지만 막상 시작한 영업은 기대했던 만큼의 매출과 수익을 가져다주지 않는 경우가 허다하다. 성공하는 이들은 이 고비를 슬기롭게 넘기는데 실패하는 이들은 대부분 이 고비에서 심하게 좌절하거나 불안해하거나 창업을 후회하면서 그간의 과정을 되돌려보며 원인을 분석하려 한다. 이 방법이 나쁜 것은 아니다. 그러나 이 과정에서 몇 가지 중요한 사항을 기억해야 한다.

먼저 안정적인 매출이 이루어지기까지는 절대적인 시간이 필요하다는 것이다. 무슨 상품이든 간에 소비자들에게 인식시키는 시간이 필요하다. 이 시간을 견디지 못하면 고정 고객을 확보하기 어렵다. 예비 창업자들은 창업과 동시에 엄청난 매출을 기대하는데, 그런 생각을 버려야 한다. 성공을 위해서는 절대적인 시간이 필요하다. 이를 기다리지 못하기 때문에 대부분이 성공하기 직전에 그만두는 경우가 많다.

다른 사람들은 다 망해도 나는 성공할 수 있다는 근거 없는 확신도 버려야 한다. 운이 좋으면 단기간에 별 다른 노력 없이도 큰돈을 벌 수 있다는 생각, 나는 원래 이런 변변치 못한 일을 할 사람이 아니라는 생각, 나는 한때 잘나가는 사람이었다면서 과거 속의 나만 생각하는 것 등을 버리면 성공과 가까워진다. 대기업 임원 출신이 창업한 식당에 간 적이 있는데, 상권·메뉴·서비스 등에 대한 것보다는 주인의 자세와 태도를 유심히 보았다. 새로운 일을 하는데 변한 것이 아무것도 없고 여전히 자기가 임원이라는 의식을 갖고 있으면 새로운 것을 채울 수가 없다.

아이템이나 상권 그리고 여러 외부적인 여건에 따라 성공으로 가는 시간이 단축될 수도 있지만 위에서 언급한 내용들에 대한 진지한 반성이 없는 경우에는 그 시간이 점점 길어진다는 사실을 주목해야 한다. 4계절이 있는 우리나라 창업 시장에서는 최소한 1년간은 수익이 발생되지 않더라도 운영한다는 생각을 해야 하고 창업하기 전에 이에 대한 대비를 하는 것이 바람직하다.

자신감을 가져라

매출이 부진하면 자신이 가졌던 확신이나 믿음에 대한 자신감이 점차 약해진다. 심리적으로도 불안감이 조성되면서 그러한 기운들이 표정이나 기타 기운을 통해 표출되는데, 이것을 철저히 경계해야 한다. 좋지 않은 기운, 즉 부정적인 기운은 고객에게 아주 빠르게 전달되므로 이러한 기운이 고객에게 전달되지 않도록 조심해야 한다.

눈에 보이지 않는 것은 인지하기 어려워 소홀히 하기가 쉽다. 부정적인 기운을 다스리지 못하면 성공으로 가는 절대시간은 무한정 늘어나게 된다. 이 점을 깊이 명심해야 한다. 그러기 위해서는 항상 좋은 상태를 유지할 수 있도록 노력해야 함은 물론 자신감을 갖도록 스스로 마인드 컨트롤을 해야 한다.

건강한 육체에 건강한 정신이 깃들므로 잡념을 버리고 시간을 보다 계획적으로 활용하는 것이 중요하다. 그러기 위해서는 주기적으로 가벼운 운동을 하는 습관을 길러야 한다. 창업은 절대로 단기간에 승부가 나지 않는 마라톤 게임이기 때문이다. 지구력과 인내력을 기르려면 건강이 중요하다.

자신감은 자신이 선택한 아이템에 대한 애정에서 출발한다. 하기 싫은 일을 오직 돈을 벌기 위해서 창업한 경우에는 매출이 부족하면 창업 당시 가지고 있던 에너지가 급속도로 소진되면서 운영에 대한 자신감도 약해진다. 아이템에 대한 애정을 만드는 방법은 아이템에 대해 공부를 하는 것이다. 공부를 통해 아이템이 갖는 의미와 가치를 인지하고 그 일의 중요성과 필요성에 대한 자부심을 가질 수 있다.

예를 들면, 카페 창업자들은 창업하기 전에 커피에 대해 인문학적인 공부를 하지 않는다. 거의 대부분 바리스타 교육을 통해 자격증을 딴다. 사실 카페를 창업하는 데 자격증은 없어도 된다. 차라리 실제 경험을 통해 직접 커피를 상품화시키는 방법을 배우는 것이 훨씬 효과적이다. 커피에 대한 공부를 먼저 함으로써 커피를 보다 깊이 있게 이해하는 것이 자신감을 갖는 최선의 방법이다.

고객이 상품을 사는 것은 파는 사람의 신뢰를 사는 것이다. 파는 사람이 자신이 판매하는 상품이나 서비스에 대한 애정과 신뢰가 없으면 고객은 쉽게 돈을 지불하지 않는다. 파는 사람의 자신감이 고객의 결정을 도와준다는 사실을 기억해야 한다.

항상 부족하다는 생각을 하라

초보 창업자들이 가장 많이 경계해야 하는 것은 '이만하면 충분하다.'는 생각이다. 항상 부족하다는 생각을 가져야 한다. 이는 서비스의 기본이다. '100-1＝0' 서비스 공식을 기억해야 한다. 즉 100번 잘하다가도 1번 잘못하면 제로라는 말이다. 서비스는 이런 것이다. 끝이 없다. 항상 모자라고 부족하다. 이런 마음과 자세가 몸에 배야 한다.

'나는 잘못한 것이 없다.', '그만큼 해 줬으면 됐지 뭐가 불만이야.', '손님이 문제가 있어.' 하는 식의 생각을 버려야 한다. 그렇다고 해서 소극적으로 손님들에게 끌려가라는 얘기는 아니다. 서비스나 상품에 대한 품질 등에 대해 나름대로의 주관을 가지고 있어야 한다는 것이다.

고객들의 다양한 요구를 100% 수용하려면 처음부터 사업 패턴을 철저히 맞춤식으로 맞추어야 한다. 그러나 대부분의 아이템은 맞춤식보다는 기존의 정형화된 상품이므로 판매할 때 손님들이 자신의 의견을 많이 이야기한다. 신중하게 듣되 적용은 철저히 분석한 후에 신중하게 해야 한다. 이를 지키지 못하면 정체 불명의 콘셉트로 방향성이 없어진다.

모든 결정은 고객이 한다. 운영자가 엉망으로 했지만 고객이 만족하면 그것이 정답이고, 운영자가 완벽하게 준비하고 제공했는데 고객이 만족하지 않으면 그것은 잘못된 것이다. 모든 기준은 고객이 정한다.

서울 인사동 메밀 전문점에서 메밀수제비를 먹고 난 후 계산을 하면서 주인에게 말했다.

"수제비가 쫄깃쫄깃한 맛이 있어야 하는데, 씹는 맛이 없어 먹는 재미가 부족하네요."

주인이 대답했다.

"저희는 고객의 건강을 생각해서 100% 메밀을 사용하거든요."

나는 덧붙여 말했다.

"고객의 건강은 고객이 알아서 챙기면 되니, 그것까지 신경 쓰지 마시고 먹는 즐거움을 돌려주세요."

6개월 후 다시 방문했을 때는 주인이 바뀌어 있었다.

이 정도면 충분하다고 생각하는 순간 매출은 떨어진다. 부족하다는 생각을 하는 순간 뭔가 새로운 것으로 채우려는 노력을 하게 된다. 상품에 문제가 없으면 서비스를, 서비스에 문제가 없으면 문제 해결을 위한 노력을 지속적으로 해야 한다. 이것이 성공한 사람들의 생각이다.

마이너스 마이너스 전략

성공 창업은 바로 자신에게 맞는 아이템을 선정하는 것에서부터 시작한다. 자신에게 맞는 아이템이란 하고 싶거나 잘할 수 있는 것이다. 내게 맞는 아이템이라야 열정의 에너지를 만들어 낼 수 있으며, 이 에너지는 바로 성공 동력이 된다. 아주 간단한 원리이다. 열정은 몰입에서 나오고 몰입은 관심에서 시작한다. 열정은 결국 가슴 두근거림이다. 성공 아이템은 창업자의 가슴을 뛰게 하는 것이라야 한다. 아이템을 완전히 내 것으로 만들어 전문가가 되는 방법은 연습밖에 없다. 충분한 연습을 통해 전문가가 되지 않은 상태에서 시작하면 그 대가는 반드시 치르게 된다.

대부분의 창업자는 자리잡는 과정에서 ++전략을 생각한다. ++전략은 무조건 좋은 것, 새로운 것, 획기적인 것을 추구하는 것이다. 문제는 +(플러스)를 생각하면서 자신이 가지고 있는 -(마이너스) 즉 성공 창업을 저해하는 여러 요소에 대해서는 신경 쓰지 않는다는 것이다.

++를 하면서 -를 생각지 않으면 +-로, 그 결과가 작은 규모의 + 혹은 -로 나타나게 된다는 얘기이다. ++전략은 자칫 +라는 결과에 고무되어 자신에게 맞지 않는 아이템을 선택하거나 실행하기 어려운 전략을 구사하는 실수를 범해 결국은 실패라는 결과에 직면하게 된다.

초보 창업자의 올바른 창업 전략은 -전략이다. 이는 자신의 약점을 줄이는 전략이다. 리스크에 대한 대비를 충실히 한다는 말이다. -전략은 선정한 아이템으로 성공하기 위한 과정에서 도움이 되지 않는 요소를 제거하는 데 주력하므로 반드시 + 결과를 도출한다.

문제는 ++는 눈에 잘 보이고 특별한 준비나 노력을 하지 않아도 될 것처럼 느껴진다는 것이다. 이것이 성공의 함정이며, 유혹이다. 여기에 빠지지 않는 법 역시 -전략밖에 없다. 이 전략은 자신에 대한 충분한 이해·분석과 함께 아이템에 대한 부단한 연습 과정에서 자신의 -요소를 발견할 수 있으며, 극복도 가능하다.

어떤 전략을 선택하느냐는 순전히 창업자의 몫이다. 그러나 그 결과는 성공과 실패로 나눠진다. 성공을 위한 선택은 어렵고 힘들고 인내와 열정을 필요로 하는 −전략이다. 이것은 자신의 열정을 쏟아 부을 수 있는 가슴 뛰게 하는 아이템을 선정하는 것부터 시작한다. 보기 좋고 폼 나는 ＋＋전략과 볼품도 없고 초라해 보이지만 나를 움직이게 하는 그 무엇이 있는 −전략 중에서 한 가지를 선택해야 한다면 무엇을 선택해야 할지 그 답은 분명하다.

타깃 고객을 정하라

여러 아이템 중에서 상품이나 서비스의 고객이 분명한 아이템은 그렇지 못한 아이템보다 승산이 있다. 그리고 그런 아이템으로 창업을 할 사람까지 있다면 성공 확률은 더욱 높아진다. 그런데 현 창업 시장에서는 이 2가지 원칙이 제대로 지켜지지 않는 것이 다반사이다. 애매모호한 고객을 대상으로 영업을 하다 보니 점포의 특성이 없어지고, 특색이 없으니 차별화를 통한 경쟁력도 사라진다. 결국 생존 가능성이 낮아지는 결과를 초래한다.

무엇을 팔 것인가를 정했으면 누구한테 팔 것인가를 정해야 한다. 그래야 어디서, 얼마에, 어떻게 팔 것인가를 정할 수 있다. 그러나 대부분의 창업은 누구한테 팔 것인가에 대한 연구가 부족하다. 특히 소자본 창업의 경우에는 더하다. 일반적으로 창업자는 아이템을 정하면 바로 점포를 구한다. 다행히 그 점포 주변에 아이템을 소화할 수 있는 고객이 있으면 성공하고 없으면 실패하게 된다. 아이템을 찾는 고객이 없다는 것을 창업 후에 발견하면 이미 때는 늦다.

창업 전에 반드시 고정 고객을 정해야 한다. 이것이 모든 것을 결정한다. 예를 들어, 삼계탕 전문점으로 아이템을 결정하고 주 고객을 중·장년층이 아니라 20~30대 여성으로 잡는다면, 원재료인 닭을 제외하고 모두 달라진다. 입지는 20~30대 여성이 많은 곳으로 하고, 가격도 20~30대 고객이 소화할 수 있는 수준으로 해야 한다. 그리고 점포 인테리어, 집기, 상호, 맛, 양, 서비스 형태, 종업원 구성 등 모든 것이 일반적으로 중·장년층을 대상으로 할 경우와는 다르게 접근해야 한다. 이것이 타깃 고객을 정해야 하는 이유이다.

신촌에 있는 '아저씨네 낙지찜' 집은 고객을 여성으로 한정한다. 즉 남성 출입 금지 식당이다. 십수 년째 운영하고 있는데 매출이 상당하다. 창업 초기에는 이런 운영 방침으로 인해 고객과의 마찰도 생겼지만 꾸준하게 원칙을 지키며 운영한 결과 지금은 안정적인 수익을 올리고 있다. 타깃 고객이 정해지면 운영 전략을 계획하기도 쉽다. 여성 고객에게 집중하면 되기 때문에 남성과 여성을 동시에 생각해야 하는 경우와 차별화된 경쟁력이 생긴다.

모든 고객을 내 고객으로 한다는 것은 영업을 포기하는 것과 같다. 고객을 한정해야 안정적인 매출을 통한 지속적인 운영 기반을 만들 수 있다. 수년 전에 20~30대 여성을 타깃으로 한 치킨 브랜드가 있었다. 당시 치킨의 트렌드는 오븐 구이였다. 하지만 이 브랜드는 주력 메뉴가 프라이드였다. 그런데 성공했다. 주된 이유는 바로 타깃 고객을 20~30대 여성으로 했기 때문이다. 단기간에 폭발적인 성장을 했다. 고객이 20~30대 여성이기 때문에 메뉴와 점포 콘셉트, 입지, 운영자의 연령까지 타깃 고객에 맞도록 설계했다. 그런데 브랜드가 성장하며 타깃 고객의 폭을 넓히고 주택가와 아파트 중심 상권으로 입점을 하면서 된서리를 맞았다. 결국 성장세는 꺾이고 브랜드 가치도 하락했다.

아이템의 크기와 상관없이 분명한 타깃 고객을 정하는 것이 성공 창업의 기본 요건이라는 사실을 교훈으로 새길 필요가 있다.

웃으면서 고객을 맞이하라

어떤 업종이든 간에 고객을 대하는 서비스가 가장 중요하다. 이것의 시작은 웃으면서 인사하기이다. 웃으면서 고객을 맞이하면 고객이 긴장을 풀게 되고, 결국 고객의 구매 활동을 자유롭게 하게 하여 매출 증대로 이어진다. 웃는다는 것은 자기 기분과 상관없이 이루어져야 한다. 기분이 좋을 때 웃는 것은 누구나 할 수 있다.

장사가 잘되지 않는 집에 가면 주인의 표정이 경직되어 있다. 그런 표정은 고객을 긴장시킨다. 고객은 나에게 이득을 주려고 방문하는 것이다. 그런데 웃지 못한다면 아무리 좋은 상권에서 좋은 아이템으로 장사를 하더라도 좋은 성과를 내기 어렵다.

자기가 하고 싶은 일을 자기가 정한 원칙대로 하면서 표정이 밝지 못하거나 고객에게 긍정의 에너지를 줄 수 없다면 성공을 기대하기 어렵다. 장사가 잘되지 않는데 어떻게 항상 밝은 표정을 할 수 있느냐고 반문할 수도 있다. 그런데 사실은 장사가 잘되지 않아서 웃지 못하는 것이 아니라 웃지 못하니깐 장사가 잘되지 않는 것이다. 웃으면서 장사를 한다는 것은 자기가 하는 일이 즐겁다는 반증이다. 즐거운 마음으로 하는 일은 그 결과물도 아름답다는 사실을 인지해야 한다.

그런데 창업을 준비하는 과정에서 이런 부분은 신경 쓰지 않는다. 중요하지 않다고 생각한다. 장사가 잘되는 집에 가면 주인의 표정이 다르다. 장사가 잘되어서가 아니라 표정이 밝기 때문에 장사가 잘된다. 그 밝은 표정이 고객의 마음을 편안하게 하기 때문에 상품이나 서비스를 구매하는 자세가 달라진다. 반대로 장사가 잘되지 않는 집을 가면 주인의 표정이 어둡다. 장사하는 시간만이라도 자신의 표정을 스스로 통제하고 관리할 수 있어야 한다.

돈을 쓸 수 있는 시간을 줄여라

창업으로 돈을 버는 방법은 2가지이다. 쓰고 남을 만큼 벌거나, 아니면 쓰는 것을 줄여서 돈이 모이게 하거나이다. 일반적으로 전자를 생각한다. 그리고 그렇게 할 수 있을 것이라 생각한다. 하지만 소자본 창업의 경우에 전자를 통한 방법은 불가능하다. 결국 후자의 방법을 택해야 한다.

25년간 슈퍼마켓을 운영하는 친구가 있다. 점포도 자기 것이고 월수익도 양호하다. 돈을 많이 벌었다. 어떻게 돈을 벌었느냐고 물어 보았더니 친구의 대답은 의외였다.

　"내가 돈 쓸 시간이 어디 있어?"

　아침 7시에 문을 열고 밤 12시까지 장사를 하는데, 하루도 쉬지 않고 하루 3시간 점심시간에 아내가 대신 장사를 할 때만 잠깐 쉬니 돈 쓸 시간이 없다는 것이다. 지겹지 않느냐고 물었다.

　"지겨워서 5년 하다가 정리하고 다른 것을 해 보려고 1년을 찾아다니다가 결국 다시 슈퍼마켓을 하기로 결정했어. 장소를 바꿔서 5년, 다시 옮겨서 5번째에 지금 이 자리에 정착을 했지."

　지금은 어떠냐고 물어보았다.

　"이제는 이것이 내 일이라는 생각이 들고, 지겨움을 이겨 내는 방법을 스스로 찾아가고 있어."

　내가 하는 일을 종업원을 구해서 대신 하게 하면 시간이 남는다. 시간이 남으면 돈을 쓸 일을 만들게 되고 쓸 일도 생겨난다. 창업을 통해 돈을 번 창업자들이 실패하는 이유가 여기에 있다. 어느 정도 벌면 일을 하지 않으려 한다. 스스로 돈을 쓰는 시간을 만들려고 한다.

　내가 좋아서 선택한 일을 내가 하는 것은 당연한 것이다. 그러면 내가 일을 많이 하게 되고 자연스럽게 돈을 쓸 수 있는 시간을 줄이게 된다. 40년간 음식점을 운영하는 여사장님의 경우 더 이상 일을 하지 않아도 될 만큼 돈이 많다. 그런데도 항상 음식점을 지키고 있다. 돈을 쓰는 것보다 가게에 나와서 일을 하는 것이 더 즐겁고 행복하기 때문이라고 했다.

초보 창업자의 경우에는 쉽게 이해하기 어렵지만 창업으로 성공한 사람들의 공통적인 말이다. 예외적인 경우는 있겠지만, 하루 10시간 이상 40년간 영업을 했다는 것은 다른 그 무엇보다 지금까지 해 오던 일을 계속하는 것이 행복하고 즐거웠기 때문이다. 돈을 쓰는 것보다 일을 하는 것이 더 재미있어야 한다. 이것을 실현하는 것이 창업으로 성공하는 유일한 방법이라는 사실을 명심해야 한다.

성공할 때까지 계속하라

모 방송 프로그램에 창업 전문가로 출연한 적이 있다. 진행자가 특별한 대답을 기대하면서 질문했다.

"창업으로 성공하기 위해서는 어떻게 해야 합니까?"

나는 말했다.

"성공할 때까지 계속하면 됩니다."

진행자는 답을 듣자 다소 실망하는 눈치였다. 하지만 지금도 그 말에는 흔들림이 없다.

언제 성공할지 알면 창업은 재미가 없다. 왜냐하면 그때까지만 버티면 성공하게 되기 때문이다. 그러나 그것을 모르기 때문에 성공할 때까지 해야 한다는 것이다. 하다가 실패하면 다시 도전해야 한다. 성공한 모든 사람은 이런 과정을 겪었다. 어떻게 접근하고 준비하느냐에 따라 그 시기가 단축되거나 실패의 횟수가 줄어든다. 이를 위해 창업을 공부하고 준비하고 경험을 하는 것이다.

필자의 경우도 그렇다. 창업 컨설팅을 하다가 프랜차이즈 회사 임원으로 자리를 옮겼다. 그 경험을 토대로 빨리 성공하기 위해 프랜차이즈 사업을 시작했다. 3년간 운영하면서 실패를 경험했다. 다시 창업 컨설팅을 시작하면서 창업 강의와 프랜차이즈 컨설팅을 주 업무로 정했다. 그로부터 10년의 시간이 지났다. 10년 전만 하더라도 강의가 1년에 20회 정도에 불과했다. 포기하지 않고 다른 길을 찾지도 않고 그 일에 전념했다. 시간이 지나자 강의 횟수가 늘어났다. 지금은 강의 일정을 관리해야 할 정도로 성장했다. 이유는 하나이다. 이것이 내가 하고 싶은 일이고 이 일을 할 때 나는 즐겁고 힘이 난다는 사실을 알기 때문이다. 중간에 포기했거나 다른 길을 모색했다면 지금의 나는 없었을 것이다.

실패는 사업을 포기하는 그 순간부터이다. 포기하지 않고 계속할 수 있다는 생각이 창업자에게는 무엇보다 중요하다. 대부분의 창업자는 실패하지 않고 바로 성공하려 하기 때문에 실패에 대한 두려움이 크다. 창업에는 실패와 성공이 항상 공존한다. 성공할 때까지 포기하지 않고 도전하겠다는 생각이 성공을 앞당긴다는 사실을 잊어서는 안 된다.

욕심을 버려라

"왜 그리 빨리 가려고 하는가?"
가는 길이 즐겁고 행복하면 천천히 오래 가는 것이 바른 선택이다.

"누가 쫓아오는가? 아니면 지금 가는 길이 원치 않는 길인가?"

원치 않는 길을 같이 가면 즐겁고 행복하다고 동행자를 종용하고 권유하는 것은 바른 마음을 가진 사람이 할 일이 아니다.

길을 재촉하는 사람에게 묻는다.

"그 길의 끝은 도대체 어디인가? 도달할 수는 있는가? 도달할 수 없다면 그 이유는 무엇인가? 아니면 욕심 때문에 결국 끝이 없는 길을 가는 것은 아닌가?"

산에서 길을 잃은 나그네에게 가장 필요한 것은 물이다. 산을 넘고 계곡을 지나면 옹달샘이 있다는 확신이 있으면 나그네는 지친 몸을 이끌고 그 길을 간다. 힘들지만 참을 수 있는 힘이 생긴다. 그리고 같은 처지에 있는 타인에게 동행을 요구한다. 그렇게 가는 이들의 모습은 아름답다.

프랜차이즈 사업은 이와 같은 것이다. '빨리 가려면 혼자 가고 멀리 가려면 같이 가라.'는 말이 있다. 빨리 가려면 가맹 사업을 하지 말고, 멀리 가려면 가맹 사업을 하는 것이 좋다. 그런데 왜 프랜차이즈 사장들은 빨리 가면서 멀리 가려고 하는지 모를 일이다. 세상에 그런 것은 없다.

프랜차이즈는 긴 여행의 동행자를 찾는 것과 같다. 그러므로 생각이 비슷한 사람과 같이 가야 한다. 그러나 길을 재촉하거나 안내하는 이에게 다른 속셈이 있다면 아무나 빨리 모으기만 하면 되므로 이것을 따지지 않는다. 프랜차이즈 CEO의 기본자세는 같은 길을 싫증내지 않고, 많은 동행자의 행복을 고려하면서 가는 것이다. 그런데 이것은 어렵고 힘이 드는 일이다. 그런데 쉽다고 생각한다. 그리고 단지 빨리 돈을 많이 벌겠다는 욕심으로 쉽게 벌인다. 더 이상 프랜차이즈 시장에 이런 생각을 하는 사람이 없기를 바란다.

창업자들은 이런 잘못을 저지르기 쉽다. 성공하는 순간 또 다른 성공을 생각한다. 창업 현장에서 한 번 성공한 후에 또 다른 성공을 위해 사업을 무리하게 확장하거나 다른 아이템으로 도전했다가 실패하는 사례를 수 없이 본다. 당사자는 실패의 원인을 여러 가지로 말하지만 결론은 하나이다. 욕심이다. 초보 창업자의 경우에 성공 확률은 아주 낮다. 그런데 성공을 했다면 그 성공에 감사하는 자세가 필요하다. 성공을 쉽게 생각하고 더 크게, 더 많이 벌기 위해서 무모하게 도전하면 결국 모든 것을 잃는다. 욕심을 버려야 진정한 성공을 이룰 수 있다.

성공하기 어려운 7가지 창업 유형

창업은 확률 게임이다. 수요와 공급의 법칙과도 밀접한 관계가 있다. 수요에 비해 공급의 수가 적은 경우에는 성공 확률이 아주 높다. 그러나 이런 경우는 산업화 초기 단계에서나 있을 법한 이야기이다. 지금은 수요보다는 공급이 많다. 수요도 수시로 변한다. 이런 창업 시장에서 무엇보다 중요한 것은 창업자의 마인드이다.

성공과 실패가 일정한 법칙이나 원칙 혹은 공식에 의해서 결정되는 것 같으면 창업은 아주 쉽다. 그러나 창업은 생물과도 같다. 변화도 심하고 아주 복잡하다. 창업에 영향을 미치는 여러 요소도 서로 유기적으로 작용하기 때문에 단정적으로 말하기 어렵다. 결국 창업가 정신이 창업의 성패를 결정짓는 핵심 요소이다. 이런 관점에서 성공하기 어려운 창업가의 마인드를 정리하고자 한다. 성공하고 싶다면 이것들만 피하면 된다.

하다 안되면 창업이나 해야지

예부터 장사하는 사람을 경시하는 풍조가 우리 마음속에 내재돼 있다. 규모가 좀 있고 사무실에서 하는 형태 즉 오피스 창업은 그렇지 않은데, 점포 형태로 하는 이른바 장사는 그렇게 보는 경향이 강하다. 그렇기 때문에 창업을 아주 만만하게 생각한다. 그래서 나온 말이 있다.

"안되면 밥장사나 하지 뭐."

이런 마인드로 창업을 하면 망하기 십상이다. 작은 규모일수록 창업자가 직접 관여해야 하기 때문에 사전에 충분한 준비를 통해 모든 것을 자기 것으로 만들어야 한다. 그렇지 않으면 성공하기 어렵다. 창업은 결코 우습게 볼 일이 아니다.

돈만 된다면 뭐든지 할 수 있어

간혹 예비 창업자와 상담을 할 때 돈만 되면 뭐든지 할 수 있다고 하는 경우가 있다. 그 용기는 높이 살 만하다. 그러나 창업은 돈이 먼저가 아니다. 상품이나 서비스를 제공하는 대가로 돈을 받는 것이다. 그것을 완벽하게 이해하고 소화시킬 수 없다면 성공을 보장받기 어렵다. 돈이 되는 아이템을 찾는 것이 아니라 돈이 되게 한다는 생각이 중요하다.

2~3년 하다가 권리금 받고 넘겨야지

아주 단편적인 사고로 창업을 준비하는 이들도 있다. 2~3년 열심히 해서 권리금 받고 넘기고 또 돈 되는 아이템으로 시작해서 넘긴다는 식의 불량한 장사꾼 마인드로 창업을 하는 것은 위험하다. 운이 좋을 경우 한두 번은 뜻대로 될지는 모르지만 결국은 실패한다. 창업은 장기적인 전략으로 접근해야 한다.

그래도 이 정도는 돼야지

비교적 성공적인 삶을 산 퇴직자들은 실속보다 모양에 신경을 더 쓴다. 자신의 여러 가지 역량을 고려하면 소규모로 시작하는 것이 현실적이나 주변의 시선을 의식해서 무리한 규모로 창업을 하는 것을 경계해야 한다. 이런 마인드는 창업 자금을 올인해서 운영 중 닥친 위기를 극복할 수 있는 기회조차 갖지 못하고 좌절하게 된다. 겉모양보다 속이 알찬 창업이 성공 가능성이 높다는 사실을 기억해야 한다.

사람 쓰면 되지 뭐

창업자는 기본적으로 자신이 선택한 아이템을 100% 통제할 수 있어야 한다. 그렇지 않으면 언젠가는 그로 인한 피해를 톡톡히 보기 마련이다. 필요하면 사람을 쓰면 된다는 식의 생각은 창업자가 모든 것을 통제할 수 있다는 전제하에 사업이 일정 규모로 성장했을 경우에나 가능하다. 시작부터 돈을 쓰는 방식의 창업은 실패를 전제로 하는 것이나 마찬가지이다.

내가 사장이니 하고 싶은 대로 하면 된다

자영업 시장에서 창업자는 사장인 동시에 종업원이다. 그러나 대부분의 창업자는 사장이라는 사실에 집착한다. '사장은 자기 맘대로 해도 된다.' 틀린 말은 아니다. 실패를 목적으로 한다면 말이다. 사장은 종업원의 생활을 충분히 보장할 수 있을 때 비로소 사장이라고 할 수 있다. 시작부터 사장으로 해야 할 일들에 대한 연구나 고민은 하지 않고 사장이 누릴 수 있는 권리에만 집착하는 창업은 불 보듯 뻔하다.

아는 사람 없는 데서 해야지

창업은 규모, 형태와 상관없이 고객을 이롭게 하는 것이다. 그렇지 않으면 아무리 좋은 곳에서 시작하더라도 실패한다. 무엇이 부끄럽다는 말인가? 장사하는 모습을 아는 사람들에게 보여 주기 싫어서 집에서 멀리 떨어진 곳에서 창업을 하는 사람도 있다. 자신의 처지를 비관하면서 당당하게 하지 못할 바에는 시작하지 않는 것이 낫다. 창업은 창업자의 자신감이 무엇보다 중요하다. 그래야 열정도 생기고 인내할 수 있는 용기도 생긴다.

지극히 작은 것에 정성을 다하라

영화 「역린」에서 정조는 대신들에게 『중용』 23장을 외워 보라고 한다. 아무도 답을 못하자 내시인 상책에게 외우라고 한다. 상책은 다음과 같이 말한다.

"작은 일에 최선을 다하면 정성스럽게 된다. 정성스럽게 되면 겉으로 배어 나오고 겉으로 드러나면 이내 밝아지고, 밝아지면 남을 감동시키고, 남을 감동시키면 이내 변하게 되고, 변하면 생육한다. 그러니 오직 세상에서 지극히 정성을 다하는 사람만이 나와 세상을 변하게 할 수 있다."

이 장면을 보는 순간 몸에서 전율이 일었다. 창업자들에게 꼭 필요한 내용이고 반드시 실천해야 할 내용이라는 생각이 들었다. 특히 자본도 기술도 부족한 소상공인들에게 중요한 말이다. '작은 것에 정성을 다하라.' 대부분의 창업자는 보잘것없고 미미한 것보다는 화려하고 큰 것에 관심이 많다. 이유는 하나이다. 빨리 성공하고 싶기 때문이다. 그러나 현실은 결코 만만치 않다.

무엇을 하든 지극히 작은 것에 정성을 다해야 한다. 자신이 선택한 아이템이나 창업의 규모가 보잘것없이 작더라도 그 일에 정성을 다하면 고객을 감동시키고 사업도 발전한다. 즉 스스로 성장할 수 있는 기반을 마련할 수 있다. 자신이 선택한 일에 최선을 다하고 정성스럽게 대하다 보면 자신이 변하고 세상도 변하게 할 수 있다.

김밥 장사로 성공하려면 우선 김밥 만드는 일에 최선을 다해야 한다. 정성스럽게 만들면 그 정성이 고객을 감동시켜 내가 하는 일을 발전시키고, 결국 나를 새로운 나로 만들기 때문이다. 시작은 무슨 일이든 온 마음으로 정성을 다하는 것부터이다. 대충대충 하면서 좋은 결과를 얻을 수는 없다. 자신이 바뀌지 않으면서 고객이 자신에게 유리하도록 바뀌기를 바라는 것은 잘못이다. 창업도 따지고 보면 자신이 선택한 상품이나 서비스로 고객을 설득시키는 일련의 과정이다. 스스로 납득하지 못하면서 고객이 설득되기를 바라는 것은 요행을 바라는 것과 다를 바 없다. 아니 불가능하다.

지극히 작은 것은 오래 지속적으로 정성을 다하지 않으면 표가 나지 않는다. 그래서 하다가 마는 사람이 많다. 그러나 결과에만 집중하지 않고 그저 최선을 다하고 정성스럽게 대하면 언젠가는 기대 이상의 성과를 얻을 수 있다. 이것이 진정한 창업이다. 그리고 그렇게 하는 자세를 창업가 정신이라고 한다. 마치 컴퓨터 프로그램처럼 사업계획서대로 이루어지는 것은 현실에서는 불가능하다. 그런데 창업 시장의 현실은 그런 현상을 기대하고 있다.

조금만 더 버티면 성공에 다다르는데, 그 직전에 그만두는 경우가 생각보다 많다. 문제는 창업자가 그 시점을 모른다는 것이다. 알고 있다면 쉽게 포기하지 않을 것이다. 그 시점은 얼마나 정성스럽게 최선을 다했느냐에 의해 결정된다. 단지 성공을 목적으로 시작하면 그 기간이 길어질수록 성공에 도달하기 전에 포기하게 되며, 그저 일에 최선을 다하고 정성을 다하다 보면 언젠가는 성공이라는 것과 직면하게 된다.

무엇을 누가 어떻게 하느냐에 따라 성공하는 시점이 달라질 수는 있지만 반드시 성공한다는 사실은 이미 성공을 한 수많은 창업자를 통해 확인할 수 있다. 묵묵히 자신의 일에 정성스럽게 최선을 다하다 보면, 어느새 내 모습은 내가 상상하기 힘들 정도로 변해 있다. 이것이 창업이다.

고객과의 무언의 약속을 지켜라

비즈니스에서 고객과의 약속은 매우 중요하다. 사업 규모와 관계없이 고객과의 약속은 고객의 신뢰와 매출 확보에 직접적인 영향을 미친다. 창업자들은 흔히 가장 기본적인 사항조차 지키지 못하면서 장사가 잘되기를 바란다. 이는 자신은 고객과의 약속을 지키지 않으면서 고객이 자신에게 이익을 가져다주기를 기대하는 것과 같다. 다음은 사소하게 보이지만 중요한 3가지 사항이다.

OPEN 시간과 CLOSE 시간

대부분의 점포 입구에는 'OPEN 10:00-CLOSE 22:00' 등과 같은 시간 표시가 있다. 이것은 약속이다. 그런데 이 약속에 대해 명확하게 정리된 것은 없다. 일반적으로 오전 10시에 문을 열고 오후 10시에 문을 닫는다는 것으로 알고 있다. 그런데 사장이 자기 가게의 문을 몇 시에 열고 몇 시에 닫는다는 것을 고객에게 알릴 필요는 없다. 그렇다면 이 약속은 영업을 시작하는 시간과 끝내는 시간을 의미하는 것으로 보아야 한다.

이 경우 고객은 오전 10시부터 정상적인 영업이 가능하다는 것으로 이해한다. 즉 오전 10시부터 오후 10시 사이에는 언제든지 고객은 원하는 것을 구매할 수 있다는 것이다. 그런데 이 약속이 잘 지켜지지 않는다. 그렇다면 약속을 이행할 수 있는 시간으로 변경을 해야 한다.

오전 7시 OPEN으로 되어 있는 점포에 7시 10분에 갔는데 아직 준비가 되지 않아 원하는 상품을 구매하지 못한 경험이 있다. 아주 불쾌했다.

고객을 우롱하는 것이나 다름이 없다. 대부분의 소상공인은 이 부분에 대해서 대수롭지 않게 생각하지만 이는 매우 중요한 것이다. 지키지 못할 약속은 하지 말아야 한다.

간판 조명의 ON과 OFF

간판이 켜져 있다는 것은 영업을 한다는 메시지이다. 불 켜진 간판을 보고 구매하러 갔다가 허탕을 치는 경우가 허다하다. 간판의 불이 켜져 있을 때는 고객을 받는다는 의미이므로 오후 10시까지 영업을 한다고 약속을 했으면 10시에는 간판을 끄는 것이 옳다.

외식업의 경우에 간판 불은 꺼지지만 점포의 조명이 켜져 있을 때가 있다. 이는 추가 고객을 상대로 하는 영업은 곤란하지만 기존 고객에게는 최선을 다한다는 의미이다. 목욕탕이나 여관은 이 부분이 특히 중요하다. 객지에서 숙박업소를 찾을 경우에 간판의 불이 켜져 있으면 빈방이 있다는 의미이기 때문이다. 일반 점포나 식당 같은 곳에서도 이 약속을 철저히 지키는 습관을 지녀야 한다.

유니폼 착용과 미착용

유니폼을 입는 이유는 서비스 요원과 고객을 구별하기 위해서이다. 고객이 자신의 요구 사항을 편하게 얘기할 수 있도록 종업원이나 사장은 유니폼을 착용해야 한다. 규모가 있는 사업장은 잘 이행하고 있으나 소상공인은 이를 중요하게 생각하지 않는다.

멋있고 화려한 것을 입어야 할 필요는 없다. 자기 점포 특성에 맞게 정하면 된다. 다만 주인과 종업원 모두 같은 복장이어야 한다. 그런데 문제는 사장들이 이를 지키지 않는다는 것이다. 정해진 복장을 입지 않는 사장들은 고객으로 위장하고 싶은 생각이 크고, 고객에 대한 서비스에 충실하지 않을 수도 있다는 의미이므로 고객의 신뢰를 얻기 힘들다. 자신이 하는 일에 대해 자부심이 부족한 자영업자는 대부분 고객의 눈에 쉽게 띄는 복장을 입지 않으려 한다.

탁월함이 아닌 특이함으로 승부를 걸어라

시청률 50%를 상회하며 국민 드라마로 사랑받은 「제빵왕 김탁구」라는 드라마가 있었다. 어려움 속에서도 오로지 최고가 되겠다는 신념 하나로 3번의 과제를 통과하면서 결국 제빵왕이 된다는 줄거리이다. 이처럼 남들이 따라 오지 못하는 실력을 갖추려면 수많은 시행착오와 시련을 극복해야 한다.

창업자들은 남들보다 잘해야 한다는 신념이 강하다. 물론 맞는 말이다. 남들보다 실력이 뒤처진다면 결코 치열한 경쟁에서 살아남을 수 없다. 하지만 초보 창업자가 실력을 갖춰서 탁월함으로 승부를 걸기에는 꽤 많은 인내심과 시간이 필요하다.

그렇다면 다른 방법은 없을까? 마이클 포터는 기업의 생존 전략으로 원가 우위, 전문화, 그리고 차별화를 들었다. 여기서 말하는 차별화는 남보다 잘하는 것이 아니라 남과는 다른 무엇을 획득하고 강화해야 한다는 것이다.

　창업을 준비하는 과정이 짧고 실력도 제대로 갖추지 못하다 보니 좋은 자리, 좋은 브랜드, 좋은 인력에 의존한다. 그런데 이런 조건들은 좋은 시작을 하는 데는 도움을 줄 수 있지만 살아남는 데는 큰 힘을 발휘하지 못한다.

　차라리 남들보다 잘하려는 욕심을 버리고 다른 가게에는 없는 무엇인가를 찾는 노력이 필요하다. 고객 입장에서 별반 차이를 느끼지 못하는 가게는 시설, 가격, 홍보 경쟁으로 인한 압박에서 벗어나기 힘들다. '더 싸게, 더 고급스럽게, 더 맛있게'에 열중하다 보면 정작 자신이 가지고 있는 원래의 콘셉트는 사라지고 경쟁으로 인해 복제품 이상도 이하도 아닌 것이 되고 만다.

　최근에 동네마다 들어선 독특한 간판가게가 유명세를 타고 있다. 일약 전국적인 브랜드로 우뚝 선 '참좋은간판'이라는 가게이다. 목돈 들이지 않고 36개월 동안 나눠서 간판 비용을 내고, 이 기간 동안 무상으로 AS를 해주는 독특한 사업 모델로 순식간에 수백 개의 회원점을 모집하는 기염을 토해 내고 있다. 자신보다 훨씬 규모가 큰 간판 제조업체마저도 총판으로 가입할 정도로 경쟁력을 인정받았는데, 고객에게 실시간으로 간판의 이미지를 보여 주는 3D 입체 시뮬레이션 프로그램과 가격정찰제, 견적 프로그램은 다른 경쟁자가 쉽게 따라 하지 못하는 역발상 전략의 산물이다.

　차별화는 남들도 잘할 수 있는 것을 보다 더 잘하려는 것이 아닌, 남들에게 없는 것을 자신만의 것으로 만들어 내는 노력에서 출발해야 한다는 것을 잊지 말아야 한다. 하지만 무작정 남과 다르게 하는 것에서 만족해서는 안 된다. 남과 다르다는 것은 자기 스스로를 잘 아는 것에서 출발해야 하고 자신이 잘할 수 있는 것에서 실마리를 찾아야 한다. 자신이 무엇을 파는지도 모른 채 남과 다르다는 것을 고객에게 설득할 수는 없는 법이다. 상품에 대한 올바른 이해와 고객의 요구가 무엇인지를 정확히 알고 있어야 차별화가 진면목을 발휘할 수 있다.

고객을 감동시키는 서비스를 제공하라

성공을 위한 전제 조건 중에서 서비스는 필수 항목이다. 서비스가 좋지 않은 가게를 찾아갈 이유는 없다. 이런 이유로 어떤 주인이든 좋은 서비스를 제공해야 한다는 생각을 하지만 정작 고객은 밑지는 서비스를 제공받는다.

이렇게 서비스를 제공하는 가게 주인과 서비스를 제공받는 고객과의 서비스 갭은 2가지 이유에서 발생한다. 경제학 이론에서 볼 수 있듯이 고객은 한계 효용의 법칙에서 자유로울 수 없다. 늘 같은 상품을 구매하다 보면 어느 순간부터는 만족감이 떨어지고 결국 발걸음을 멈추게 된다.

또 하나의 이유는 입지 이론에서 찾아볼 수 있다. 고객이 구매를 위해서 매장까지 방문하는 비용 즉 교통비가 들 경우, 실제로 고객이 지불하는 총 비용은 지불 비용에 교통비를 더해야 하니 고객만족이 지불 비용 이상으로 느껴지지 않으면 고객은 항상 손실을 보게 된다. 특히 찾아오는 거리가 멀수록 그렇다.

서비스는 고객이 편리하게 구매할 수 있도록 편의를 제공하는 행위를 의미한다. 결국 무언가 더해지는 행위, 고객에게 이로움을 느끼게 만드는 노력이 포함되어 있다. 이는 서비스의 어원을 살펴보면 쉽게 알 수 있다. 서비스라는 말은 전쟁에서 패배해 노예가 된 슬로베니아 사람을 일컫는 라틴어 'servus'와 영어 'servant'에서 유래했는데, 겸손과 봉사라는 핵심 가치를 포함한다. 즉 고객을 존경하고 섬기는 마음이 깔려 있어야 한다는 것이다.

최근에 프랜차이즈 산업이 발전하면서 서비스도 표준화되는 경향이 강하다. 서비스는 원래 형태가 없는 무형성, 제공하는 사람과 장소 · 시간에 따라서 결과가 다르게 나타나는 이질성, 생산과 소비가 동시에 이루어지는 비분리성, 그리고 서비스 제공과 동시에 사라져 버리는 소멸성 등의 특징 때문에 표준화하기가 꽤 까다롭다. 하지만 지나치게 패턴화된 서비스는 자칫 고객의 존엄을 무시하는 결과를 만들어 내기도 한다.

필자가 자주 가는 제과점이 있다. 최근 들어 인테리어를 리뉴얼하여 꽤 고급스러운 데다 목이 좋은 곳에 위치해 있어 늘 고객들로 붐빈다. 40대 중반으로 보이는 주인이 늘 매장에서 고객을 맞이하고 청결하고 위생적으로 매장을 관리하는 모습은 꽤 칭찬할 만하다. 그런데 한 가지 아쉬운 점이 있는데, 바로 서비스이다. 수십 번을 방문한 곳인데 주인이나 종업원이 항상 처음 보는 사람에게 하는 똑같은 인사말과 표정으로 고객을 맞이한다. 그걸 딱히 잘못이라고 할 수는 없지만 왠지 고객 입장에서 감동을 받기에는 역부족이다. "오늘 날씨가 무척 춥죠?", "오랜만에 오셨네요!"라는 말 한 마디만 건넸어도 감동받았을 것이다. 바로 '나를' 기억하고 있기 때문이다.

앞서 언급한 것과 같이 서비스는 상품을 판매하는 과정에서 고객에게 편의를 제공하는 활동으로서 시간이 지나면서 떨어지는 효용을 만회할 수 있는 결정적인 역할을 해야 한다. 이런 차원에서 서비스는 반복적이고 동일한 품질을 유지하면서도 고객의 상태나 날씨, 경제 여건, 경쟁점의 판매 전략 등에 따라서 달라져야 한다.

수십 번을 찾아주는 고객인데도 이름은커녕 인상조차 기억하지 못한다면 가게 간판을 내걸 자격이 있는지 의심해 볼 수밖에 없다. 하인이 주인이 누구인지, 어떤 기분인지, 무엇을 좋아하는지조차 모르거나 알 필요를 느끼지 않는다면 역할을 제대로 하지 못하는 것이다.

서비스는 팁을 받을 수 있을 정도로 고객을 감동시켜야 한다. 똑같은 서비스가 아니라 고객 한 사람 한 사람을 기억하고 한 사람의 고객을 감동시키는 서비스를 제공해야 한다는 것이다. 팁은 시중을 드는 사람에게 고맙다는 의미로 구매대금 외에 더 주는 돈을 의미한다. 최근에는 팁을 주는 가게를 쉽게 찾아보기 어렵지만, 고객과의 밀착형 서비스를 제공하는 일식당에서는 아직도 어렵지 않게 팁을 주는 장면을 볼 수 있다.

그렇다고 모든 고객에게 서로 다른 음식을 제공하고 선물을 하라는 의미는 아니다. 고객의 이름을 기억해 주거나, 고객이 지난번에 구매한 상품에 대해서나 간단한 근황 정도를 물어보라는 것이다. 고객 감동은 사소한 소통에서 출발한다는 점을 잊지 말기 바란다. 성공적인 창업은 고객이 찾아와야 가능한 것이고, 고객은 감동이 있어야 찾아간다는 것을 명심해야 한다.

서비스는 고객에게 이로움을 주는 것이어야 한다. 고객이 별로 반기지도 않는데 그저 형식이나 절차에 따라 일방적으로 주는 것이어서는 곤란하다. 덤으로 더 주고 가격을 깎아 주는 것도 좋지만 고객의 기분을 좋게 하는 미소와 말솜씨만으로도 고객은 행복을 느낀다.